吉林省高等教育教学研究课题"高校创新创业教育与专业教育融合发展研究"
（2025UT3E7AY0049）

吉林省教育科学规划课题"地方应用型高校公益创业教育体系构建研究"（GH21426）

吉林省高等教育教学改革研究课题"实践思政视域下公益创业教育融入人才培养全过程
的路径研究"（2024L5L4834003N）

创业教育

融入人才培养全过程的理论与实践

王 鹏　王秋芳◎著

经济管理出版社
ECONOMY & MANAGEMENT PUBLISHING HOUSE

图书在版编目（CIP）数据

创业教育融入人才培养全过程的理论与实践 ／ 王鹏，
王秋芳著. -- 北京：经济管理出版社，2024. -- ISBN
978-7-5096-9775-7

Ⅰ．G641；G649.2

中国国家版本馆 CIP 数据核字第 202470EV91 号

组稿编辑：谢　妙
责任编辑：谢　妙
责任印制：许　艳
责任校对：蔡晓臻

出版发行：经济管理出版社
　　　　　（北京市海淀区北蜂窝 8 号中雅大厦 A 座 11 层　100038）
网　　　址：www. E-mp. com. cn
电　　　话：（010）51915602
印　　　刷：北京市海淀区唐家岭福利印刷厂
经　　　销：新华书店
开　　　本：720mm×1000mm/16
印　　　张：13.75
字　　　数：283 千字
版　　　次：2024 年 10 月第 1 版　　　2024 年 10 月第 1 次印刷
书　　　号：ISBN 978-7-5096-9775-7
定　　　价：88.00 元

前　言

　　"深化高等学校创新创业教育改革，是国家实施创新驱动发展战略、促进经济提质增效升级的迫切需要，是推进高等教育综合改革、促进高校毕业生更高质量创业就业的重要举措"。创新创业教育融入高校人才培养全过程是高校实行创新创业教育改革的内在要求，是促进学生全面发展、提高高校育人质量的现实需求。本书以笔者近年来发表的24篇文章为基础，对创业教育如何更好地融入高校人才培养的全过程进行了理论与实践的探讨。

　　第一部分：创业教育体系与管理。创业教育融入人才培养全过程应以政策和制度的创新为先导。创业教育政策是公共政策的重要组成部分。在纵向上，笔者系统地梳理了创业教育政策的形态演进和结构特征，发现其存在现实特性，提出了推进我国创业教育政策生态转型的目标趋向，为更好地提升当前创新创业教育实效提供了可行的指导与保障。在横向上，笔者通过系统比较我国31个省份（不含港澳台地区）关于推进高校创新创业教育改革的实施意见（方案），提出在深化高校创新创业教育改革过程中，地方政府应更加注重创业教育生态系统的构建、评价标准的健全、政策布局的优化和理论研究的深入。

　　第二部分：创业教育模式与创新。创业教育融入人才培养全过程要注重创业教育模式的创新。社会创业教育作为创业教育中的一种新类型，与大学生思想政治教育存在深层次的联系，两者在价值逻辑上"以人为本"，在目标定向上"内在一致"。作为一种新式载体，社会创业教育要从制度互撑、内容互通、方法互补、平台互助、文化互融等方面采取有效措施，实现与思想政治教育的行动契合。元宇宙不仅能够重构创新创业教育的时空场域，形塑创新创业教育的现实样态，增强创新创业教育的认知心理；还将实现创新创业教育场景从"技术在场"到"具身体验"，学习过程从"算法推荐"到"个性学习"，学习资源从"虚拟数字"到"数智技术"，学习评价从"知识掌握"到"成长认证"。

　　第三部分：人才培养政策与推进。创业教育融入人才培养全过程要注重从人才培养的角度挖掘创业教育元素，关键在于教育观念的更新及学生双创"需求侧"的转向。近年来，随着经济社会的转型和就业市场与人才培养的"结构性矛盾"的出现，供给侧结构性改革势在必行，充分认识新常态下高等教育供给侧结构性改革的本质与内涵、明确改革的方向与路径成为深化改革的关键。创业教育的供给侧结构性改革包括：规格供给结构的"多层次+众规格+新模式+异要求"；专业供给结构的"对应行业+适应产业+有机嵌入+开放动态"；课程供给结构的"系统+平衡+共享+特色"；教学供给结构的"知识建构+平等对话+学习求知+动态生成"；师资供给结构的"双证+双职+双能+双创"。

第四部分：课程教学改革与提升。将创业教育融入人才培养全过程应注重课堂教学的"最后一公里"。高校教师应吸收先进的创新创业教育理念，主动投身教学改革，深化创业教育课堂教学改革。课堂是具有生命特质的微生态系统，随着教学改革的深入，传统的"机械论"范式下课堂教学研究的变革势在必行，要以生态的思维、态度和方法来思考和分析创业教育课堂，要通过激发生机、尊重生命、贴近生活、讲求生动、动态生成等途径，遵循教育生态学基本定律和规则，打造创业教育课堂的高能态、共生态、开放态、整体态和平衡态，构建健康的创业教育课堂生态。

王　鹏

2024 年 3 月

目　录

创业教育体系与管理

创业教育模式与创新

人才培养政策与推进

课程教学改革与提升

创业教育体系与管理

找准劳动教育与创业教育契合点[*]

　　2020 年 3 月，中共中央、国务院发布了《关于全面加强新时代大中小学劳动教育的意见》，针对经济、社会、文化发展过程中劳动教育被弱化、淡化的问题，进一步强调了劳动教育的重要性和紧迫性，文件指出，要把劳动教育纳入人才培养全过程。劳动教育和创业教育是当今高校人才培养的重要内容和现实需要，成为高等教育理论研究与实践探索的"高频词"和"聚热点"。将劳动教育和创业教育融入人才培养的全过程，必定涉及两者的融合问题，那么，两者是否具备融合的条件与前提呢？两者具体应当如何进行融合呢？这些问题应当引起教育者的关注和思考。

一、 内涵契合体现劳动教育与创业教育的同向同心

　　1. 立德树人，教育本质的同源性
　　教育的本质是培养人，从人的发展视角来看，其根本目的是全面提高劳动者的素质。思想决定行动，劳动价值观的形成决定了青年对劳动的认识和态度。社会主义劳动教育的本质就是让青年形成正确的劳动价值观，使其认识到"劳动创造美好生活，劳动实现人的全面发展"。创业教育延续了教育培养人的本质，并进一步充实和丰富了"培养什么人"的内涵，是素质教育的延伸化、具体化和实践化，其以个体的全面发展为最终归宿。劳动教育与创业教育都立足于育人本质，以培养德智体美劳全面发展的社会主义建设者与接班人为追求目标。
　　2. 精神培育，教育目标的互促性
　　党的十九大报告提出，"建设知识型、技能型、创新型劳动者大军，弘扬劳模精神和工匠精神"。劳动教育的核心是培养新时代青年的奋斗精神、敬业精神、

　　* 本文原刊于《中国教育报（理论周刊）》2020 年 4 月 30 日第 8 版，有修改。

自强精神和创新精神，是劳动者工匠精神培养的逻辑起点。企业家精神是推动社会革新的力量与行为，其精神特征体现在敬业、合作、诚信和学习等方面，创业教育的核心是企业家精神的培育。近年来，"工匠精神"和"企业家精神"双双出现在《政府工作报告》中，两者既有共同的精神内涵，也有互促的精神追求，工匠精神是一种"内敛力和聚焦力"，企业家精神是一种"扩张力和组合力"，两者相辑互促，同频共振。

3. 创造劳动，教育内容的融通性

高校劳动教育与创业教育都以青年劳动与创业精神、劳动与创业知识、劳动与创业能力为核心内容，这些内容具有很强的同质性和融通性。劳动精神是创业精神的应有之义，劳动知识是创业知识的重要组成，劳动能力是创业能力的基础构成。劳动教育是创业教育的前提，创业教育是劳动教育的发展，创造性劳动成为劳动教育与创业教育的完美结合，它强调劳动知识的创造性、劳动行为的创造性、劳动过程的创造性和劳动成果的创造性。

4. 知行合一，教育方式的共同性

鉴于劳动教育与创业教育都具有很强的可操作性，亲力亲为、知行合一成为两者共同的教育方式。劳动本身是人类自身及社会再生产的实践活动，是最基本、最普遍、最崇高的实践活动，因此在劳动教育过程中必须重视大学生的劳动实践，强化学生的亲身体验，重点通过各类具体丰富的、参与性强的劳动实践活动实现劳动教育的目标。随着经济社会的转型发展和社会就业压力的增大，创业逐渐成为青年人的职业选择方式。创业教育的关键在于培养青年的创业实践能力，创业教育通过真实或虚拟的实践活动激发青年的创业热情，促使他们积累创业知识，感受创业过程，提升创业能力。高校劳动教育与创业教育的实践属性为两者在教育方式中的有效融合提供了可能。

二、多措并举实现劳动教育与创业教育的同力同行

1. 确立一体化层级式的教育目标

从目前劳动教育与创业教育的执行情况来看，两者基本各自为战，针对各级部门下发的关于加强劳动教育与创业教育的文件政策虽然能有效落实，但更多为"点对点"的形式，而没有将两者进行统筹规划，融合推进，这样不仅造成了教育目标的"各说各话"，也在具体实施过程中造成了教育资源的重复投入。鉴于劳动教育与创业教育本质的同源性和目标的互促性，高校应设计一体化层级式的

教育目标，即确立以人的全面发展为根本，以形成正确的劳动价值观为基础，以培养创新创业素质为进阶，融工匠精神与企业家精神培养为一体的目标体系。

2. 设计差异化融合式的教育内容

鉴于高校劳动教育与创业教育内容的融通性，高校应对教育内容进行科学设置和有机整合，构建差异化融合式的内容体系。差异化体现在劳动教育的普及化和创业教育的层级化上，要充分统合两者的基础性内容，在大学低年级阶段面向全体学生开设劳动通论类课程，其中既包括基础的劳动技能知识也包括创业基础类知识；在大学高年级阶段重点面向有创业意向和创业需求的学生进行高阶式创造性劳动教育，将开放性思维和挑战性实践融入劳动教育中。

3. 实施全程化贯通式的教育方式

劳动教育与创业教育的实践性特征决定了"做中学"成为其有效的实施途径。当然，这里的做与学不是针对某一个知识点或技能的孤立式训练，而是应将两者融会贯通于人才培养的全过程和全领域。在纵向上，高校应面向全体学生将劳动教育与创业教育融合贯穿于大学学习的全过程。在横向上，劳动教育与创业教育应与高校思想政治教育、职业生涯教育、学科专业教育等不同领域相结合，虽然各领域的教育内容都有所侧重，但在实际的人才培养过程中很难将它们明确分开，推进各种教育内容的融合既可以充分发挥各自的优势，又能够使它们相得益彰，实现育人的"润物细无声"。

4. 创造全员化协同式的教育环境

近年来，随着国家越来越重视劳动教育与创业教育的实施，良好的环境育人氛围正在形成。国家应采取多种措施，努力创造全员化协同式的教育环境：首先，应从顶层设计上明确劳动教育与创业教育相结合的必要性、可行性及可操作性，从制度层面使两者的融合推进更有章可循；其次，应从组织机制上协同推进，强化高校内部的职能整合，实现对劳动教育与创业教育管理的高效统筹；最后，应努力营造劳动教育与创业教育多主体全员参与的文化氛围。目前，两者的实施主体基本还是以高校为主，作为社会性极强的实践活动，劳动教育与创业教育离不开各相关利益主体的参与，政府、企业、社区、高校应形成协作共同体，为两者的实施提供必要的条件与保障。

我国创业教育政策的文本解析[*]

【内容摘要】 近年来，创业教育成为全社会关注的焦点，加强创业教育，注重学生创新能力的培养成为当前教育教学改革的突破口。作为公共政策的重要组成部分，创业政策的研究要晚于创业的研究，而作为创业政策基础性单元支持的创业教育政策研究起步更晚。本文系统梳理了创业教育政策的形态演进和结构特征，发现其存在一些现实特性，并在此基础上提出了推进我国创业教育政策生态转型的目标趋向，以期为更好地提升当前创新创业教育的实效提供可行的指导与保障。

【关键词】 创业教育；政策；文本；解析

政策是一个或一批行为者以权威形式标准化地规定在一定的历史时期内，应该达到的奋斗目标、遵循的行动原则、完成的明确任务、实行的工作方式、采取的一般步骤和具体措施。简言之，它是一段时间内，在某项工作上采取的路线、行为准则和规范规章的总和。创业政策起源于中小企业的公共政策，其关注生产效率、运营环境和核心竞争力，但两者在服务对象、过程节点和政策目标上存在很大差异。作为创业政策的基础性单元和内部动力来源的创业教育政策，是各级政府通过各级各类教育系统，以培养学生创新意识、创业精神和创业能力为核心而制定的一系列规范和措施。创业教育政策包括创业教育管理、创业教育师资、创业教育课程、创业教育实践、创业教育文化等多个要素，这些内部要素相互关联且与社会环境相互作用而形成了创业教育政策体系。理想的情况是，该体系中的各个政策围绕核心目标在时空顺序上进行有序排列，并且各要素之间形成相对稳定和内在互动的关系模式。

---

* 本文原刊于《思想理论教育》2017 年第 3 期，有修改。

一、我国创业教育政策的形态演进

1. 以教育扶贫为导向的"弱势群体创业教育"起步阶段

我国的创业教育政策最早起源于联合国教科文组织"教育扶贫项目"的部分内容，最初主要围绕"贫困问题之解"的弱势群体开展创业教育。1988年，经济合作与发展组织的柯林·博尔向联合国教科文组织提交的一篇报告中首次提出了教育的"三本护照"，强调未来的人应掌握学术能力、职业能力和开拓能力。1989年在北京召开的"面向21世纪教育国际研讨会"上，"三本护照"被写入会议报告。1990年8月，联合国教科文组织亚太地区办事处在泰国曼谷召开会议，包括中国、印度等发展中国家提出了以提高儿童、青年创业能力为核心的"亚洲教育革新为发展服务计划"（APEID）。该计划首次提出了创业能力的框架结构，确立了教育革新的一个国际性课题就是要帮助那些处境不佳、受教育条件差的12~24岁的青年提高就业竞争力，获得自谋职业的"第三本护照"。这个时期，我国的创业教育政策主要以上述"革新计划"为指导，多以实验的形式先在成人教育、职业教育领域展开，并逐步在基础教育等领域展开，旨在促进社会的公正公平。

2. 以创业活动为主导的"精英创业教育"试点阶段

20世纪末，随着我国高等教育结构发生变化，知识经济的发展对创新创业人才需求不断增加，创业教育政策也悄然从弱势群体的"教育扶贫"转变为高端精英的"科技创业"。1998年12月，教育部出台了《面向21世纪教育振兴行动计划》，文件明确提出："加强对教师和学生的创业教育，采取措施鼓励他们自主创办高新技术企业。"这是我国政府文件中首次出现"创业教育"的概念。在此基础上，国内一些著名高校开始借鉴国外创业教育的经验，参与国际创业活动交流。例如，参加在清华大学创业计划大赛的基础上发展而来的"挑战杯"创业大赛，在清华大学成立的创业研究中心参与全球创业观察。2002年4月，教育部确立清华大学、中国人民大学等9所大学开展创业教育改革试点，其中，除南京经济学院和黑龙江大学外，其余均为"985"国家重点建设高校。同时，创业学学科建设逐步成型，2003年我国发布了"中国创业学学科体系"，并举办了首届创业骨干教师培训班。这个时期，我国的创业教育政策试图"以点带面"，主要以聚焦高水平大学人才培养的"精英化"为导向。

3. 以促进就业为导向的"就业创业教育融合"发展阶段

2003年以来，高考扩招带来的大学生就业难成为日益严峻的社会问题，受到党中央的高度关注。2004 年，教育部、劳动和社会保障部联合发文，决定在 37 所高校开展以 SYB（创办你的企业）为内容的创业教育。2005 年，共青团中央引进了 KAB（了解企业）创业教育项目，并在清华大学等 6 所高校试点。2006 年，全国首家创业管理硕博学位点获得授权。2007 年 8 月，劳动与社会保障部出台了《关于进一步加强创业培训推进创业促就业工作的通知》，同月，《中华人民共和国就业促进法》审议通过，将创业教育首次上升为国家意志。2007 年 10 月，创业教育被写入党的十七大报告，上升为执政党的意志。2007 年 12 月，教育部印发了《大学生职业发展与就业指导课程教学要求》，增加了创业教育部分，并明确了具体教学内容。2008 年，教育部单列了 30 个国家级创业教育人才培养实验区。鼓励大学生创业，通过创业解决就业，将创业培训作为大学生就业指导的重要组成部分，将就业教育与创业教育进行融合成为这一时期创业教育政策的主要导向。

4. 以面向大众为导向的"创新创业教育融合"推进阶段

2010 年，教育部成立了高等学校创业教育指导委员会，发布了《关于大力推进高等学校创新创业教育和大学生自主创业工作的意见》，首次将创新的概念融入创业教育中，这标志着我国创业教育进入了教育行政部门指导下的全面推进阶段。2012 年 8 月，教育部出台了《普通本科学校创业教育教学基本要求（试行）》及《"创业基础"教学大纲（试行）》，首次系统提出了创业教育课程的具体要求，突出了创新创业教育要面向全体学生。2014 年，继 2010 年之后实施了第二期"大学生创业引领计划"，强调要"普及创业教育"。2015 年 3 月，国务院办公厅发布了《关于发展众创空间推进大众创新创业的指导意见》，文件以激发全社会创新创业活力为主线。2015 年 5 月，国务院办公厅发布了《关于深化高等学校创新创业教育改革的实施意见》。2015 年 10 月出台的《教育部 发展改革委 财政部关于引导部分地方普通本科高校向应用型转变的指导意见》和 2016 年 6 月出台的《教育部关于中央部门所属高校深化教育教学改革的指导意见》都强调要把创新创业教育作为全面提高高等教育质量的内在要求和应有之义。从本体论上修正和充实创新创业教育的内涵，将其以"面向大众"的形式融入国民教育体系，成为这一时期创业教育政策的主要导向。

二、我国创业教育政策的结构特征

1. 创业教育的总体目标与基本原则：从"带动就业"到"促进发展"

在创业教育政策的形态演进过程中，其总体目标和基本原则大致经历了三个阶段：第一个阶段，1998 年出台的《面向 21 世纪教育振兴行动计划》提出，要"鼓励教师和学生自主创办高新技术企业，带动国家高新技术产业发展"；第二个阶段，2008 年国务院出台的《关于促进以创业带动就业工作的指导意见》以及随后出台的《关于实施大学生创新引领计划的通知》和教育部出台的《关于大力推进高等学校创新创业教育和大学生自主创业工作的意见》，虽然这些文件没有关于创业教育总体目标和基本原则的明确论述，但在文件名称和具体文本中可以看出"促进以创业带动就业"成为很长一段时间创业教育政策的战略重点；第三个阶段，2015 年《国务院办公厅关于深化高等学校创新创业教育改革的实施意见》首次对高校创新创业教育的总体目标和基本原则给予了明确表述，在将创业教育作为带动就业的举措的基础上，确立了到 2020 年"建立健全课堂教学、自主学习、结合实践、指导帮扶、文化引领融为一体的高校创新创业教育体系"的总体目标和"育人为本，面向全体，促进学生全面发展"的基本原则。

2. 创业教育的领导管理与协调机制：从"教育行政"到"协同推进"

在我国早期涉及创业教育的相关政策中，很少谈及创业教育的领导管理与协调机制，多为"口号式"的建议，而缺少具体的"落地措施"。2010 年人力资源社会保障部等九部门发布的《关于实施大学生创业引领计划的通知》提出："充分发挥就业工作联席会议作用，会同有关部门成立引领大学生创业工作指导小组，统一负责本计划的组织实施。"为了具体落实"创业引领计划"，2010 年，教育部出台了《关于大力推进高等学校创新创业教育和大学生自主创业工作的意见》，此文件因为出自教育部，所以行文中将创业教育的具体工作落实分配给了"省级教育行政部门"和高等学校。领导管理和协调机制的教育行政主体化突出了创业教育在高等教育中的重要地位，但是在具体推进的过程中仍然显得"势单力孤"。2015 年，国务院办公厅出台了《关于深化高等学校创新创业教育改革的实施意见》，将创业教育的领导工作从教育部上升为国务院，提出在深化创新创业教育改革过程中必须坚持协同推进，汇聚培养合力，形成全员参与的良好生态环境。

3. 创业教育的课程设置与教学要求：从"附加内容"到"专创耦合"

创业教育课程作为实施创业教育的具体载体，在我国的创业教育政策中也被屡次关注，根据《国务院办公厅关于切实做好 2007 年普通高等学校毕业生就业工作的通知》"将就业指导课程纳入教学计划"的要求，教育部制定了《大学生职业发展与就业指导课程教学要求》，在传统的就业指导基础上，增加了第六部分的"创业教育"，但是主要内容只涉及创业内涵与意义、创业精神与素质、创业法规与政策等方面。随后，教育部出台了推进创新创业教育的一系列文件，也都涉及创业课程的设置与实施，并提出"应将创新创业类课程与专业课程体系有机融合，将创新创业实践活动与专业实践教学有效衔接"。2012 年，教育部制定了《普通本科学校创业教育教学基本要求（试行）》及《"创业基础"教学大纲（试行）》，提出"要建立健全创业教育与专业教育紧密结合的多样化教学体系，在专业教学中更加自觉培养学生勇于创新，善于发现创业机会、敢于进行创业实践的能力"，同时，要求"创业基础"课程的内容覆盖面更广，针对性更准，实战性更强。

4. 创业教育的师资建设与能力要求：从"校外兼职"到"双师共育"

师资队伍建设在早期的创业教育政策中虽然有所涉及，但多为"点到为止"。例如，《面向 21 世纪教育振兴行动计划》提出，要"加强对教师和学生的创业教育，采取措施鼓励他们自主创办高新技术企业"；《关于实施大学生创业引领计划的通知》提出，要"建立完善大学生创业导师制度，组织一批有社会责任感的企业家和专业人士成立大学生创业导师团、专家志愿团等"；《教育部关于大力推进高等学校创新创业教育和大学生自主创业工作的意见》首次将"加强创新创业师资队伍建设"作为单列项，提出既要注重校内教师的理论与案例研究，支持教师参加创新实践，又要广泛聘请兼职导师；《教育部关于全面提高高等教育质量的若干意见》和《普通本科学校创业教育教学基本要求（试行）》也都强调指出，要建立一支专兼职结合的创业教育师资队伍。直到《国务院办公厅关于深化高等学校创新创业教育改革的实施意见》出台，才对创新创业教育教师的教学能力建设，如职称评聘、绩效标准、考核淘汰、规范管理等方面提出了具体要求。

5. 创业教育的实践指导与强化机制：从"项目活动"到"实训体系"

创新创业实践作为创新创业教育的重要组成部分，也一直是我国创新创业政策中的"热点"。综观政策的文本描述，创新创业实践大致经历了"项目活动、基地平台、实训体系"三个阶段。2010 年以前的创业教育实践多为以具体项目活动为主的培训阶段，如 2004 年《关于在部分高等院校开展"创办你的企业"（SYB）培训课程试点的通知》，以及 2005 年共青团中央、全国青联与国际劳工组织合作，在中国大学中开展 KAB 创业教育（中国）项目。《教育部关于大力推进高等学校创新创业教育和大学生自主创业工作的意见》除了提出要通过举办创业大赛、论坛、讲座等形式，提升学生创业能力外，还用了大段篇幅，首次针对"加强创业基地建设，打造全方位创业支撑平台"提出了明确任务，强调要建设和完善创业基地的功能和管理，并提供多种形式的指导帮扶。《国务院办公厅关于深化高等学校创新创业教育改革的实施意见》提出，要"完善国家、地方、高校三级创新创业实训教学体系，促进项目落地转化"。

三、我国创业教育政策的发展特性

1. 政策的服务对象偏精英化

在我国创业教育的政策体系中，创新创业教育一直成为高等教育的"专属"，在很多文件中"大学生和高校"出现的频率最高，而中小学生创新创业教育总是成为"被遗忘的角落"，在很多文件中关于中小学生创新精神与能力培养的表述寥寥无几，只有 1999 年的《中共中央、国务院关于深化教育改革全面推进素质教育的决定》在智育部分提出"要让学生感受、理解知识产生和发展的过程，培养学生的科学精神和创新思维习惯"，2010 年的《国家中长期教育改革和发展规划纲要（2010—2020 年）》在第五章的高中阶段教育中提出，要"推进培养模式多样化，满足不同潜质学生的发展需要，探索发现和培养创新人才的途径"，且这些有限的关注也只是"笼统概括"和"所谓应该"，对于具体应如何去做则"戛然而止"。同时，即使是在大学生的群体中，也常常是个别"主角"替代了广大"群众演员"，无论是 2002 年的创业教育改革试点和 2008 年的创业教育人才培养实验区，还是 2004 年的 SYB 创业培训课程和 2005 年的 KAB 创业教育项目，技术创业、精英化培养和项目化运作成为创业教育政策遵循的思路。这也就在一定程度上限制了广大的非理工院校和普通地方高校的参与程度，将众多创业项目排除在创业实践之外，因为对少数精英的"精准帮扶"而忽视了大部分普通学生的创业需求。虽然近年来，一些政策中呈现了"创业教育要面向全体，分类施教"的表述，但具体如何落地尚需方案细化。

2. 政策的制定立场偏功利化

本文通过对照我国创业教育相关政策的发布时间，发现这些政策发布时间基本与大学生毕业人数相匹配，伴随 2003 年以来高校毕业生的"井喷式"增长，大学生就业难问题日益突出，从中央到相关职能部委都高度关注创业教育，将其作为缓解就业压力的重要途径。这一时期，国家发布的创业及创业教育的政策非常集中，如 2005 年发布了《劳动和社会保障部办公厅关于进一步做好 2006 年高校毕业生就业相关工作的通知》，2007 年党的十七大报告提出要"实施扩大就业的发展战略，促进以创业带动就业"，2007 年发布了《关于进一步加强创业培训推进创业促就业工作的通知》，2008 年发布了《中华人民共和国就业促进法》《关于促进以创业带动就业工作的指导意见》，2010 年发布了《关于实施大学生创业引领计划的通知》《教育部关于大力推进高等学校创新创业教育和大学生自主创业工作的意见》。由于当时国家对创业教育的片面性理解和工具主义倾向，创业政策主要以解决就业为导向，主要目标是让学生掌握创业技能，通过营造创业氛围，完善创业教育的指导帮扶等途径，使创业教育成为一种以解决学生生计为目标的职业培训，导致创业教育带有明显的功利性色彩，成为一种"为创业（就业）而创业的教育"。虽然，2015 年《国务院办公厅关于深化高等学校创新创业教育改革的实施意见》对传统理念进行了"矫正"，将创新创业教育定位为高等教育改革和提升创新人才培养质量的突破口，但理念的根本性转变还尚需时日。

3. 政策的参与主体偏行政化

创业教育作为一项系统工程已经被广泛认识，它需要政府、高校、企业和社会协同发力，在众多创业教育政策中，从中央到各部委对高校开展创新创业教育工作的目标和要求屡见不鲜，但是这些政策对系统中其他参与主体的职责划分却模糊笼统，多为"呼吁"，而少有针对具体的责任落实完成情况的监管与反馈，多将高校的创业教育置于一个较为封闭的环境，使高校在具体工作的协同推进过程中困难重重，无法有效推动创业教育的良性发展。2008 年的《关于促进以创业带动就业工作的指导意见》提出："强化政府责任。地方各级人民政府要将促进创业作为一项重要任务，摆上就业工作的重要议事日程，落实扶持政策，改善创业环境，推广经验典型，积极推动创业带动就业工作的全面开展。"2010 年的《教育部关于大力推进高等学校创新创业教育和大学生自主创业工作的意见》将其表述为"省级教育行政部门要积极配合有关部门……"。2010 年人力资源社会保障部等九部门发布的《关于实施大学生创业引领计划的通知》将其表述为"积极会同教育等有关部门……"。2015 年《国务院办公厅关于深化高等学校创新创业教育改革的实施意见》将其表述为"各地区，各有关部门……"。由于政出多门，不同行政部门对自己和其他相关部门的责任也只是"轻描淡写"，因为缺少对政府、企业、社会参与创业教育的激励与监管机制，创业教育多主体参与的生态格局尚未形成。

4. 政策的执行体系偏宏观化

综观我国创业教育政策体系，虽然很多文件中都出现了"加强创新创业教育"的表述，但多为加强大学生就业工作的一项措施，文件名称中直接体现"创业教育"的只有 2010 年的《教育部关于大力推进高等学校创新创业教育和大学生自主创业工作的意见》、2012 年的《普通本科学校创业教育教学基本要求（试行）的通知》、2015 年的《国务院办公厅关于深化高等学校创新创业教育改革的实施意见》。其中，教育部的文件主要从推进高校创新创业工作、加强创业基地建设、完善创业指导与服务三个方面 18 个小项对高校开展创新创业教育提出了指导性意见。国务院的文件对近年来深化高校创新创业教育改革具有重要的指导作用，文件从总体要求、主要任务和组织领导三个方面 16 个小项对完善创新创业教育体系提出了明确要求。可以说，党的十八大对创新创业人才培养进行了具体部署，创业教育政策的顶层设计也日益完善。但是，创业教育是一项系统工程，需要专业平台的支撑，而作为创业教育的指导性文件的政策体系尚不完善，总体呈现"中央文件多、地方政策少，宏观指导多、具体操作少，建议倡导多、标准规范少"的状态。因为上述文件具有宏观性、全局性和指导性，而顶层文件指导下的创业教育课程体系建设、创业教育师资队伍建设、创业教育的评价标准建设等具体环节尚无"明文"规定，地方相关政策落实不到位，从而无法打通创业教育的"最后一公里"。

四、我国创业教育政策的生态转型

创业教育政策的生态转型是创业教育由初期探索向中期提升、由面上规模扩张转向内涵式发展的必由之路。推进创业教育政策的生态转型，构建具有中国特色的创业教育政策体系，可以为更好地培养创新型人才提供科学的指导与保障。

1. 全段纳入：大—中—小—幼

党的十八大报告提出："全面实施素质教育，深化教育领域综合改革，着力提高教育质量。"但是，多年来国家一直没有出台专门针对中小学创业教育的政策文本。深入研究创新人才的特征和成长规律，积极探索创新人才培养模式成为各级各类学校的共同任务。建立"全学段"的创新教育体系，就要打破现有教育体系各阶段的功能分割，促进各学段共同而有区别地承担责任，建立起大、中、小、幼有机衔接的"全覆盖"创业教育体系。厘清创业教育的政策理念，就要克服创业教育的功利主义，要认识到创业教育是一种面向全体学生，培养学生创新意识、创造精神与创新思维的素质教育。教育行政部门应该针对中小学创业教育在教育体系中的地位和要求以政策形式进行明确规定，内容包括中小幼各学段创业教育的领导机构、组织实施、教学目标、课程设置、教学内容、实践类型、效果评价、教师培训等方面。同时，中央出台的创业教育政策应对大、中、小、幼各学段的创业教育衔接进行明确指引，注重创业教育的"阶段式维度"，[1] 形成纵向目标体系。例如，美国通过八项创业计划构建了创业教育的五个阶段，即基础阶段、能力意识阶段、创造性应用阶段、创业阶段、发展阶段。地方应结合本地区实际情况制定具体的衔接策略，各级各类学校应出台落实方案和实施计划，真正为创业教育的目标达成"保驾护航"。

2. 全员参与：政府—学校—企业—社区

创业教育作为一个生态系统，它需要社会各方的广泛参与和协同推进。在现有的创业教育顶层政策中，从政策发布的隶属关系来看，这些政策多出自教育部高教司和就业指导中心，这也意味着创业教育成为大学生的专属。我国创业教育在延伸的过程中，相比美国的市场导向模式和英国、日本的政府导向模式，虽然得到了相关部门的积极参与，共青团中央、教育部、财政部、人力资源社会保障部等都出台了相关落实政策，我国也初步构建了多部门联动的创业教育组织框架。但目前我国缺少专业化的创业教育推进组织机构，类似于英国的科学创业中心、法国的创业计划培训中心、日本的网络与创业研究中心等，且现有组织类型单一、组织层次不够完善。在完善现有创业教育推进组织的基础上，我国应以政策的形式进一步明确相应参与主体的职责分工，建立"第三方评估"制度，完善创业教育政策评价体系，对参与主体的参与完成程度进行监控；应以专业化的创业教育推进组织，整合现有各部门出台的创业教育政策和创业扶持政策，避免现有创业政策的"政出多门"及具体落实过程中的推诿扯皮；同时，应完善相应政策，完善民间融资体系，健全参与创业教育的非政府机构和非营利性组织，充分调动企业参与创业教育的热情，使其为创业教育提供资金、技术、评估和认证等方面的专业化服务，形成政府、学校、企业、社区良性互动的创业教育网络。

3. 分类指导：创业型—研究型—教学型—应用型

最初的创业教育出于解决大学生就业的"功利性"目的而提出，从某种程度上自主创业解决了部分大学生的就业问题，但是创业教育的本质是人的能力的全面提升和人的个性的充分发展。[2] 当前创业教育的政策目标必须回归本质，要重构创业教育的理念，改变"为了创业而创业的教育"，根据社会需求和不同高校的办学定位来综合确立创业教育政策的目标。2015 年《国务院办公厅关于深化高等学校创新创业教育改革的实施意见》提出，创业教育要"树立先进的创新创业教育理念，面向全体，分类施教"的基本原则和"学生创新精神、创业意识和创新创业能力明显增强"的总体目标。虽然不同类型大学的人才培养目标有基础的相似性，但不同类型大学的人才培养目标也有其自身的独特性：创业型大学的创业教育要培养服务经济和社会发展的具有"开拓性"素质的创业型人才；研究型大学的创业教育要培养能够引领高端科技发展，创造未来知识的具有"创新性"素质的精英型人才；教学型大学的创业教育要培养适应社会需求，胜任岗位能力要求的具有"迁移性"素质的复合型人才；应用型大学的创业教育要培养实践能力过硬，实用技术娴熟的具有"实务性"素质的职业型人才。面对不同高校的办学定位、发展层次和人才培养目标的差异性，创业教育政策制定应该结合特定的学校和教育对象，开展分类指导，不同办学层次的学校应制定有利于学生素质提高的某种特定的创业教育模式。

4. 体系完善：法律—课程—师资—文化—评价—保障

上有政策，下无"具策"会导致创业教育政策中的总体目标成为"空中楼阁"，由于缺少相应的激励和推进政策，会直接影响创业教育的实际效果。《国务院办公厅关于深化高等学校创新创业教育改革的实施意见》是近年来国家关于推进创业教育的级别最高、内容最全、理念最新、措施最猛的指导性政策。但是，在此文件的基础上，国家还应该出台具体的"子政策"，通过立法的形式确立创业教育在国民教育体系和终身教育体系中的重要地位，可以考虑在《就业促进法》的基础上制定《创业教育法》，[3] 加强创业教育法治建设。第一，应在现有"创业基础"课程的基础上，出台"创新创业教育课程标准"，进一步做好创业教育理论课程体系和实践实训教学的总体规划和建设方案，把创业教育有机融入专业教育和校内外实习实践，与大学生思想政治教育、就业教育和就业指导服务有机衔接。第二，应出台"创业教育师资建设管理办法"，建立健全创业类教师的评价与激励、培训与考核机制。第三，应加强创业教育文化的引导与培育，将创业文化与质量文化、制度文化和校园文化相融合。第四，应出台"创业教育评价指标体系"，对创业教育的实施过程进行评价，同时要建立对创业政策的评价体系，加强对宏观政策的有效性和针对性的评估。第五，应进一步健全创业教育保障政策体系，包括经费使用办法、师资培训方案、基地建设办法等，促使顶层政策中的指导性意见在基层能够真正"落地"。

参考文献

[1] 马小辉. 大学创业教育的生态转型 [M]. 北京：经济科学出版社. 2015.

[2] 刘军. 我国大学生创业政策体系研究 [D]. 济南：山东大学，2015.

[3] 段素菊. 我国职业院校创业教育发展中的政策问题与对策分析 [J]. 职教论坛，2009（7）：12-15.

省域推进高校创新创业教育改革的
策略与反思[*]

【内容摘要】本文通过系统比较 31 个省份（不含港澳台地区）关于推进高校创新创业教育改革的实施意见（方案），发现这些政策文本出台时间相对集中，文本结构总体相似，总体目标基本相近，指导思想突出服务区域建设，基本原则更具有可操作性，主要任务措施包括创新人才培养机制、深化课程教学改革、拓展实践平台建设、优化管理服务指导和强化教师实践能力，保障策略强调经费支持、组织机制和氛围营造。本文认为，在深化高校创新创业教育改革的过程中，地方政府应更加注重创业教育生态系统的构建、评价标准的健全、政策布局的优化和理论研究的深入。

【关键词】地方政府；高校；创新创业教育；策略；反思

深化高校创新创业教育改革是国家实施创新驱动发展战略、促进经济转型升级、推进高等教育教学综合改革和提升创新型人才培养质量的重要举措。近年来，社会各界对高校创新创业教育的关注与投入日益增加，尤其是 2015 年 5 月 4 日印发的《国务院办公厅关于深化高等学校创新创业教育改革的实施意见》对推进高校创新创业教育产生了深远影响。该文件的出台为一段时间内高校创业教育的发展指明了方向，但是具体的落实效果如何，执行情况如何，还要取决于任务的层层分解和各省级政府的具体实施。《国务院办公厅关于深化高等学校创新创业教育改革的实施意见》提出："各地区、各高校要结合实际制定深化本地本校创新创业教育改革的实施方案，明确责任分工。"本文对 2015～2017 年我国 31 个省份出台的关于落实该文件的具体实施意见（方案）进行了文本分析，进一步总结了各省域政策文本的结构特征，梳理了主要的改革措施，进而对省域推进高校创新创业教育的有效性进行了反思。

---

* 本文原刊于《当代教育科学》2018 年第 10 期，有修改。

一、省域推进高校创新创业教育改革政策文本的结构特征

自2015年5月印发《国务院办公厅关于深化高等学校创新创业教育改革的实施意见》（以下简称《国办意见》）以来，本文通过各省级人民政府和教育厅官方网站查询收集到了我国31个省份（不含港澳台地区）的具体意见或方案（以下简称《省域方案》），通过分析梳理后得出了政策文本的基本特征。

（一）出台时间相对集中

按照《国办意见》要求，2015年6月至2016年9月，除新疆和港澳台地区外，我国30个省级政府或教育厅都出台了省域落实国务院文件推进高校创新创业教育改革的实施意见或方案。出台时间较早的省份是四川、福建、黑龙江、辽宁和吉林，可见这些省份努力在高校创新型人才培养中抢占先机；江苏、浙江、上海、海南等经济较发达地区文件出台较慢，于2016年年初才陆续出台；宁夏、贵州、西藏、山西、新疆出台时间较晚，基本在《国办意见》出台一年之后。从出台机构来看，《国办意见》由国务院出台，省域层面有20个地区的政策出自地方政府及相关机构，11个地区的政策出自省级教育主管部门。

（二）文本结构总体相似

从《省域方案》的名称来看，17个省份使用"方案"，11个省份使用"意见"，2个省份使用"通知"，1个省份使用"措施"。实施意见是指对某一时期的某项重要工作或重大活动阐明指导思想、明确目标任务、提出措施办法、做出具体安排，要求下级结合实际贯彻执行。实施方案是指对某项工作，从目标要求、工作内容、方式方法及工作步骤等做出全面、具体而又明确的安排。可见，国家层面的"实施意见"更具有核心指向性，省域层面的"实施方案"更具有具体规定性。但是从现有各《省域方案》的名称来看，对两者的界定似乎基本相同，除福建和陕西的文本名称差异较大外，其他《省域方案》与《国办意见》基本相同，福建提出了"十六条"措施，陕西实施了"推进计划"。从体例结构看，21个《省域方案》与《国办意见》基本相同，主要包括总体要求、主要任务和措施、加强组织领导等组成部分，河南、内蒙古、辽宁等的《省域方案》甚至与《国办意见》高度一致。11个省份的《省域方案》各有差异，广西、青

海、黑龙江和北京对具体工作任务进行了明确的部门分工，江苏和新疆在文本中增加了此项工作的"重要意义"部分。

（三）总体目标基本相近

按照《国办意见》总体要求，深化高校创业教育改革共分为三个阶段：2015 年启动全面改革；2017 年取得重要进展，形成科学先进、广泛认同、具有中国特色的创新创业教育理念，形成一批可复制可推广的制度成果；到 2020 年建立健全课堂教学、自主学习、结合实践、指导帮扶、文化引领融为一体的高校创新创业教育体系。在各《省域方案》中，西藏、湖北、天津等 8 个省份没有明确的总体目标。在其他 23 个《省域方案》中，超过 2/3 的省份与《国办意见》的总体目标基本相同。其中，重庆、云南、陕西、山东等在《国办意见》总体目标的基础上提出，要形成具有"本省特色"的高校创新创业教育体系。从时间节点来看，因为各地《省域方案》出台时间先后不同，大多数地区基本以发布年份作为启动年，以 2017 年作为阶段性目标时间点，以 2020 年作为终期目标时间点。但是，《省域方案》中没有总体目标或有总体目标但没有具体工作时间节点的省份有 9 个。

二、省域推进高校创新创业教育改革的主要策略

（一）指导思想

"思想决定行动，思路决定出路"。指导思想具有战略性、纲领性、引领性，是工作目标、工作方向、工作思路、工作重点以及工作着力点、突破口等的高度概括和集中表达。只有确定了正确的指导思想，之后的政策措施、目标任务、保障机制等才好确定。《国办意见》的指导思想非常明确，即按照党的十八大对创新创业人才培养做出的重要部署，以推进素质教育为主题，以提高人才培养质量为核心，以创新人才培养机制为重点，以完善条件和政策保障为支撑，加快培养规模宏大、富有创新精神、勇于投身实践的创新创业人才队伍。在各《省域方案》中，有 13 个《省域方案》中没有"指导思想"部分；18 个《省域方案》的"指导思想"基本遵循了《国办意见》的总体要求，其中，有 12 个与国办文件的"指导思想"高度一致，有 6 个省份的"指导思想"中加入了区域元素。例如，西藏提出要服务于"两屏四地一通道"，浙江提出要"建立全链条式的创

新创业生态圈",辽宁提出要"满足三次产业需求",吉林提出要"服务于新一轮振兴"。

(二) 基本原则

《国办意见》对深化高校创新创业教育改革提出了三个基本原则:坚持育人为本,提高培养质量,促进学生全面发展;坚持问题导向,补齐培养短板,增强学生的创新精神、创业意识和创新创业能力;坚持协同推进,汇聚培养合力,形成创新创业的良好生态环境。在各《省域方案》中,山西等11个省份的政策文本写明了"基本原则"部分,其中7个省份与《国办意见》中的基本原则高度一致,甚至是《国办意见》的全盘移植,广西、山东、吉林和黑龙江4个省份在《国办意见》的基础上提出了更为全面的实施原则。例如:广西提出了"三个坚持",即坚持政府统筹,多方协同,坚持以德为先,提高质量,坚持问题导向,补齐短板;山东提出了"三个面向",即面向全体,面向全程,面向未来;吉林提出了"四个坚持",即坚持育人为本,坚持制度创新,坚持统筹推进,坚持示范引领。《省域方案》确立的各种原则成为更好地推进高校创业教育改革的准则和依据,也是《国办意见》中基本原则的有效补充。

(三) 任务措施

(1) 创新人才培养机制,推进人才培养模式创新。"创新高校人才培养机制,促进高校办出特色争创一流",是党的十八届三中全会对高等教育改革发展提出的最直接、最明确的要求。教育部相关负责人认为,人才培养机制创新不够仍然是我国高等教育的突出问题,创新人才培养机制是一项系统工程,特别要通过创新应用型、复合型、技能型人才的培养机制,着力突破实践能力这个薄弱环节。第一,基于"国标",修订人才培养方案,将创新精神、创业意识和创新创业能力列入评价人才培养质量的重要指标。18个《省域方案》都提出要根据国家专业教学质量标准制定本地区、本学校专业培养标准,细化创新创业素质能力要求。第二,形成"合力",推进协同育人。当前,高校集聚社会资源共同参与人才培养的活力不够,特别是与有关部门、科研院所、行业企业协同培养人才的新机制还不完善等。23个《省域方案》都将建立校校、校企、校地、校所以及国际合作的协同育人新机制作为突破口,积极吸引社会资源和国外优质教育资源投入创新创业人才培养。第三,优化"结构",调整专业布局。19个《省域方案》提出要探索建立需求导向的学科专业结构和创业就业导向的人才培养类型结构,其中西藏、湖北、广西和浙江各地将创新型人才培养与一流大学和一流学科建设相结合,打造高水平创新创业教育专业平台。

（2）深化课程教学改革，促进专业教育与创业教育的融合。创业教育课程既是高校开展创业教育活动的载体，也是实现创业教育目标的关键。针对当前存在的创新创业教育与专业教育结合不紧密，理论与实践脱节，教育教学的针对性、实效性不强等问题，《国办意见》和各《省域方案》几乎全部提出要健全创新创业教育课程体系。第一，面向全体，打造通识类基础课程。要按照教育部要求开设"创业基础"课程，还要构建包含研究方法、学科前沿、就业创业指导等方面的有机衔接、科学合理的创新创业教育专门课程群。当然，只依靠某一专门学科群的课程并不能很好地达到人才培养的预期效果，创业教育仍需要依靠整个大学的全面课程体系相配合，以促进创业者整体素质的提升。第二，结合专业，推进专创教育的有机融合。不同层面和地区的政策都提出，要挖掘和充实各类专业课程的创新创业教育资源，在传授专业知识的过程中加强创新创业教育，同时还指出，可以采取多学科互补、多学科有机融合的方式来推进创业教育。第三，利用现代技术，打造精品课程资源。要充分利用微课、慕课等信息技术手段，加快创新创业教育优质课程信息化建设，推出一批资源共享的在线开放课程和教学资源库，建立和发展各类创新创业教育课程联盟。要利用大数据技术，满足不同学生的个性、多样的学习需求和差异性接受规律，为学生自主学习提供更加丰富的资源。

（3）拓展实践平台建设，训练学生创业实践技能。创新来源于实践。多年来，我国的创业教育与国外创业教育的最大差距来自实践环节，这也成为制约我国创业教育发展的瓶颈。虽然实践只是创业教育中的一个环节，但是也折射出了整个高校创业教育体系的薄弱之处。为了提升学生创业实践能力，促使创业教育的理论与实践相结合，《国办意见》和各《省域方案》都用了较大篇幅强调要强化创新创业实践。第一，内部整合，实现全资源开发。各高校要加强校内专业实验室、虚拟仿真实验室、创新创业实验室和训练中心建设与开放共享，同时各类科研平台、重点实验室和大学科技园等也要实现面向全体学生开放。吉林鼓励高校设立配备有必要工具和材料的"创新屋"。各《省域方案》在这部分的主要措施中多以具体量化数字作为推进手段。第二，外部共享，打造服务型公共创客空间。要鼓励各高校充分利用各种资源建设大学科技园、创业孵化基地和小微企业创业基地，打造创业教育实践平台。广西实施了"强基创优计划"，贵州实施了"一校一园一基地"项目，重庆建立了政府购买学生实习服务制度，四川构建了"苗圃+孵化器+加速器+产业化基地"的孵化培育体系。第三，依托项目，在活动中实现创意。各地区都将"大创项目"、挑战杯、"互联网+"项目、竞赛、论坛等作为重要依托，组建创业类社团、创业俱乐部，以赛带训，以赛促学。

（4）优化管理服务指导，激发学生创新创业热情。创业教育的管理与服务为高校创业教育的改革提供了必要的政策支持和实施依据。一直以来，由于人们对创业教育存在认识误区，导致创业教育在高校教学体系中处于边缘地位，与第一课堂教学相比经常被忽视。针对这个问题，无论是《国办意见》还是《省域方案》都提出了有效措施。第一，纳入学分，实现学分的累计转换。要打通创业教育的第一课堂与第二课堂，将创业教育纳入学科教学体系，学生既可以通过第一课堂的课程学习获得相应学分，也可以通过第二课堂的发明创造、技术开发、社会实践等方式获取学分，并完善创新学分的累计转换和互认制度，使创业教育更加名正言顺。在逐步完善的完全学分制实施过程中，可以实行弹性学制，放宽学生修业年限，允许调整学业进程、保留学籍休学创新创业。第二，完善服务，实现创业支持的一站式。从各《省域方案》来看，因出台机构的协调管理功能存在差异，各主体提供的服务也不同。由省级人民政府出台的政策都提出了要提供政策咨询、项目开发、风险评估、融资服务等"一站式"服务，但是由省级教育主管部门出台的政策多停留在高校内部的创业指导服务层面。12个《省域方案》鼓励有条件的高校设立"创业学院"，为学生的创业培训、指导、实践、孵化等提供更为专业的服务。甘肃提出要深化创新创业教育改革，对经济欠发达地区大学生创新创业进行强化辅导。

（5）强化教师实践能力，提升教师队伍双师双能水平。教师作为教学活动的组织者和实施者，是创新创业教育能否取得显著成效的关键因素之一。创新创业教育内容的丰富性、过程的复杂性对处在探索阶段的高校教师在知识储备、技能水平、实践经历等方面提出了更高要求。《国办意见》和各《省域方案》都将加强教师创新创业教育教学能力建设作为主要措施。第一，完善政策，配齐专兼职导师队伍。广西、河北、江苏等地区建立了职称晋升激励机制，设立了"创新创业教育"专业技术职称序列，鼓励教师积极参与创新创业教育教学与实践工作。重庆提出要加强对创新创业教育教师的培养与考评，畅通企业人才职业发展"立交桥"，建立健全企事业单位创新创业人才职称互评互认办法。云南提出要按照不低于1：500的师生比配齐校级创新创业指导教师团队。第二，在职培训，提升教师专业发展水平。要建立相关专业教师、创新创业教育专职教师到行业企业挂职锻炼制度。广西、海南、四川等地区明确提出了高校教师每2年至少有2个月到行业企业挂职锻炼的要求。山东要求所有校内专兼职创业导师均应具有1年以上行业企业工作经验或自主创业经验。第三，完善分配制度，增强教师自身创业实践能力。创新创业是不确定的人在不确定的环境下从事一项不确定的工作，教师经验不足是我国高校创新创业教育中的关键性短板。宁夏、贵州、广州等地区提出可保留现有待遇，允许高校科研人员离岗创业或带领学生创业，并可以按照相应比例获得成果转化收益。

（四）保障策略

为了实现高校创新创业教育的培养目标，确保高校创业教育质量，统筹校内外资源，依靠完善的组织机构把一系列的创业教育和管理活动严密组织起来而形成一个有机整体，是创业教育质量保障系统的运行机理。《国办意见》和各《省域方案》都针对深化高校创业教育改革在经费、组织和文化等方面提供了全方位保障。第一，经费保障，提高扶持资金使用效益。各《省域方案》都提出要设立"创业教育改革专项经费"，既要求省级政府统筹安排经费，也要求各高校要调整优化经费支出结构，多渠道筹集经费。但是，只有部分省份的《省域方案》对具体的创业教育经费投入比例和总额提出了明确要求。黑龙江要求全省高校每年安排资金总额不低于 2 亿元，云南实施了"两个 10 万元"微型企业培育工程，河北实施了"青年创业引领计划"，通过不同方式为创业大学生提供必要的经费资助。第二，健全组织，确保各项工作落实到位。按照《国办意见》要求，各《省域方案》都提出要建立省级高等学校创新创业教育指导委员会，各高校要落实创新创业教育主体责任，组建创新创业教育工作领导小组，健全创新创业教育工作督导保障，建立组织、执行、监督、评价的长效管理机制。第三，营造氛围，加强宣传引导。各地区要通过多种媒体尤其是被大学生广泛接受和使用的"微媒体"，加强舆论引导、发布创业信息、宣传创业典型、推广成功经验，形成了"面向全体、人人参与"的创业教育氛围，使创新创业成为高校办学、教师教学、学生求学的理性认知与行动自觉。

三、省域推进高校创新创业教育改革的有效性思考

无论是《国办意见》还是《省域方案》，目的都是引导各地区、各高校深化创业教育改革，破解制约创业教育深入推进的瓶颈和问题，目标在于提升人才培养质量，推进高等教育综合改革、促进高校毕业生更高质量创业就业。因此，地方政府应对现有政策文本在整体设计、关键环节等方面进行思考，以提高方案的指导性和有效性。

（一）多元融合，注重构建创业教育生态系统

着力建设创业教育生态系统，是国内外高校创业教育发展的逻辑必然与历史规律。[1] 对于传统创业教育改革中存在的各种问题，无论是《国办意见》还是

各《省域方案》都对涉及的课程、实践、教师等各个环节进行了强化。我们并不反对以要素的形式来推进创业教育，但如果缺少对创业教育整体性、开放性、系统性和平衡性的关注，势必造成创业教育方向的误区。创业教育作为教育系统的组成部分，其本身就是一个生态系统，对外与其他社会子系统相联系，对内各创业教育子系统紧密关联。从整体开放的视角看，创业教育作为高等教育的重要组成部分，应将其置于开放的高等教育系统中，要处理好创业教育与思想政治教育、通识教育、专业教育、实践教学等领域的关系，凸显创业教育的整体功效。虽然"专创融合"已经成为共识，政策文本对此也有所体现，但对于创业教育如何与思想政治教育、文化素养教育和社会公益实践等内容和活动相融合，也只有江西和黑龙江在《省域方案》中有所提及；从动态平衡的视角看，创业教育的目标、政策、内容和方法应与时俱进，尤其是在国家推进"双一流"建设的背景下，应将创业教育与高水平大学建设、创新型大学建设和一流学科专业建设相融合，虽然政策文本都提出要探索建立需求导向的学科专业结构，但只有西藏、湖北、广西和浙江4个地区将创业教育与随即启动的"双一流"建设相融合，通过创新创业教育助力创新型人才和技术技能型人才培养。

（二）健全标准，注重实施过程结果的督导评价

创业教育评价是高校实施创业教育，对大学生的创业意识、创业技能和创业精神的培养和提高程度，以及其社会价值的实现等方面作出判断的过程。[2] 高校创业教育效果评价体系为推进创新创业教育的改革提供了目标导向与行动依据。近年来，各层面、各类别的高校都将创业教育作为一项教育教学改革的重要内容而全面展开，但是效果到底如何？评价依据又是什么？人们似乎对此一直没有达成共识，这也就导致各高校都在"摸着石头过河"，只顾大张旗鼓地全面实施，却没有要达到的标准和预期目标。虽然《国办意见》和各《省域方案》都提出了高校创新创业教育的总体目标，但是高校在现有基础、培养目标、创业教育体系等方面存在很大的差别。培养创新创业人才只是创业教育一般性或宏观上的目标，高校实际的创业教育实践应该依据不同层次与类别形成各自的特色。[3] 一些政策文本只是提出要把创新创业教育质量作为衡量办学水平、考核领导班子的重要指标，纳入高校教育教学评估指标体系和学科评估指标体系，细化创新创业素质能力要求。除上海提出要制定创新创业教育的内容体系、考核评价标准外，其余省份的方案均未提及建立高校创新创业教育质量评价标准的相关内容。作为系统工程的高校创新创业教育，创新创业教育的环境、投入和产出三方面应该成为创业教育质量评价体系的理论基础，[4] 也应当成为检验创业教育实效性的重要依据。

（三）优化布局，注重政策任务的分解落实

《国办意见》的出台在我国加快创新型人才培养的进程中起着重要的"承上启下"作用，"承上"是对教育部 2007 年和 2011 年两期"高等学校本科教学质量与教学改革工程"中"学生实践创新能力培养"的有效推进，"启下"是对 2015 年出台的《教育部　发展改革委　财政部关于引导部分地方普通本科高校向应用型转变的指导意见》《统筹推进世界一流大学和一流学科建设总体方案》的重要支持。所以，地方政府在设计政策时既要紧密结合地域发展的战略需求，注重与国家和地区其他相关政策的前后衔接、目标一致和统筹推进，否则容易偏移预期目标，产生不必要的"溢出效应"，又要注重配套政策的及时跟进，无论是《国办意见》还是《省域方案》都只是对工作的整体部署和统筹规划，国家和地方应完善具体的配套措施，只有这样才能确保各项任务目标的落实落地，否则这个文件很快会被新出台的其他政策覆盖，导致很多工作不了了之。因为推进创业教育改革涉及的内容多、主体多、领域多，需要进一步完善创业教育多主体协同推进的配套政策，创业教育相关部门职责分工配套政策（目前仅有 4 个地区在《省域方案》中进行了任务分工），创业教育教师培养与培训配套政策，创业教育绩效考评与奖惩配套政策等。因为高校是创业教育改革实施的主体，各高校都制定了本校的实施细则，省域政策的设计也要给高校的政策设计留有足够的空间，以调动高校的积极性。

（四）丰富理论，注重创业教育的应用研究

推动创业教育，理念要先行，理念指导行动，理论改变理念。所有事物和行为都有其根本性目的，作为更加偏重应用研究的创业教育，实效性是创业教育存在、发生、发展的根本着眼点和落脚点。应用研究不是忽视基础理论的研究。创业教育实践既是对创业教育理论的体现，也是对创业教育理论的反应。创业教育理论具有整体性和连贯性，对于参与创业教育过程的各利益相关主体都有重要的指导意义。教育系统是一个复杂、有机的整体，研究创业教育系统的构成、体制和机制，从顶层设计到中观层面规划再到微观运作层面的操作提出一体化的解决方案是提高高校创业教育实效，提升创新型人才培养质量的现实需要。目前，我国的创业教育研究处于起步阶段，本土化的创业教育理论体系尚未形成，创业教育实践的理论依据尚不充分，更多是主观的臆断和经验的再现。《国办意见》更多强调对创业教育的宣传引导和文化培育，把创业教育研究的任务交给了省级创新创业教育专家指导委员会。在《省域方案》中，只有海南、云南、陕西、江西等 6 个地区要求高校要建立"创新创业教育研究室"或"创业教育研究中心"

开展理论与实践研究。与全社会对高校创业教育改革的期待与需要相比，这样的研究体系显得非常薄弱。创业教育学科化是创业教育研究发展的趋势，要在坚持基本理论的同时，在其中注入新的可借鉴的交叉学科的有益元素，如管理学、教育学、心理学、创业学等。

参考文献

［1］杨晓慧.高校创业教育生态系统建设的国际比较和中国特色［J］.中国高教研究，2018（1）：48-52.

［2］王辉.中国大学创业教育研究现状、问题与对策［J］.高教发展与评估，2005（5）：16-18.

［3］高桂娟，李丽红.高校创业教育实效性的评价与提升策略研究［J］.华东师范大学学报（教育科学版），2016，34（2）：22-29+112.

［4］李旭辉，胡笑梅，汪鑫.高校创新创业教育效果评价体系研究——基于群组 G1 法的分析［J］.教育发展研究，2016，36（21）：29-36.

创业教育协同治理的体系设计与运行机制[*]

【内容摘要】 创业教育在推进经济社会发展和提高全民综合素质等方面具有积极的作用，如何提升创业教育治理的水平与能力、增强创业教育的服务功能与效益成为促进教育公平、提高教育实效的关键。将公共管理学中的协同治理引入创业教育，是利益相关者多元化发展的时代需要，是创业教育供给侧结构性改革的现实需要，是创业教育转型发展自我优化的本体需要。本文通过设计各主体协同共治、各目标协同共识、各系统协同共力、各资源协同共享的治理结构，健全包含政策法律机制、决策协商机制、监督考评机制和持续动力机制在内的运行机制，以期为推进创业教育的科学发展提供新的思路。

【关键词】 创业教育；协同治理；设计；运行

治理（Governance）的概念源自古典拉丁文或古希腊语"引领导航"（Steering）一词，原意是控制、引导和操纵，指的是在特定范围内行使权威。治理理论的兴起，进一步拓展了政府改革的视角，它对现实问题的处理涉及政治、经济、文化、教育等诸多领域，成为引领公共管理未来发展的潮流。[1] 创业教育治理是指在国家治理体系的总体要求下，在政府的主导下，在各利益相关主体的积极参与下，达成目标共识、健全运行机制、推进资源共享，共同为创业教育提供多样化服务，满足社会成员的个性化、发展性需求的教育公共服务体系。协同治理是一种公共管理的新思维和新方法，将其引入创业教育领域有利于创业教育目标的实现。

---

* 本文原刊于《牡丹江教育学院学报》2019 年第 11 期，有修改。

一、创业教育协同治理的应然需求

1. 创业教育利益相关者多元化发展的时代需要

创业教育发展过程中涉及多方利益者。传统简单的、政府主导下的社会成员参与过程已经逐步转化为多主体参与的协同治理过程。在传统的创业教育治理模式中，政府是创业教育活动的发起者、决策者和监督者，在实际工作中，多采取自上而下的单向度行政管理方式，其他利益相关者参与不足。社会成员长期处于被动状态，主体缺位，企业、地方院校和非政府组织等参与积极性不高，这成为制约创业教育目标实现的关键因素。当前，创业教育需要各利益相关主体在合理决策、目标达成、运行协作和资源共享等方面采取更加积极的措施。将协同治理引入创业教育治理就是要建立和完善一种利益相关者参与的联动机制，使各主体在创业教育治理结构中各尽其能、各司其职。

2. 创业教育供给侧结构性改革的现实需要

"创业教育供给侧结构性改革"的核心是扩大优质教育资源供给主体，优化教育资源配置，满足不同社会成员对高质量、多样化和个性化创业教育内容和品质的需求。创业教育是面向全体、覆盖全程、全方位实施的教育，面对的是不同年龄、背景、行业的教育需求者，随着知识更新的加快和社会分工的细化，社会成员对教育的需求也不断提升，社会对创业教育未来需求加大与创业教育现有供给不足之间的矛盾日益突显。传统的政府单一供给主体无论在支付能力、服务范围和供给种类等方面都越来越不能满足社会成员的需求。在坚持协同治理理念的创业教育治理模式中，治理主体的多元化能够丰富创业教育产品和服务的供给多样化，如政府可以主要提供民生型创业教育，学校可以主要提供提升型创业教育，社会组织可以主要提供休闲型创业教育，企业可以主要提供技能型创业教育，这样就可以为社会成员提供更多的选择类型。

3. 创业教育转型发展自我优化的本体需要

创业教育作为一种社会活动，与所在的社会背景和历史条件紧密相关。随着我国经济社会的转型发展和城镇化进程的加快，创业教育作为学校教育的有益补充和国民终身教育的重要途径，对于提高居民生活质量、扩大教育公平、化解社会矛盾、促进社会和谐、创建学习型社会都具有重要意义。随着创业教育的发展，特别是在一批改革示范区的带领下，社会成员、企业组织、区域学校等多元主体的基础性作用日益突显，这成为创业教育协同治理的目标共识和愿景追求。

创业教育作为一种多主体融合参与的教育形式，具有高模糊和低冲突的政策特征，容易达成目标共识。[2] 将协同治理引入创业教育治理既是创业教育转型发展和自我优化的本体需要，同时创业教育的现有基础也为推进治理体系的建设提供了良好的实践基础。

二、创业教育协同治理的体系设计

1. 各主体协同共治

协同治理的前提就是治理主体的多元化，其中的治理主体不仅包括政府主体，还包括其他企业、学校、家庭、非正式组织及公民个人等。因为不同的主体在社会公共事务治理中具有不同的价值追求和利益需求，同时他们占有不同的社会资源，在治理过程中，各治理主体之间经常保持着竞争与合作的关系。当然，在现代社会，没有一个组织具有独立实现其目标的资源和条件。协同治理中的治理权威也体现出多元化的倾向：一方面，要打破政府的核心权威；另一方面，在一定的范围和条件下，其他参与者也要参与社会公共事务，成为管理层的权威。创业教育的协同治理就是要通过制度引导、平台搭建、措施激励等途径，充分调动和吸引各参与主体的积极性和主动性，建立各利益相关者参与的联动机制，确保各主体在创业教育治理结构中各司其职、各得其所，实现协同治理。

2. 各目标协同共识

协同治理的愿景是共同的、非个别的，治理的要点在于达成目标共识，达成目标共识的过程就是各利益相关者对话、协商、博弈和妥协的过程。创业教育既强调主体多元、主张开放共享，又重视公平正义、追求人文情怀，旨在引导社会成员融入社会生活，提升幸福指数、公民素质和民主意识，满足不同区域、不同群体、不同情况的创业教育需要。这是创业教育的发展目标，也是创业教育所追求的价值体现，创业教育的协同治理应在上述目标达成共识的基础上开展多方合作。政府具有相对垄断性质的组织优势和资源优势，在目标达成共识的过程中发挥着主导和引领的作用，应通过政策协商制定、资源共享共建、服务共同共优等方式，整合和调整现有创业教育的目标，从博弈到认同，调动创业教育其他各利益主体在共同目标的前提下积极参与和有效实施创业教育。

3. 各系统协同共力

在现代社会系统中，其他组织的参与程度一方面取决于自身所占有的资源情况，另一方面受到各参与主体之间所约定的合作规则和交换环境的影响。创业教育系统运行的复杂性、教育对象的多样性和教育内容的动态性等，要求各子系统具有协同性。有的主体可能在某一特定的协作过程中处于主导地位，需要政府、企业、学校、民间组织等多主体采取协商、平等对话、主动合作等方式来建立治理共同体关系，进而管理创业教育事务。另外，在协同治理过程中，自组织组织也是重要的行为体。[3] 自组织就是在创业教育治理过程中逐步削弱政府的管制，其他参与组织逐步摆脱政府的强制力控制，实现自我治理的自由。当然，这并不意味着政府在协同治理中的作用被忽视，相反，政府在协同治理规则的制定、目标的引导、权利与资源的互动等方面的作用将更加突出。

4. 各资源协同共享

在创业教育协同治理共同体中，各主体通过协商沟通、有效协调等，不仅可以充分发挥自身的资源优势，还可以利用关系网络平台实现其他组织资源的共享与共建，最终实现治理效益的最大化。在创业教育中，政府、企业、社会团体和其他教育机构都拥有丰富的教育资源，通过创业教育治理体系的构建，参与者在具体的实施过程中形成了一个交叉的网络关系结构，各种资源可以提高网络关系中的效能，并能为社会成员提供更多的选择机会。各级各类学校应充分利用场地设施、课程资源、师资、教学实训设备等积极筹办和参与创业教育，拓展社区综合服务中心（站）的创业教育功能，实现设施统筹、信息共享、服务联动，提高图书馆、科技馆等各类公共设施的开放水平，鼓励相关行业企业参与创业教育。

三、创业教育协同治理的运行机制

1. 政策法律机制

从目前来看，虽然中央和地方对创业教育的重视程度不断提高，相关的政策文件也在陆续出台，但是，与其他国民教育序列中的教育形式相比，创业教育的边缘化趋势仍非常明显。从宏观层面来看，在创业教育治理共同体构建的过程中，面对治理主体的多元化和多样化，各方主体在具体的治理实施中必然存在矛盾与冲突、博弈与妥协，这就必须有完善的政策制度或法律机制作为保障。格里·斯托克概括了关于治理的五个论点，其中之一就是"政府与其他治理主体之间存在界限和责任的模糊"。[4] 应当按照责权利相统一的原则，以法律形式确立各治理主体在创业教育中应享有的权利和需要履行的义务，明确各利益主体的行为边界和职责权限。同时，要健全创业教育协同治理工作体系及管理制度，具体包括协同治理的组织机构、财政制度、决策依据和考核评价等，对创业教育各参与主体的具体运行机制进行详细规定，切实规范各主体的治理行为。

2. 决策协商机制

社会公共事务管理的利益实现不是个人利益的简单累加，而是各利益相关主体在基于共同价值基础上的沟通与对话中积极促成的。在多元化和多样化的社会环境中，矛盾、冲突、差异等现象普遍存在，社会治理者应该建立决策协商机制，通过制度设计、协商谈判等，化解不同主体在治理过程中的矛盾与冲突。协商决策的过程是参与治理的各利益主体在已有制度设计的前提下，通过论辩、讨论、建议等方式达成一致意见或者得到大多数参与者认同的过程。协同治理强调系统设计，即通过制度规范各主体对公共事务的管理。在制定制度规范的过程中，组织间的竞争与合作成为规则形成的关键。协同治理是一种集体行为，各利益相关者都在制度规范的范围内履行各自的职责。在协同治理的过程中，各主体之间进行协商对话，相互作用，相互受益，实现创业教育的共同管理。

3. 监督考评机制

不同主体在创业教育治理中的职责和权力各不相同，不同主体提供的资源是否充分，他们提供的资源的利用效果如何，各主体职责的履行情况，创业教育服务质量的高低等都应该有针对性的监督与考评机制，要对各环节的完成情况及各参与主体进行评价，对不能完成或完成不力的主体进行追究和问责。在具体的监督过程中，要改变传统的政府既是参与者、组织者，又是督导者、评价者的做法，可以委托第三方即独立的社会评估中介机构，其中除了包含相关的学科专家，还需要充分调动社会各界参与的积极性，通过调研、广泛征求意见等方式，对创业教育治理的效果、质量和办学效益进行监督与评价，相关数据可以为政府宏观指导创业教育提供依据。

4. 持续动力机制

动力机制简单来说就是动力的来源，即发展动力的根源。创业教育协同治理的运行动力来源于不同行为主体对自身经济利益的追求，动力机制的实质就是一定的经济利益机制。但是，由于当前我国创业教育的发展相对滞后，创业教育的地位和功能尚未得到社会的普遍认可，最主要的是参与创业教育治理对各行为主体来说利益收获非常有限，这也就阻碍了各主体的参与热情。因此，必须建立创业教育协同治理的动力机制。首先，要完善利益分配机制；其次，应该建立奖惩激励机制，通过第三方评估等措施，奖优罚劣，优胜劣汰；最后，可以尝试建立利益主体有偿服务制度，引入市场竞争，增强利益导向，激发参与动力。

参考文献

［1］陈广胜.走向善治［M］.杭州：浙江大学出版社，2007.

［2］黄琳，陈乃林.治理理论视阈下的社区教育治理结构研究［J］.北京广播电视大学学报，2014（6）：32-39.

［3］李汉卿.协同治理理论探析［J］.理论月刊，2014（1）：138-142.

［4］格里·斯托克，华夏风.作为理论的治理：五个论点［J］.国际社会科学杂志（中文版），1999（1）：19-30.

高校开展"创客教育"的挑战与突破[*]

【内容摘要】"创客"作为一个充满灵感、充满造物、充满梦想的概念,是当前创新 2.0 模式在设计制造领域中的具体体现,其自产生之初就受到世界各国的广泛青睐。创客教育作为一种新型的创新教育模式,其内在理念与价值、方法与途径、实践与反思给当前教育教学改革带来了深刻变革,成为高校开展创新型人才培养的有益探索。进一步厘清创客教育的内涵与定位,透析与化解其中的问题与矛盾,成为激活高校创新基因、推进国家创新驱动发展战略的实践前提。

【关键词】高校;创客教育;挑战;突破

进入 21 世纪以来,以互联网、云技术、大数据、3D 技术等为代表的新一代信息技术,正在对社会的各个领域产生深刻变革,尤其是"互联网+"概念的提出,实现了互联网与各行业的跨界融合,对个体的创新实践产生了深度影响,也为创客的产生与发展创造了条件。"创客"(Maker)成为近年来出现频率较高、关注程度较热的词语之一。2009 年,时任美国总统奥巴马在"教育创新倡议"中宣称,将在未来十年使美国学生的科学和数学学业成就从中等排名提升到前列。为了响应这一倡议,基于通过创客运动改革教育的理念,创客教育计划(一个机构)在 2012 年成立。2012 年,克里斯·安德森(Chris Anderson)出版的《创客:新工业革命》一书,引爆了美国乃至全球的创客运动。2014 年,美国白宫第一次创客大会,强调要让美国的学生成为世界的创造者。2015 年,国外权威的教育趋势报告《地平线报告》预测了国外未来 3~5 年的教育发展方向,认为创客教育将给高等教育教学带来深刻变革。在我国,"创客"一词首先被写入《政府工作报告》,随后在《教育信息化"十三五"规划》的主要任务中明确提出:有条件的地区要积极探索信息技术在"众创空间"、跨学科学习(STEAM 教育)、创客教育等新的教育模式中的应用,着力提升学生的信息素养、创新意识和创新能力。2016 年 5 月,中共中央、国务院印发了《国家创新驱动发展战略

---

* 本文原刊于《思想理论教育》2016 年第 10 期,有修改。

纲要》，鼓励人人创新，推动创客文化进学校，设立创新创业课程，开展品牌性创客活动，鼓励学生动手、实践、创业。可见，创客教育已经成为当前全球开展创新创业教育的新趋势和新导向，高校作为创新型人才培养的主阵地，如何辨析众"创"相关概念的联系与区别，如何认识和定位创客教育，如何针对自身的特殊性开展与实施创客教育，这些问题应当引起相关教育工作者和社会各界的广泛关注。

一、创客教育的内涵辨析

（一）创客教育不能代替创新教育

近年来，随着创客教育在我国的引入与发展，它从一开始便和创新、创业、创造等词语联系甚至融合在一起，在短时间内迅速成为全国各地普遍关注的高频词。虽然我们不否认创客教育与创新创业教育的内在联系，但是两者绝不是简单的替换，或者简单地认为创客教育是创新教育的显性行为。创新教育是一种新的教育理念，是对当前教育培养人的功能的重新定位，是顺应新的经济信息化时代要求而提出的，是以培养人们的创新意识、创新精神、创新能力和创新人格为目标的教育，实施创新教育就是要对整个教育过程赋予创新活动的特征，以实现人的全面发展和创新人才的培养。创客教育主要是通过应用创客的理念来重塑教育的理念、方法、过程与评价，旨在通过兴趣实现"自学习"，打破学科界限，实现"基于创造的学习"，其背后蕴藏着实用主义教育理论、情景学习理论、建造主义和"合法的边缘性参与"等教与学的理论。创新教育与创客教育两者的终极目标即创新型人才培养是一致的，但创新教育是一项系统工程，需要多种形式教育的协同共育，而创客教育或者跨学科导向的 STEM 教育，都只能是实现创新教育的具体途径与操作策略，无论其内涵与外延都不能代替创新教育。

（二）创客教育不能等同于创业教育

在谈创客教育与创业教育的区别前，我们需要先分清"创客"和"创业者"，有人认为创客就是有创业想法的人，这是将创客概念简单化、符号化。其实创客本身与创业无直接关系，只要你有无限创意，并能将创意转变为现实，就成了创客，但是创客不一定要去创业，创意实现的过程本身就给创客带来了无限兴奋与满足。虽然两个群体存在交集，但成为创客的驱动是兴趣，而成为创业者的驱动是市场和商业。创客的特征是不以营利为目的，从创客可以转化为创业者，即将兴趣转到商业，将创意的实物转化为市场的产品，但这个过程是不可逆的。创业可以作为创客的一个未来发展方向，尤其是在信息技术时代，"互联网+"背景下的创意作品能够较便捷地实现创业转化。分清上述两个群体后，创客教育与创业教育的区别也就逐步显现出来。创客教育的定位为一种面向大众的创新设计、动手实践、创意分享的教育。[1] 它带来新的教学理念和学习方式，其根源于兴趣，目的是培养具有创客精神和全人素养的大众。创业教育重在使受教育者掌握一定的创业能力，而创客精神正是成功创业者必不可少的核心素质。可见，两者虽然存在一定交集，但是在培养目标的指向性和导向性上存在明显差异。

（三）创客教育不能取代创造教育

谈到创造教育，我们首先会想到我国著名教育家陶行知先生，因为他是中国创造教育的开拓者。从创造教育的历史起源不难看出，创造教育起源于企业界、工业界而非教育界，最具代表性的是美国 20 世纪 30~40 年代的一些企业。传统教育的教学过程乐于训导和指正，导致学生几乎失去了自主性和独立性，个人的聪明才智与创造激情被扼杀。创造教育的前提是人的地位的提升，发现人的价值，尊重人的个性，突出对创造性思维的培养，激发学生的创造潜能，培养创造性人才。创造教育关注的核心是创造性品质、创造性思维和创造性技能。创客教育的精髓是通过创客式的教育，培养学生的创新兴趣、探究精神、批判思维和创作能力。创客教育是当前学校教育中综合性较强。覆盖面较大、创新性较突出的实践课程与活动。创造教育源于对学生人格的尊重，它需要改革传统教育的弊端，推进教育革命。创客教育源于对创造的兴趣，它植根于实践，旨在突破时空限制，提高全民创新实力。创造教育与创客教育都对传统的教育教学带来了变革，而创客教育是实现创造教育的显性教育形式，是创造教育理念的具体化方式、课程、教学与实践。

二、创客教育的认识定位

（一）作为一种理念的教育

创客教育背后蕴含着丰富的教育理念，1900 年，美国著名实用主义教育家杜威提出了"教学合一"的教学理论基本原则，他认为，最好的教育就是"从生活中学习、从经验中学习"。"做中学"正是创客教育背后的核心理念，为当前学生培养亟待加强的科学探究能力和问题解决能力提供了新的思路。我们这里所说的"做中学"（HIBL）主要是源于实用主义发展而来的探究式科学教育理念，即 2001 年我国教育部和中国科学技术协会共同启动的科学教育改革项目，它吸取了美国"Hands-On Inquiry Learning"和法国"LaMainalaPate"（"动手做"）等国外先进的经验，从生命科学、地球和环境科学、物理和物质科学、设计和技术四大自然科学领域，培养学生的科学态度、精神和思维，不仅让学生学到具体的知识，更重要的是培养学生会使用学到的知识。当然，创客教育背后还蕴藏着建造主义、快乐学习、情景学习和"合法的边缘性参与"等学习理念，即受教育者应该在需要解决问题的真实情境中，通过与专家、同伴的互动，学习他们为建构知识体系和寻找解决方案所做的努力，这既是一种分享学习的过程，也是一种理解学习的方式。

（二）作为一种精神的教育

创客教育主要蕴含着两种精神，即创新精神和工匠精神。创新是指以现有的思维模式提出有别于常规或常人思路的见解为导向，利用现有的知识和物质，对现有事物或产品进行改进和创造。创客教育首先就是要培养参与者的创新精神。创新精神是科学精神的一个方面，主要是指能够运用已有的知识、信息、技能等，提出新方法、新观点，并具备进行改革、发明与创造的信心、意志、智慧和勇气，具体体现在坚持独立思考、追求新颖、勇于抛弃旧思想旧事物、创立新思想新事物、追求新知、不墨守成规、不迷信权威、不盲目效仿他人、灵活运用已有知识解决问题等方面。在当前的信息技术时代，创意至上不假，但创意不是出位低俗、投机取巧之意，而是做出极致的产品。当下，"中国制造"正在句"中国智造"强力迈进，我们要补上"工匠精神"这一课。创客教育正是要培养这种职业价值取向，即对产品的精益求精、精雕细琢、追求卓越的精神，具体体现为从容独立、实践创新、持之以恒、敬业乐群、踏实务实、执着专一等特质。创客教育就是要通过参与者的 DIY（Do It Yourself），来磨炼工匠品质、植入创新基因，在"做"的过程中追求极致，使工匠精神成于实践并融于实践。

（三）作为一种原则的教育

教育原则是教育思想的归纳与概括、浓缩与凝结。"教学有法，教无定法，贵在得法"，其中教学有"法"即教学首先要有一种符合教育规律的一般法则，它贯穿于教育教学的各个环节，是我们必须遵守的规律和原则。创客教育作为一种原则就是学校的教育教学工作必须以培养学生的求异精神、探究能力和创新实践能力为核心，可以归结为"为创新而教"。信息技术时代的创客教育就是对传统教育的革新，实践创客教育的原则有利于实现教育创新，即以新的教育理想和教育理念为指导和引导，为了实现一定的教育目标，在教育领域进行的创新活动，包括教育观念、教育体系与结构、教育方法与手段、课程与教材、教育的时间和空间等，涉及教育领域的方方面面。当前信息化和网络技术的快速发展，"互联网+"时代的到来，传统的学校教育教学正在受到新技术的广泛影响，这也带来了新时期教育创新内容的变化。贯彻创客教育的原则就是要转变传统教育的知识本位和学科中心，走向生活本位和学生中心，软化学科界限，加强跨学科融合，不仅要加强"新技术教育"，同时要把自主性、开放性、去权威化、去行政化等"线上"思维融入"线下"的教育教学中，从而产生变革性反应。

（四）作为一种活动的教育

进入 21 世纪以来，以 3D 打印技术、Arduino 等开源硬件平台为代表的新技术进一步降低了科技创新的门槛和成本，每个具有基本操作能力的人都能够很快地掌握这些新技术和新工具，通过自己动手或与他人合作创造出独创性的产品，这种行动被称为"创客运动"（Maker Movement）。如果说创客运动是一场强调"造物"的运动，那么创客教育就是一种教人怎样去"造物"，使人具有"造物"能力的教育活动。它的核心体现在"造"，而非"创"，因为"创"是面向精英，定位高端，而"造"是面向大众，强调普适化，即"人人皆有成为创客的可能"。[2] 作为一种活动的创客教育，是指学校及相关社会机构为促进学生成长为创客在管理和教学等方面提供的具体策略与安排。这些活动能够更好地培养学生的创新意识、激发创造兴趣，给他们更多动手操作、自由探索与发展的空间与条件。创客的成长过程需要一个系统的协作运行机制，既要通过校本教学、科技活动、第二课堂等，也需要社会机构的积极配合与资源共享。这里需要着重说明的是，不能把作为一种活动的创客教育仅仅等同于小发明、小制作或者各类竞赛。创客教育活动不是少数人的特权，它的根基在草根群体，面向的是全体学生甚至全民大众。

（五）作为一种文化的教育

在互联网经济逐渐向现实世界覆盖、全球制造业掀起新一轮变革的背景下，创客文化逐渐走入了公众的视野。创客文化作为一种亚文化，它主要植根于那些具有独特兴趣且抱有执着信念的人群，创客文化既包含了 DIY 文化中朋克理念的反叛、反权威和自由思维，还糅合了技术元素。虽然从表面上看创客教育是由现代信息技术的发展引起的，但是其背后受到了文化因素的深刻影响。作为一种文化，创客教育既是伴随着创客文化的兴起而发展的，也是推进创客文化的重要途径，其终极目标就是要培养以创客精神为核心的众创文化。按照祝智庭和雒亮的观点，创客精神包含个体的"自强进取，个性开放"，社会的"协作分享，融合创新"，民族、国家的"重工尚器，民智国强"。[3] 作为一种文化的创客教育，促使我们更新人才培养理念，加快教育改革步伐。在我国传统的文化与教育思维背景下，学校的创客教育文化首先就是要改变传统的学习方式，落实"以学为中心"的改革理念，将学习转变为一个充满了碰撞、游戏、尝试和反思的过程，在原有自由、民主、开放、草根的创客社会文化的基础上，进一步营造探究、自主、创新、协作、共享的创客教育文化氛围。

三、高校开展创客教育的矛盾解析

（一）教育理念的自然回归：国际向度与本土改造

创客教育起源于美国，2014 年美国白宫创客大会的举办有力地掀起了美国全民参与"创客行动"的热潮，随后 150 所高校加入创客行动联盟，并且有 100 多所高校在校内建立了创客空间，无论从意识层面还是从实践层面都在大力推进创客行动，以创客的理念改革高等教育体系、提高高等教育质量。创新型人才培养在美国成为评价高等教育质量的重要指标，在实际的推进过程中，美国高校创客教育的开展在整体规划、支撑体系、推广系统等方面都进行了全面安排，通过打造创客空间、开放式的创客教育、常规课程与创客教育课程的整合、投入大量的精力加强创客师资培养等实现全民创客行动。我国的创客教育起步较晚，而高校的创客教育起步更晚。近年来，以清华大学（i. Center）、同济大学（Fab Lab）和温州大学（温大创客空间）为代表的高校创客教育受到了社会各界的广泛关注，高校已经成为创新型人才培养的主要载体。按照何克抗的观点，中西方创客教育的目标是有差异的，西方是"创客的教育"，旨在培养创客人才，而我国是"创客式教育"，旨在运用创客的理念和方式改造教育，培养创新人才。[4] 参照国际创客教育实践，我国高校在开展创客教育的过程中面临多方面的挑战，鉴于中西文化的差异，转变传统的教与学的方式，促进其适应"基于创造的学习"和"做中学"的学习过程成为有效实施创客教育的重要途径。高校必须加强支持学生的创造体验，促进学生主动关注、参与创造过程，形成主动创造、协同创造、坚持创造的意识与基本能力。[5]

（二）创客师资的核心素质：学历至上与实践为先

创客教育需要创客型师资，所谓创客型师资，首先教师本人就应该是一名"超级创客"，他对创造充满兴趣和热爱，能够激发学生的创造热情，启发创造灵感，并能够与学生并肩作战，最终将创意转换为作品，而最重要的是教师能够将上述过程转化为教学或课程的实践与活动。创客型师资应该具备"七种能力"，即超强的学习能力、敏锐的洞察力、过硬的信息技术能力、科学的创新实践能力、较专业的心理指导能力、较宽泛的资源整合利用能力、较强的教育教学能力；还要扮演好"五种角色"，即学习情境的创设者、创客资源的协调者、学习过程的调控者、实践质量的提升者和学习质量的监控者。[6] 目前，大部分高校的创新创业教育师资主要由两部分人群组成，即学生工作、就业部门的工作人员和部分信息技术课程教师，这些教师虽然学历层次较高，且具有一定的教育教学经验，但是他们囿于校内，基本沿袭了传统的教学模式，缺少对国内外科研前沿的关注，缺少源于社会和市场的创客分享与实践。建设合格的创客型师资，首先要组建跨学科、跨领域、跨地区的导师队伍，实现导师角色的转换。要创造条件，组织不同学科的教师研讨交流，研究合作，达到思维碰撞、创意激发的效果。要积极聘请校外专门从事创客教育的训练师、培训师和已经成功的"超级创客"来承担学生的指导任务。其次要建设"教师创客空间"，[7] 教师可以在其中交流思想、形成创意、开放共享、付诸实践。要打造信息化学习平台，创新研修方式，提升教师 TPACK 应用能力。最后要搭建与企业合作的平台，鼓励教师向"双师型"教师转变，提高师资的工程实践能力。

（三）课程设计的跨界多样：条块分割与创课转型

应用创客理念对现有课程内容和结构进行改革，是当前高等教育教学改革发展的重要趋势。大课程观强调，课程的本质是一种教育进程，课程不仅仅是存在于"观念状态"的可以分割开的"计划"，课程根本上是生成于"实践状态"的无法分解的整体的教育活动。[8] 目前高校创客课程较为单一，虽然课程名称五花八门，但仍然是以传统教育的各学科为界，以讲授为主，且存在目标任务化、指标化的倾向。创课不能简单理解为创客课程的简称，它是高校创客教育课程内容、方式、过程的总和，从广义上包含以激发学生创新潜能、培养学生创客素养为导向的各类课程，狭义上主要包括智能信息技术课程、电子创意类课程等。[9] 好的"创课"应该体现出"六性"：在教学目标上体现"嵌入性"，即将创客素养教育无痕嵌入创新型人才培养和高校教育教学改革中；在课程设置上体现"校本性"，高校应立足区域服务，结合自身办学优势和特色开设校本创客课程；在课程设计上体现"研创性"，基于项目的研究式学习是创客教育的主导模式；在课程内容上体现"跨界性"，在创客空间的平台上融合 STEAM 教育理念，将创客教育整合于常规教育，将条块分割的学科知识整合到教学实践中；在教学策略上体现"探究性"，即倡导迭代式学习、协作性学习和探究性学习；在课程评价上体现"成果导向性"，即通过成果导向的评价方式倒逼教学相关要素的改变。创课作为创客教育的重要载体，是对传统课程的挑战与突破，高校应至少从以上六个方面对传统课程体系进行创客式改造。

（四）学习方式的现实连接：被动接受与创客学习

面对当前社会各界对提高高等教育质量的关注，转变传统的学生学习方式成为关键。创客教育对传统教育的变革作用，集中体现在学习方式的转变上。虽然对于学习方式的概念，在学术界上存在不同的见解，但是大部分学者认为，学习方式是学生在完成学习任务时基本的行为和认知的取向，它不是指具体的学习策略和方法，而是学生在自主性、探究性和合作性方面的基本特征。[10] 转变学生的学习方式就是要改变传统的单一、被动的学习方式，提倡自主探索、合作交流和操作实践，充分发挥学生的主体意识、探究意识和创造意识。高校创客教育的开展要积极实现传统学习方式向"创客学习"方式的转变：第一，研究性。创客学习以任务式学习和项目式学习为主要方式，以项目为主线、师生共同完成项目，共同取得进步。第二，动手操作性（Handson 的活动）。学习都是在行动中发生的，创客学习将围绕一定的主题，强调学生的动手实践活动，强调对知识的学习，强调对学生学习方法、思维方法、学习态度的培养。第三，移植性。创客学习是一种创造驱动的学习方式，不仅适用于跨学科科学教育，而且可以移植运用到其他科目的学习中，教师要将创客理念融入课程教学。第四，虚拟性。创客学习在很大程度上可以脱离物理空间时间的限制，可以通过一系列虚拟化的教育环境，如虚拟教室、虚拟实验室等，实现虚拟教育。第五，开放性。创客学习支持按需学习，适时学习与弹性学习，通过超链实现本地资源与远程资源无缝连接，利用构件化技术，允许随时更新教育内容和扩充教育系统的能力。

（五）创客空间的合力打造：老旧封闭与开放共享

作为创客创意的孵化与实现园地，创客空间被广泛认为是推动高校教育教学改革、培养创新人才的重要平台。随着海外创客运动的逐渐兴起，国内新兴的一批兴趣团体，也逐渐以创客空间、创客社团等身份被人们所熟悉。在互联网的助推下，个人创客逐渐汇聚成一个个社群，从而形成创客空间。创客空间

（Hackerspaces 或 Fab Labs）是面向应用构建的以学习者为中心的融合创意、设计和制造的用户创新学习环境，学习者通过提供的技术和服务，进行项目的协作推进以及各种学习活动的开展，以促进相互之间知识和资源的互动，创造力的表达与分享。[11] 目前，大部分高校尽量尝试将原有的实验室、图书馆等场所改造为免费的"创客空间"，但由于自身经费投入和资源等方面的不足，与当前广泛受到社会关注的知名高校专业化程度较高的创客空间相比，存在空间局限、设备陈旧、资源短缺、开放时间有限、难以满足"私人订制"等问题，导致学生的创意灵感因客观条件的限制而难以实现。针对这些问题：第一，高校应充分整合图书馆、实验室、资料室、学习室、微机室等资源组建空间大、跨学科、资源足、材料全、服务广的校内综合创客空间；第二，高校要充分借助社会各界优质资源支持自身发展，注重校校合作、校地合作、校企合作和校社合作，加强与社会创客空间的合作，将学生学习平台和操作项目延伸至校外，打造开放协作、创意共享的多主体合作创客空间；第三，高校要加强数字智慧校园建设，打造在线创客社区，为学习者提供适时、适地、适当的学习服务，实现无缝化按需学习。[12]

（六）创客效果的多元评价：有限激励与无限发展

建立有效的创客教育效果评价体系是高校充分调动学生创客兴趣、培养创客精神、激励教师投入、有效推进创客教育的必要保障。创客教育效果的评价不同于传统课堂教学效果的评价，因为创客学习的成果往往是一件创意品，且这一作品是在教师的指导下，经由小组全体成员花费较长时间共同完成的，传统的基于测验的评价方式虽然可以对学生的知识掌握程度进行衡量，但对学生的创新思维、问题解决能力和在小组中的贡献度却很难测量，另外，对教师在创客教育中的参与贡献也没有给予合理的评价与激励，从而影响教师的"造物"积极性。高校要探索基于过程评价和结果评价相结合、学生评价与导师激励相结合的绩效测评机制。在过程评价中，高校既要考虑传统的教师评价，也要考虑学习者个体自评，还要考虑学习同伴的互评；在评价方法上，注重量化评估与质性评估相结合，既要对创客作品的价值进行评价，也要考察学生小组在项目实施过程中的表现及贡献度；在结果评价中，传统的基于测验的考核方式仍然可以作为考查学生知识掌握程度的方法，但要进一步完善创客作品、创新实践学分的转化机制，有条件的高校可以试行弹性学制，调整教学进程，使创客从传统的学分、学制制约中解放出来。在创客教师评价上，高校要通过学生评教、同行互评等，针对教师在创客项目中的投入与效果、作品与产出等进行考评，并将考评结果作为评职晋级、评奖评优的重要指标；同时，设立专门计划或专项资金，积极鼓励并激励教师开展创客教育的理论研究，进一步丰富当前创客教育的理论体系，并将理论运用于实践。

（七）创客文化的协同培育：固化狭隘与兼容并蓄

创客人才的培养需要创客文化的支撑，高校作为新文化培育和传播的重要基地，培育创客文化，在源头厚植创新创业文化，抓住以促进学生发展为核心的育人本质，引导大学生理性、切实地投入创客天地，促进创新创业人才成长，是时代赋予高校的使命。目前，高校的创客文化建设刚刚起步，开放共享的创客项目展示与交流平台还不完善，全纳包容的创客文化环境尚未形成，自由灵活的创客文化运行机制还不成熟，适合我国高校实际的创客文化发展模式正处于探索之中。根据我国高校实际情况，我国高校可以借鉴日本企业的"小集团活动"创造出的群体创新文化模式，即在小众群体实践基础上发展而来，以小群体走向大群体，从小微生态文化逐渐走向大众创新文化。[13] 高校建设群体创客文化除了上文提到的改革课程体系、打造创客空间、完善激励考评机制等方面，还要注重利用多种形式形成"线上"与"线下"相结合的创客文化：一是线上宣传，要借助各类传媒平台及新媒体，如校园广播、手机 App、数字电视、校园网、微博、微信、QQ、贴吧等，对各类创客活动进行推送与宣传，开设在线创客讲座、论坛，对创客领军人物进行宣传等，创设虚拟创客社区；二是线下活动，要开展各类基于真实任务、团队合作等形式的创客工作坊、创客挑战赛、创客沙龙和创客作品展等常态活动，并帮助成熟的创客项目进行市场推广，在小众实践的基础上逐步吸引更多的学生加入进来，同时，还要发掘和展示身边的创客榜样，塑造典型创客案例，营造"人人皆可成为创客"的众创文化氛围。

伴随"众创时代"的到来，创客教育成为社会关注的热点，承载着创客人才培养和国家科技创新的重任。但是，对于当前创客教育的媒体热炒、商家热销和研究者热议，我们也要理性地看待和审视，创客教育不是创新型人才培养和高校教育教学改革的最后一根救命稻草，也不能期待它能解决当前高校人才培养的所有问题。我们要警惕创客教育带来的教育商业化、产品化、市场化和技术化，也要避免因对创客教育的内涵、本质与定位认识不清而带来的照搬照抄、盲目热情、蜂拥而上等非理性行为。

参考文献

［1］张茂聪，刘信阳，张晨莹，等.创客教育：本质、功能及现实反思［J］.现代教育技术，2016，26（2）：14-19.

［2］谢作如. 创客教育为什么要强调"造"［J］. 中小学信息技术教育，2015（6）：70.

［3］祝智庭，雒亮. 从创客运动到创客教育：培植众创文化［J］. 电化教育研究，2015，36（7）：5-13.

［4］何克抗. 论创客教育与创新教育［J］. 教育研究，2016，37（4）：12-24+40.

［5］郑燕林. 美国高校实施创客教育的路径分析［J］. 开放教育研究，2015，21（3）：21-29.

［6］张睿，潘迪，张雨. 大学生创客教育平台建设路径研究［J］. 思想理论教育，2016（6）：89-94.

［7］王怀宇，李景丽，周鹏展. 高校创客型师资培养策略初探［J］. 中国电化教育，2016（3）：126-130.

［8］黄兆信，赵国靖，洪玉管. 高校创客教育发展模式探析［J］. 高等工程教育研究，2015（4）：40-44.

［9］杨现民. 建设创客课程："创课"的内涵·特征及设计框架［J］. 远程教育杂志，2016，35（3）：3-14.

［10］孔企平. 论学习方式的转变［J］. 全球教育展望，2001（8）：19-23.

［11］杨绪辉，沈书生. 创客空间的内涵特征、教育价值与构建路径［J］. 教育研究，2016，37（3）：28-33.

［12］祝智庭，孙妍妍. 无缝学习——数字时代学习的新常态［J］. 开放教育研究，2015，21（1）：11-16.

［13］王丽平，李忠华. 高校创客文化的发展模式及培育途径［J］. 江苏高教，2016（1）：94-97.

大数据驱动高校创业教育：
应用可能与风险规避[*]

【内容摘要】 大数据技术将我们的生活带入数据化时代，大数据技术为高校创业教育的发展与创新带来了前所未有的机遇和挑战，它改变了传统创业教育的思维方式，有助于教学过程的精悉施教、管理过程的精确调控、服务过程的精准帮扶。本文提出，要通过搭建集成平台、丰富分析维度、挖掘有效信息、明确使用边界等措施，避免大数据使用过程中产生的数据分散、异构、滥用和侵权等风险，从而有效发挥大数据在驱动高校创业教育质量提升中的正效应。

【关键词】 大数据；创业教育；应用；风险

新一轮信息技术革命与人类的经济社会生活交织融合，引发了数据的爆炸式增长，大数据的概念随之产生。2010 年 2 月，肯尼斯·库克尔在《经济学人》上发表了大数据专题报告——《数据，无所不在的数据》；2012 年 7 月，联合国在纽约发布了一份关于大数据政务的白皮书（*Big Date for Development：Challenges and Opportunities*）；2014 年 4 月，世界经济论坛以"大数据的回报与风险"为主题发布了《全球信息技术报告（第 13 版）》；2014 年 5 月，美国白宫发布了全球"大数据"白皮书的研究报告——《大数据：抓住机遇、守护价值》。随着全球大数据技术和产业日趋活跃和快速发展，各国政府也逐渐认识到大数据在促进经济社会发展、改善民生服务等方面的积极意义。2015 年 9 月，国务院发布了《促进大数据发展行动纲要》，旨在推动大数据的发展和应用。2016 年 5 月，国务院印发了《国家创新驱动发展战略纲要》，将"发展新一代信息网络技术，增强经济社会发展的信息化基础"作为重要战略任务。

虽然目前学术界对大数据的严格定义尚未统一，但其实这似乎并不重要，大数据带给我们更多的应该是一种数据意识和数据文化，是对传统习惯的打破与革新，是从定性思维向定量思维的转变，是尊重表征精确的事实，是用数据说话、

＊ 本文原刊于《思想理论教育》2018 年第 2 期，有修改。

用数据决策。简言之，广义的大数据就是可以被利用的海量数据集合，包括数据的获取、存储、管理与关联性分析等一系列过程。当然，大数据更代表着一种思维方式，即帮助用户在海量数据中发现新知识、创造新价值，提高用户认识和改造世界的思维能力。近年来，大数据在教育领域的应用逐渐受到各界的关注，但从目前的研究内容来看，研究的角度主要集中于大数据如何应用于大学生思想政治教育。然而，培养创新型人才是国家创新驱动发展的重要动力来源，关于大数据如何为高校创新创业教育服务的研究较少。大数据为高校创业教育的思维转换和路径革新带来了前所未有的机遇，同时，大数据的自有属性也要求用户在使用过程中要建立风险预估与防范机制，采取有效措施进行风险规避。

一、大数据驱动高校创业教育的思维转换

（一）从"以小见大"到"由大见小"

大数据与传统小数据的直接区别在于数据的多与少，传统的小数据时代，受数据收集以及大规模数据处理能力和技术的限制，在对整体数据进行推算的过程中，我们往往采用取样的方式进行分析，即通过选取少量的随机样本，对整体数据进行测算和统计，随机性越强，精确度越高，这也是小数据"以小见大"的完美结果。大数据则不用随机分析方法这样的捷径，而是采用对所有数据进行分析的方法，旨在得出精确结论，是一种"由大见小"的思维方式，这里的"大"指的是全体数据、所有数据，这些数据可能存在于一个系统之内，也可能存在于多个系统之间。大数据创业教育就是对数据进行有效的存储、分析和利用，以提高创业教育的支持能力和服务质量。大数据时代的创业教育要适应整体性思维的转换，充分获取创业教育各参与要素的相关状态数据，分析参与主体的行为习惯、价值取向和学习需求，形成整体数据链，促进创业教育系统包括顶层决策、内容选择、过程实施、反馈评估等方法的运用与创新。

（二）从"因果分析"到"相关关系"

原因和结果是揭示客观世界中普遍联系着的事物具有先后相继、彼此制约关系的一对范畴。在传统的小数据时代，我们惯用的思维是"大胆假设，小心求证"，即面对某种结果的时候，我们要"由果寻因"来找到因果变量之间的关系。在求证的过程中，我们往往要事先"假设"，即在众多因素中"人为"确立

几个拟合度相对比较高的因素进行"验证"，而这样的"人为"过程就将一些表面上看似无任何关联，但将在深层次对结果产生影响的因素和规律排斥在外。大数据时代，我们在不否定因果分析的前提下，从传统的因果关系追求中解脱出来，关注相关关系的发现和应用。[1] 舍恩伯格认为，如果分析出数值之间存在相关关系，我们就可以通过调控一个变量而改变其他变量，可以通过数据直接发现事物之间的联系而不是通过假设验证的途径。[2] 大数据创业教育要适应关联性思维的转换，创业教育系统不再是封闭的，影响创业教育效果的因素是多样且深层次联系的，要通过对数据的合成、转化、过滤，真实再现各因素之间的内在联系。

（三）从"静态把握"到"动态预测"

受传统的以静态分析为显著特点的机械论和结构论思维范式的影响，同时又受技术条件的限制，传统的创业教育往往是对受教育者相关信息的静态把握，难以实现对个体的按需学习和跟踪研究，造成了创业教育方法单一，内容陈旧。创业教育主体的生命属性和创业教育环境的多变性意味着创业教育本身就应该是动态实践的活动，动态体现着生命的存在性特征，表现为一种发展联系的状态。大数据将从过去相对固定时间点的静态状况转向随时随地都在变化的状态。[3] 大数据创业教育要适应动态性思维的转换，大数据的预测能力已经崭露头角，舍恩伯格认为，大数据的核心，是基于相关分析的预测。[2] 大数据可以对受教育者在日常现实生活和虚拟网络生活中的学习、消费、交往等数据进行实时记录，形成动态数据链，并对受教育者的创业动机、创业需求、创业意向等方面进行把握，对其求职方向、关注领域、目标群体、消费需求等方面进行科学预测，这为创业教育实践活动的科学设计、教学内容和方法的动态调整、支持和保障机制的健全实施提供了可能，势必会极大地提升创业教育的实效性。

（四）从"追求精准"到"容纳混杂"

在小数据时代，受数据采集技术和范围的限制，在有限的数据条件下我们会努力追求数据采集过程的精密性和数据来源的精确性，以保证数据的质量和纯度，减少误差，因为我们担心"失之毫厘，谬以千里"，所以我们一直在改进测量的工具和技术，提高数据的精准度。但是，当社会进入数据量足够大的海量数据时代时，确保所有数据的精准性似乎很难做到且没有必要，因为个别数据的失真对整个结果的影响似乎可以忽略不计。面对大数据时代数据格式的多样性、数据表达的差异性、数据来源的广泛性，创业教育要适应复杂性思维的转换，在大量数据面前要变传统的"精准回复"为"概率表达"，接受数据的混杂性，容忍数据的错误性，因为混杂的数据给我们带来了更加丰富和全面的信息。舍恩伯格指出，混杂性不是竭力避免，而是标准途径。[2] 大数据创业教育应接受来自不同系统所记录的受教育者的意识形态与行动轨迹，从宏观视角全面把握各类数据信息，打破精确性思维带来的数据"人为"禁锢，允许异构数据的存在，并从大量半结构化、非结构化数据中发现创业教育各生态因子之间的概率性可能关系。

二、大数据驱动高校创业教育的发展趋势

（一）教育方法的数据化

大数据驱动创业教育方法的数据化是指借助于大数据的处理技术，在遵循信息论和传播学基本规律和过程的基础上，以数据信息为纽带实现创业教育信息选择、信息传播和信息反馈的现代化趋势。[4] 利用大数据技术，主观的人类精神世界也可以像客观物质世界一样用数据对其进行客观定量分析和评估。创新驱动下的大数据技术与创新创业教育存在着内在的契合关系，大数据技术为创业教育信息的获取、存储、分析、整理和反馈等提供必要的技术支持。创业教育将利用大数据技术，通过对相关文字、音视频、浏览网站、搜索内容等痕迹信息来实现信息选择方法、传播方法和反馈方法的创新。[5] 创业教育通过运用相关分析法和信息定位法等在海量数据中快速提取并转化为创业教育的有效信息，推进选择方法的数据化；创业教育通过运用数据库法、信息推送法等，及时便捷地将受教育者需要的创业教育内容以图片、音视频、网址链接等可视、简约的形式进行推送供给，推进传播方法的数据化；创业教育通过运用调查反馈法、信息跟踪法等对创业教育的效果进行即时掌握，并以动态呈现和图表展示的形式直观显示，推进反馈方法的数据化。

（二）实施过程的可视化

大数据驱动创业教育的可视化是指在创业教育的实施过程中，依托大数据技术，利用数据分析和开发工具，发现其中的未知信息，对创业教育相关数据加以可视化解释，清晰有效地传达与沟通信息，并以图形图像的形式对创业教育的全过程进行展示的发展趋势。1989 年，信息的可视化（Information Visualization）由斯图尔特·卡德、约克·麦金利和乔治·罗伯逊首创，旨在研究大规模非数值型信息资源的视觉呈现，通过利用图形图像方面的技术与方法，帮助人们理解和

分析数据。信息的可视化可以加强人类的认知活动，提升人类能够驾驭日益增多的数据的能力。[6] 大数据时代开启了研究以"人"为核心的"镜像世界"。[7] 大数据通过对受教育者在网络媒介中的行为言论、生活交往、学习工作等不同领域行为轨迹的数据进行量化和整合，可以对个体和群体的内心世界、思想意识和交往实践以"镜像"和可视化数据结构的方式进行"精准画像"，为创业教育的科学决策、实时掌控、有效实施提供必要的实证性支持。

（三）学习资源的泛在化

大数据驱动创业教育的泛在化是指在学习资源的建设和共享过程中，利用大数据技术，打破传统意义上的教育在线概念，将新兴的虚拟学习社区、智慧教育平台等众多资源融入整体的创业教育云平台当中，创造受教育者随时随地、无缝学习的教育环境的发展趋势。与传统学习资源相比，大数据时代的学习资源为学生的自主学习提供了个性化的学习环境，其内容更为丰富，获取、查找信息更加方便，网页访问更加便捷、交互性更强，学习行为的场景性更强。实现创业教育的"泛在学习"必须具备三个要素，即数字化技术环境、数字化学习资源、灵活的学习支持与服务。大数据为创业教育与信息技术的深度融合提供了环境支持，知识的获得、储存、编辑等最优化的智能化环境，将提高受教育者的创造性和问题解决能力；大数据为创业教育提供了丰富的学习资源，并通过物联网、云计算等实现数据的收集、传输、分析和共享；大数据为非正式资源学习和准正式主体学习提供了必要支持，学习者可根据自身需求查找和生成学习资源。

（四）教育媒介的融合化

大数据驱动创业教育的融合化是指在创业教育媒介的拓展过程中，以大数据技术为中介，在传统媒介和传播方式的基础上，延展媒介类型，并将传统媒介与新媒体传播通道结合起来，充分利用自媒体、微媒体等现代媒介推进创业教育信息微传播的发展趋势。大学生群体对创业和新型职业充满兴趣，更愿意从事具有创造性的工作。大数据创业教育的"微传播"特征符合年轻群体的学习习惯，主要表现在：传播内容的"微"，可以是一句创业名言、一个励志故事和一张哲理图片；传播体验的"微"，只要通过指尖上的"微动作"即可以实现无缝学习的轻松完成；传播渠道的"微"，以掌上移动设备为代表的"微载体"成为创业教育的新平台；传播结构的"微"，以扁平化结构加快信息传播的速度和效率；传播对象的"微"，面对不同受教育者的学习需求进行创业教育相关信息的细分化对象性传播。大数据时代的创业教育在改变传统媒介中心化的基础上，融入了即时性、便捷性、互动性，推进了创业教育的媒介融合。

三、大数据驱动高校创业教育的应用可能

（一）从"供给需求"转为"需求驱动"，为教学过程的精悉施教提供可能

2015 年，《国务院办公厅关于深化高等学校创新创业教育改革的实施意见》明确提出："各高校要运用大数据技术、掌握不同学生学习需求和规律，为学生自主学习提供更加丰富多样的教育资源。"大数据作为学生思想行为的"晴雨表"和"显微镜"，能够实时记录学生的特征、预测学生的需要，能够更加全面和准确地了解学生的真实信息，有助于在创业教育过程中因材施教和按需施教。首先，数据跟踪，实时监测学生掌握程度。大数据通过数据采集工具对教育对象的创业教育在线学习时长，话题讨论的参与度与关心度，在线互动的积极性与完成性，在线测试的通过率和准确性等进行实时追踪和监测，深刻了解不同教育对象的创业基础知识掌握和认同程度、创业意愿和职业兴趣等。其次，分析预测，适时调整教学内容。教育者可以根据数据分析结果，及时发现教育对象创业意识、创业知识和创业技能等方面的缺失和疑难困惑，并对教育对象的创业需求进行预测，有针对性地调整创业教育课程内容的难易程度和形式顺序，为学生打造量身定制的教育内容并通过大数据网络端推送给目标人群。最后，数据共享，及时优化教学方式。依托大数据收集，个人可以通过量化自我技术，进行反思性学习、游戏性学习。[8] 大数据为创业教育的学习资源共享提供了必要的技术支持，其充分利用可视化优势，向教育对象直观展示数据间的联系和规律，通过机器算法和数据挖掘，为教育对象建立创业学习电子档案，对拥有共同学习特点的学习者进行聚类和分组，有助于实现创业教育对不同类型教育对象的"私人订制"。

（二）从"经验认知"转为"决策生成"，为管理过程的精确调控提供可能

2015 年教育部印发的《关于"十三五"期间全面深入推进教育信息化工作的指导意见（征求意见稿）》明确指出："教育信息化要使教学更加个性化、管理更加精细化、决策更加科学化。"舍恩伯格认为，大数据在整体上将会重塑教育系统，影响整个系统的决策和规划。[9] 高校创业教育决策的科学与否，关系到创业教育制度的执行能力、创业教育实施过程的保障能力和创业教育效果的评估能力。在现代社会，数据的获取、存储和分析变得更加方便快捷，这可以为我们的决策和问题预测提供更加翔实的依据，有助于提高创业教育顶层决策的科学

性、责权划分的明确性和调控纠偏的精确性。首先，数据多源，确保科学决策。传统的会议讨论、样本调研等决策方式，决策者的间接经验和先验认知起到决定作用，但往往会造成决策脱离实际。大数据不仅数据量大，而且数据来源广泛，能够吸纳创业教育各利益相关者参与决策，甚至可以根据决策者事先设定的参数自动生成科学化决策，使决策过程更加公开、透明和具有可追溯性。其次，量化管理，增强执行效力。传统的高校创业教育存在政出多门、推诿扯皮等问题，大数据能够促进创业教育工作的具体明晰和责任落实，能够以定量化的管理方式，将创业教育总体目标分解为具体目标和重点环节，并细化到每一个职能部门的具体工作人员，将分解目标的数据变化趋势作为部门绩效考核的重要依据。最后，关联分析，持续动态调控。创业教育效果评估是个难题，大数据可以提高评估的真实性和科学性，大数据可通过对影响创业教育效果的诸因素如教学方法、教学资源、政策制度、组织管理等进行关联分析，并将评估数据以可视化形式反馈给教育者和管理者，使创业教育过程持续保持动态调控。

（三）从"宏观导向"转为"信息地图"，为服务过程的精准帮扶提供可能

2015 年，《国务院办公厅关于深化高等学校创新创业教育改革的实施意见》明确提出："要健全持续化信息服务制度，建立地方、高校两级信息服务平台，为创业学生实行持续帮扶、全程指导、一站式服务。"大数据技术能够为每一位教育对象勾勒出一幅"数字剪影"，并能够按照不同特征和需求进行教育对象的分组分类，有助于创业教育服务从粗放走向精细，为教育对象提供职业规划、创业指导、信息推送等方面的服务。首先，面向大众，设计职业规划。创业作为教育对象个体未来职业发展的重要组成部分，教育者可以利用大数据为学生提供职业测评，根据教育对象的性格特质、兴趣爱好、家庭资源、技术特长等数据分析结果，与"职业导师"合作制定个人职业发展路线图，为学生职业准备、课程选择和技能提升提供指导。其次，侧重小众，提供分析报告。教育者可以利用大数据技术建立基于数据处理分析和云平台的创业教育服务系统，根据学生职业意愿，重点帮扶创业意识和创业需求强烈的教育对象小群体，实行分层教学与服务，实时记录意向群体的学习和培训过程，并结合产业变革、科技发展和政策资源等数据分析，为学生提供科学的创业诊断和指导报告，有针对性地确定改进方向。最后，关注个体，绘制知识地图。教育者可以利用大数据技术并基于云计算平台的数据集成特点，建立创业教育"数据库"，将各类创业教育数据按照目录体系实行分类管理，如创业政策类、创业课程类、创业案列类、创业商机类等，并适时接入信息热点，实现数据的自动更新和信息共享，满足教育对象按需检索，提供精细化服务。

四、大数据驱动高校创业教育的风险规避

（一）搭建集成平台，避免数据分散风险

从传统的 PC 时代到互联网时代，再到云计算时代，其实也是信息处理从集中到离散再到集中的一个演进过程。目前，创业教育信息的数据来源主要有三种：一是学生通过常规课堂或者慕课等在线课程资源留下的学习痕迹，如在线时长、互动讨论、答疑解惑、成绩评定等"结构性"数据；二是教育主管部门或者高校执行部门通过各种问卷或者访谈的形式获取的关于创业教育基本情况、课程设置、制度保障、经费投入、师资建设等"调研性"数据；三是教育对象在日常生活和学习中的行动轨迹，如图书借阅、选课倾向、奖惩记录、网上消费等"非结构性"数据。目前，上述创业教育的三类主要数据来源分属于不同部门或机构，结构化数据主要被高校教务部门所掌握，调研性数据主要被教育行政部门和高校创业教育主管部门所掌握，非结构性数据则同时被高校、网络公司和电商企业等掌握。各类数据掌握者因为自身利益等，不愿意将自己所掌握的数据与他人分享，这些数据以各自不同的标准和方式存储在不同的服务器上，各个系统之间的数据难以整合和衔接。高校创业教育管理部门和教育工作者要树立大数据关联思维：首先，高校要打破数据壁垒，畅通高校与政府、企业、数据公司、数据研究中心等数据之间的数据共享，促进不同时间空间数据的互联开放，规避原始数据分散带来的"数据隔离"风险，以获取更丰富的数据来源，形成较为完整的教育对象数据结构图谱；其次，高校要打造自身的创业教育数据共享平台，为学生提供集课程教学、政策管理、创业服务于一体的数字空间，开发专门的云计算服务平台，利用互联网终端和物联网技术，有目标性地收集、分析和处理与教育对象参与创业教育有关的数据，并进行即时性调控、引导与帮扶。

（二）丰富分析维度，避免数据异构风险

大数据追求数据的综合性和完整性，在大数据时代也就出现了规模庞大、纷繁复杂的创业教育信息。大数据时代的数据来源多样，数据模态也千差万别，既有严格地遵循数据格式与长度规范，主要通过关系型数据库进行存储和管理，可以用二维表结构来逻辑表达和实现的结构化数据，如学校的教务管理系统、在线课程系统、校园一卡通等核心数据库，也有不适于由数据库二维表来表现的非结

构化数据，如创业教育的图片和相关的音频、视频信息等，还有介于两者中间的"半结构数据"。随着网络技术的发展，非结构化数据的数量日趋增大，社会进入了基于网络应用的非结构化数据库时代。大数据中，结构化数据只占 15% 左右，其余的 85% 都是非结构化的数据。非结构化数据和半结构化数据所呈现出的个体表现、一般特征和相关关系需要通过"多维分析"来规避数据异构带来的片面结论风险。"维"是观察事物的角度，同样结构的数据从不同维度进行分析将得到不同结果，多维分析有利于高校更加全面清楚地认识创业教育的内在规律和本质。首先，拓宽分析角度，如对创业教育产品的分析上，既可以从产品提供者的角度，按照创业产品的类别、品牌来查看产品的供应情况，也可以从客户的角度，按照客户的年级和专业来查看产品的购买情况，还可以从时间角度，按照不同时间节点来查看产品使用的变动情况。其次，丰富分析层次，如可将不同专业不同年级的教育对象"碎片痕迹"概括到不同年级或不同专业的汇总数据，以减少分析维度，也可反向分析操作，以增加分析维度。最后，创新分析方法，如既可以在教育对象的年龄维度上限定某个年级，对数据进行切片分析，也可以同时对年龄、性别、专业等多个维度进行限定，对数据进行切块分析，还可以变换维度的顺序和方向进行旋转分析。

（三）挖掘有效信息，避免数据滥用风险

数据的确有其价值，但巨量的数据流恐怕不能替代和置换由具体个体所构成的生活世界。[10] 目前，创业教育的数据滥用风险主要表现在数据辨识和数据崇拜等方面。数据辨识需要辨识数据的真伪，在传统片面解释数据的影响下，某些部门、个人为了牟取不正当利益而对数据进行造假，造成了数据的失真。另外，由于大数据自身的"混杂性"也对数据的质量产生了影响，教育者在分析相关数据时往往会遇到各种干扰数据、无效数据。正如统计学家纳特·西尔弗所言，我们需要找到更好的方法对信号和噪声进行区分。[11] 高校创业教育工作者要从思维和技术两个层面来规避数据滥用带来的"数据独裁"风险。在思维层面，创业教育工作者面对传统创业教育思维的数据变革，要树立与大数据相适应的以大见小、相关关系、动态预测、接受混杂等新思维，善于从大数据中挖掘"突然意识到的问题"，善于发现潜藏在数据之下的工作规律并进行预测性分析，以获得新的认知和新的价值。正如舍恩伯格所说，在大数据时代，我们需要的是所有数据，即"样本＝总体"。[12] 在技术层面，面对海量异构多源，良莠参半的数据，高校必须培育数据化创业教育团队，提升教育者的数据驾驭能力，通过政策支持、制度导向、经费保障等对教师进行网络技术、人工智能、模式识别等数据分析技术的专项培训，并与创业教育的管理和服务过程相结合，提升数据分析的

精确度。同时，高校要在本科培养方案中开设"数据技术应用"等通识类信息技术课程，辅助教育对象利用大数据进行"自我量化"，为教育者深度聚焦教育个体行为需求等提供可靠数据，满足创业教育数据分析的多样需求。

（四）明确使用边界，避免数据侵权风险

博利埃（David Bollier）指出："大数据会给政府和公民带来许多可怕的挑战，因为数据技术越来越具有渗透性、侵入性，越来越难以理解。信息垄断挑战公平、信息披露挑战尊严、结果预判挑战自由，让大数据陷入了伦理困境。"[12]大数据带来的侵权风险主要包括侵犯教育对象的自主权、发展权和隐私权的可能性。大数据成为马克思所说的人自己创造的东西成为支配和奴役自己的工具，完全依赖于机器的程式化判断，人们丧失了自己的情感、意志和德性，特别是丧失了人的自主意识、反思和批判的能力，最终沦为数据洪流的奴隶。[13]大数据可以预测教育对象的行为取向和学习需求，但是也容易给学生贴上固化的数据标签，在为学生指明方向的同时侵害了其自由选择和自由发展的权利。大数据的采集可以利用智能设备自动化完成，被采集者在不知情的情况下已经将自己的隐私暴露于众，同时高校是否有权对学生隐私进行捕获，这触及伦理问题和信息安全问题。高校在使用创业教育数据时要把握好"适时、适限、适度"三个原则。首先，要充分把握形势，抓住关键时机获取即时数据，如新生入学初期的状态测评、二年级的创业认知测评、三年级的创业需求测评和毕业生的创业准备测评等。其次，要清晰认识大数据的局限性，辩证看待大数据的预测成效，面对不同教育对象的创业意愿和创业需求，要避免由于对教育对象的"标签化"而侵犯学生自由发展的勇气和自由选择的权利。另外，要明确数据使用的程度与边界，完善管理制度：国家层面要加强数据立法，保障数据使用的合法有序；相关主管部门应加强对大数据部门的监管和防控，加强行业自律，防止个人隐私数据的泄露与扩散；高校应建立社会科学数据中心，对教育对象非结构化数据进行社会计算，为人才培养的各个环节提供参考。

参考文献

［1］胡水星.大数据及其关键技术的教育应用实证分析［J］.远程教育杂志，2015，33（5）：46-53.

［2］维克托·迈克-舍恩伯格，肯尼斯·库克耶.大数据时代：生活、工作与思维的大变革［M］.盛杨燕，周涛，译.杭州：浙江人民出版社，2012.

［3］邹绍清.论大数据嵌入青年社会主义核心价值观培育的战略契合及思维

变革 [J]. 马克思主义研究, 2015 (6): 84-92.

[4] 周靖祥. 大数据背景下社科实证研究的形式主义陷阱 [J]. 求索, 2014 (10): 10-16.

[5] 崔建西, 邹绍清. 论大数据时代思想政治教育方法的创新 [J]. 思想理论教育, 2016 (10): 83-87.

[6] 陈明. 大数据可视化分析 [J]. 计算机教育, 2015 (5): 94-97.

[7] 李怀杰, 夏虎. 大数据时代高校思想政治教育模式创新探究 [J]. 思想教育研究, 2015 (5): 48-51.

[8] 陈然, 杨成. 量化自我: 大数据时代教育领域研究新机遇——2014 年地平线报告研究启示 [J]. 现代教育技术, 2014, 24 (11): 5-11.

[9] 赵中建, 张燕南. 与大数据同行的学习与教育——《大数据时代》作者舍恩伯格教授和库克耶先生访谈 [J]. 全球教育展望, 2014, 43 (12): 3-9.

[10] 阎光才. 教育及社会科学研究中的数据——兼议当前的大数据热潮 [J]. 北京大学教育评论, 2013, 11 (4): 77-86+187.

[11] 纳特·西尔弗. 信号与噪声 [M]. 胡晓姣, 张新, 朱辰辰, 译. 北京: 中信出版社, 2013.

[12] 蒋洁, 陈芳, 何亮亮. 大数据预测的伦理困境与出路 [J]. 图书与情报, 2014 (5): 61-64+124.

[13] 安宝洋. 大数据时代的网络信息伦理治理研究 [J]. 科学学研究, 2015, 33 (5): 641-646.

创业教育模式与创新

专业化的创业教育：现实困境与实践路径[*]

【内容摘要】创业教育已经成为我国高等教育教学改革的重要领域，成为高校人才培养的重要方面，成为推动大学生就业的关键环节。针对现有创业教育存在的困境，本文试图构建专业化的创业教育体系，以提高创业教育的实效性和可操作性。

【关键词】专业化；创业教育；困境；举措

创业教育是在 1989 年由联合国教科文组织在北京召开的"面向 21 世纪教育国际研讨会"上提出的，自此，创业教育在我国教育界引起巨大反响，对传统的高等教育人才培养方向和目标带来了很大影响。2002 年，教育部高教司在中国人民大学、北京航空航天大学、上海交通大学等 9 所高校试点创业教育。近几年，随着社会经济的转型，高校毕业生就业形势日益严峻，结构性失业现象开始出现，使大家更加关注大学生就业问题，创业教育成为高校人才培养研究的新领域，这方面的理论研究与实践成果层出不穷。但是，我们也应该看到，虽然创业教育在我国已经试行了多年，但其教学效果、人才培养特色还没有明显显现，当然其中的原因是多方面的，针对传统创业教育存在的困境，本文试图构建专业化的创业教育体系。

一、专业化创业教育的提出

要提高创业教育的实效性，提高人才培养的针对性，就必须清楚地认识创业教育的概念，对于创业教育概念的理解，众说纷纭，每种观点有其合理性，当然也存在某种偏颇。

---

* 本文原刊于《河北师范大学学报（教育科学版）》2010 年第 2 期，有修改。

◆ 创业教育融入人才培养全过程的理论与实践

1. 创业教育≠经商教育

有人认为，创业教育就是经商教育，就是教学生学做生意，是能创立企业的教育，这样的认识把创业教育精英化了。因为学生毕业后真正能经商、创立企业的毕竟是少数。当然，设计、创办、经营和管理一个企业或公司无疑是创业教育的重要内容，但这远远不能涵盖创业教育的全部内容。创业教育的对象是全体学生，创业教育的目标是创业精神、创业意识的培养。

2. 创业教育≠挫折教育

创业心理教育是创业教育中重要的组成部分，良好的创业心理品质是创业成功的基本条件，是支撑艰辛创业道路的精神支柱。由于各方面的因素，大学生开展创业活动，无论成功与否，必定要经历许多困难和挫折，这就需要创业者具有承受失败、克服困难的良好创业心理品质。创业教育就是要引导学生不断磨炼自己的品质，锻炼自己的意志，培养他们乐观向上、努力进取的创业精神。但是不能将创业教育等同于挫折教育，即使挫折教育有利于创业心理品质的培养。

3. 创业教育≠活动竞赛

有人认为，创业教育就是组织学生开展一些创业活动、参加一些创业大赛，或者举办形形色色的学生课外科技活动。这样的认识将创业教育狭隘化。确实，创业竞赛为学生将来的实际创业提供了很好的锻炼机会和实践途径，对于他们创业意识的培养和创业技能的掌握有着非常重要的作用。但是，这样的创业教育只是局限在创业实务的层面，创业教育作为一项系统工程，它既包含理念的树立也包含实践的操作，只停留在创业"实务"层面上的教育，无法完整地构建起创业所需的知识结构，不能够真正培养出学生的创业意识，无法提高学生创业的综合素质。

4. 创业教育≠就业指导

大学生就业指导作为大部分高校的一门必修课程，被列入学校的人才培养方案中，在大四年级的第一学期开设，课时安排为两周，任课教师一般为各院系专职辅导员、学生处和就业处教师。有人认为，创业教育是高校就业指导的一项内容，无需下大力气去实施。这样的认识将创业教育阶段化，一般只是在临近毕业时才开设，任课教师多为搞学生工作的教师。创业教育应该贯穿于学生在校的整个阶段，其教育内容应该渗透融合在学校的整体育人体系中，与学科专业知识有机结合。

5. 创业教育≠技能培训

有人认为，创业教育就是劳动者的技能培训，目的是使学生掌握创业技能，这种认识将创业教育片面化。创业教育以增强大学生的创业意识、培养大学生的创业精神、磨炼大学生的创业心理品质和提高大学生的创业技能为目标。技能培训作为其中的一项重要内容而受到高度重视，但是不能将创业教育等同于技能培训，创业教育是知识学习与能力培训的统一，是意识培养与行为实践的统一，是理论掌握和实践尝试的统一。没有理念指导的技能不会进步，没有意识激发的技能不会提高，没有精神支撑的技能不会长久。

针对上述关于创业教育的种种认识，笔者认为，创业教育必须专业化，要形成其特有的专业教育体系。专业化的创业教育是指高校以全体青年大学生为主体，通过"专业+职业"的课程体系、"文师+武师"的师资队伍、"体验+尝试"的教学方法、"校内+校外"的实践基地、"外在+内化"的校园环境等途径，培养学生的创业意识、创业精神、创业心理品质和创业能力，最终为社会培养出创造型和开拓型人才。

二、专业化创业教育的现实困境

1. 理念认识片面化

虽然创业教育在我国已经开展多年，但是客观地说，在很多高校，尤其是地方高校，创业教育还没有得到相关领导的足够重视，正是由于存在上文谈到的几种关于创业教育的偏颇理解，片面化理念指导下的具体措施在创业教育中起到的作用自然有限。许多高校对创业教育开设时间、课程体系构建、指导教师配备、创业经费投入、实践基地建设等方面的研究还不够，忽视了创业教育的全员性、渗透性、全程性和全方位性。创业教育面向的是全体学生，因此创业教育要渗透到专业学习、课外生活、实践教学中，要贯穿于人才培养的全过程，要利用一切可以利用的条件开展创业教育。

2. 师资队伍理论化

创业教育对师资的要求较高，要求教师"能文能武"，既要具备创业教育所需要的理论知识，又要具有创业教育的实践经验和工作体验。但是从目前的情况来看，高校从事创业教育的师资主要是学校负责学生就业工作指导的教师和部分经济学科、管理学科的教师，这些教师具有较高的理论素养，书本知识丰富，但是实践经验缺乏，在对学生进行创业教育培训时，理论知识的讲授多于实践经验的介绍，更多的是"纸上谈兵"，将创业教育学术化、抽象化，很难做到理论与实践的有机结合。但从本质上而言，创业教育应更加注重实践和实务，如果简单地照本宣科，创业教育的效果将非常有限。

3. 课程体系孤立化

现有的创业教育课程体系主要还是以开设几门与创业相关的选修课为主，

很多时候是作为大学生就业指导课程中的一部分，课程体系孤立，并没有形成完整的课程体系，没有与学校整体的育人体系相融合，没有与学生的专业课程学习有机结合，课程缺乏系统性、针对性和可操作性。学生需要的不仅仅是几门课程，真正优质的创业教育课程应该以创业教育的基本价值为标准，强调课程的实务性和实效性，做到课程、学科、专业、实践等方面的最优整合。

4. 教学方法单一化

在高校创业教育中，传统的以"讲授—接受"为主要特征的教学方法仍占主体，这主要是因为现有的创业教育师资以高校教师为主，创业教育的课程体系还相对孤立，创业教育的内容仍以理论研究为主，这样的传统教育方法忽视了创业教育与一般教育的区别：创业教育更强调发挥学生的创造能力和主观能动性、更重视教学方法的多样性和有效性、更重视不同专业学生的因材施教；创业教育将方法与专业特征相结合、与就业领域相结合、与社会需求相结合，增强方法的针对性和实效性，充分调动学生自主实现创业教育目标的积极性和主动性。

5. 实践基地形式化

实践基地是连接创业教育理论与实践的重要桥梁，创业实践是学生知识转化、能力培养、意识形成的重要途径。但是由于各所高校对创业教育的重视程度不同，所以实践基地建设良莠不齐，受创业教育资金、相关政策支持等因素制约，部分高校尤其是地方院校的创业实践基地形同虚设，具体表现在：①学生实践时间短。因为创业教育课程在部分高校还没有被独立地设置在人才培养方案中，没有得到高校所"认可"的实践时间，所以学校一般会将其安排在大四年级的专业实习中。②学生"眼高手低"。学生在实践基地实习时"看"的时间远远多于"做"的时间，无法体验创业活动技能的真谛。③实践与理论相脱节。书本上所学的知识在实践中用不到，而实践中需要的技能却在书本中找不到，实践基地形式化成为制约创业教育质量提升的重要因素。

三、专业化创业教育的实践路径

1. 树立专业化的教育理念："四结合"

创业教育要取得实效，必须坚持专业化的教育理念。①将创业教育与铸品精术相结合。创业教育要与学生优良职业品格的形成相结合，职业品格是一个人在职业行为和作风中所表现出来的思想、认识、品性等相对稳定的倾向和特征。优良的职业品格有利于其适应社会生活，成就有意义的人生；而不良的职业品格不利于其顺利地社会化，甚至会妨碍人生价值的实现。创业教育要培养学生将来走上工作岗位的敬业、守信、诚实、合作、责任、实干等优秀职业品格。②将创业教育与学科知识相结合。创业教育要与学生的专业学习相融合，既要注重学科前沿、交叉学科前沿、时代信息前沿等高科技领域知识的介绍，也要关注基础技术领域知识的跟踪，引导学生利用所学知识，充分把握市场机会，成功开展创业活动。③将创业教育与创新创造相结合。创业教育虽然有自己本身的知识体系，但主要是在创造教育和创新教育的基础上着力培养学生的创业精神、创业技能和创业人格的教育。它鼓励学生在求学过程中或毕业后自主创业、安居乐业、建功立业。创业教育是创造教育与创新教育的结果，创业教育要从创造教育、创新教育抓起，更要在通识教育、课堂教学、科学实验、社会实践、校园文化生活等方面渗透创业能力的训练、创新创造意识的培养和创业品质的铸就，并使创新、创造走向实务、实业、实体操作。[1] ④将创业教育与择业就业相结合。创业教育的根本目标就是要增强大学生的就业竞争力，促进就业。随着社会经济的发展，市场对人才需求的转型，大学生就业已经从最初的择业、就业发展到现在的创业。创业教育成为面向全体青年大学生的现实选择，只有将择业、就业指导与创业教育相结合，培养学生正确、客观的就业、创业态度和能力，最终才能为社会培养开拓型和创新型人才。

2. 培养专业化的师资队伍："专职+兼职、培养+共享、文师+武师"

创业教育的师资队伍是决定创业教育成败的关键因素之一。正如上文中所谈到的，现有的创业教育师资"学术化"成分过高，教师"纸上谈兵"多于经验介绍，使得创业教育效果受到限制，高校创业教育师资队伍的建设与培养成为当务之急。创业教育师资体系的构建应该注重多元化，即通过"校内教师培养+外部专家共享"等途径组建一支"专职+兼职""文师+武师"的创业教育师资队伍。首先，要加强校内创业教育教师的培训，鼓励教师参与企业咨询、研究活动，安排教师到企业实践锻炼、体验创业，增加其对创业的感性认知和管理实践经验。一方面，高校应制定措施，鼓励教师到创业一线兼职，甚至可以有计划地选派有潜力的青年教师开展创业实践；另一方面，高校应从校外各界聘请既有实际管理工作经验，又有一定管理理论水平的企业家、咨询师、创业投资家、经济管理专家等担任兼职教师，与高校教师合作讲授创业课程，提高创业教育的质量和水平。其次，要改革创业教育教师教学评价指标体系，要与一般学科教师相区别，应加强对教师创业教育能力的考察，把学术能力与创业教育能力结合起来进行教学评价，在一定程度上杜绝"纯学术学者"的出现，[2] 使师资队伍从目前的知识型、传授型向智能型、创新型、全面型转化。

3. 构建专业化的课程体系："专业+职业、知识+技能、必修+选修"

创业教育课程体系是实现创业教育目标的主要途径和手段，针对现有课程体系孤立化的弊端，专业化的创业教育试图构建"专业课程与职业课程相渗透、知识学习与技能培训相统一、学科课程与实践课程相支持"的全方位、立体式课程体系。创业教育要构建多元化的课程体系，它既包括自身的学科课程，如创业心理学、创业伦理学、创业教育学、创业法学、创业哲学等理论课程和创业计划、创业实践、创业技能等实践课程，也包括与专业学科课程相渗透融合的课程。每门学科中都蕴含着丰富的创业种子，学科和专业本身就是创业教育的载体和源泉，它们最终形成普通教育和职业教育相结合的综合创业学科课程。首先，创业教育的课程方案应与创业的一般过程和要求一致，既教授学术类课程，又重视个人能力的培养。这里的能力是综合能力，既包括专门的创业技能，也包括日常的社会交际技能、为人处事技能等。这些能力的提高单靠书本的讲述是无法做到的，实践成为连接理论与实践的桥梁，成为学生感知社会、适应社会、改造社会的必然途径。其次，课程设置应该从"刚性"走向"柔性"，[3] 增加选修课，拓宽学生的知识面。高校在设置相关课程时，应努力做到既要有"面"的普及型教育，重在培养全体学生的创业理念和创业意识，普及创业知识，以知识讲授和引导学生开放性思考为主，又要有针对性地为学有余力且学习意愿强烈的学生提供进一步深化知识结构、掌握实用型技巧的机会。

4. 探索专业化的教学方法："体验+尝试、课内+课外、活动+竞赛"

在教学方法方面，高校除了要变传统的"填鸭式"教学为案例式教学、讨论式教学、参与式教学和实践性教学，更要探索能够充分调动学生参与积极性的有利于激发其创新欲望的教学模式。①教学内容要多采用案例式教学，给学生更加直观和深刻的印象，通过成功人士的创业经历，培养学生的创业意识。②教学方法要多采用互动式讨论，给学生充分发表自己想法和意见的机会，对于他们的想法加以引导和修正，并鼓励学生积极尝试，不怕失败，积累创业经验。③教学组织要多采用学生分组进行的方式，培养学生的团队意识和合作精神，同时鼓励学生深入到企业中结合所学知识进行模拟式体验。④要注重第一课堂和第二课堂的对接，把课堂教学和课外实践活动结合起来：既要加强教学计划内的实践环节，如科研实验、专业实习等，还要加强教学计划外的实践活动，如专业技能竞赛、各类型的文化指导服务等；课外实践活动不仅要在校园内进行，还要走向社会、服务社会，提倡"服务性实践"，通过为社会提供劳务、服务基层，培养学生艰苦创业的精神和吃苦耐劳的品质，增强学生的社会意识和责任意识。⑤要积极举办"创业计划"竞赛，组织"创业沙龙""创业论坛""创业俱乐部"活动，以创业教育讲座和创业知识培训班等形式，进行学术报告、研讨、辩论、创业交流，搭建培养学生创业能力的社团活动平台；还可结合专业特点，开展模拟股市竞赛、商务谈判大赛、广告策划大赛、公共活动的设计大赛等活动。[2] 这些活动对于培养学生创业意识、提高创业素质、积累创业经验十分有益。

5. 建设专业化的实践基地："校内+校外、观摩+参与、理论+实践"

优质高效的创业实践基地建设是实现创业教育目标的中心环节。针对现有实践教学中学生基地实践时间短、动手机会少、理论与实践相脱节等问题，专业化的实践基地应该集"校内创业孵化和校外示范基地、学生见习观摩与实际参与、理论知识掌握同实践动手操作"于一体。首先，要建立校内创业孵化器和校外示范基地。校内实践基地主要由学校利用政府或者社会资源搭建的平台，完成主体为在校大学生，按照创业项目小组的形式，配备专业的创业导师，帮助学生解决创业学习中遇到的困难。有条件的学校，可以利用自身优势创办一些实体如创业园、创业孵化基地等，为学生提供创业实战演习场所，由学校提供资金、咨询等服务，通过多种方式引导学生自主创办企业，从事商务活动、技术发明、成果转让、技术服务等创业活动，让学生在整个过程中处于主体地位，体验创业全过程，积累创业经验，从而培养他们的创业精神和创业能力。其次，要建立校外大学生创业实践基地，形成产、学、研一体化教育模式。高校要通过与企业开展合作教育，安排学生见习、实习、参与、尝试，使创业教育与市场需求相对接，加强专业与市场的结合度，依靠基地实习完善学生的创业知识结构，让学生在完成学业的基础上，带着已学到的文化知识和专业知识，到社区、企业实践和专业实习中巩固知识、利用知识、检验知识、提升知识，重新认识自我人生事业目标，最终实现教学效果与社会效益的双赢。

6. 营造专业化的文化环境："组织+制度、管理+服务、校园+网络"

文化环境是创业教育顺利实施的重要保障，专业化的创业文化就是要营造"组织与制度、管理与服务、校园与网络"等因素共同作用的学校创业氛围，最终将这种外在的文化植入人心，内化为每一位教师、学生所追求的创业精神目标。①要健全组织机构和制度保障是创业教育开展的必要前提，高校应成立由主管校领导，校、院两级创业教育人才培养改革领导机构，形成宣传部、教务处、学生处、就业处、团委等部门齐抓共管的局面，设立创业教育指导中心，专门负责全校创业教育相关课程的设置、创业经费的管理、创业实践基地的联络和创业师资队伍的培训等。②要完善创业教育相关制度，如创业学分的考评制度，创业竞赛的奖励制度，创业实践的鼓励制度等。高校在加强创业教育时，应该深化教学管理制度和学生管理制度的改革和创新，将管理与服务相结合，将规定与特殊情况相结合，实行人性化管理。高校要通过校训石、宣传栏、雕塑、校园广播、校报等媒介，宣传创业、鼓励创业、引导创业，将"敬业、守信、诚实、合作、责任"确立为校园创业主流文化，通过评选创业标兵、校园创业能手等，培养学生勤为力行、爱岗敬业、奋发进取、刻苦钻研和严谨笃学的精神品性。③要加强校园网络文化建设和信息筛选，建立网络创业论坛，加强校园流行话语的引导与管理，加强寝室文化建设，将校园环境与网络资源有机结合，将实体文化与虚拟空间融为一体，营造有利于学生个性充分发展、宽松的育人环境和创业环境，让学生在民主与自由的环境中培养创新精神。

参考文献

［1］张勇，邱安昌.三创教育辨义［J］.吉林师范大学学报（人文社会科学版），2004（1）：95-96+124.

［2］董晓红.论职业院校创业教育模式的构建［J］.中国职业技术教育，2009（24）：67-68.

［3］冉琛.以价值创新为视角 开创高职院校创业教育的"蓝海"［J］.成人教育，2007（11）：7-9.

嵌入式创业教育：独立学院的
优势体现与实践路径[*]

【内容摘要】 近年来，创业教育作为"第三本护照"，成为高校人才培养的重要内容。面对当前创业教育开展过程中存在的种种问题，独立学院作为新时期我国高等教育改革的产物，充分发掘其内在优势，探索性开展嵌入式创业教育成为当前高校转型过程中，提高应用型人才培养质量的重要途径。

【关键词】 创业教育；嵌入式；独立学院；优势；路径

2015 年 5 月 4 日，李克强同志在给清华大学学生创客回信中深情勉励高校学生把创客种子在更大范围播撒开来，点燃了高校创新创业教育的激情。同日，国务院办公厅印发了《关于深化高等学校创新创业教育改革的实施意见》，对如何做好高校创新创业教育改革进行了全面部署。2015 年 6 月 3 日，为落实上述文件指示，教育部召开了深化高等学校创新创业教育改革视频会议。会上，时任教育部部长袁贵仁强调，深化高校创新创业教育改革是加快实施创新驱动发展战略的迫切需要，是推进高等教育综合改革的突破口，是推动高校毕业生更高质量创业就业的重要举措。独立学院是在我国高等教育领域内出现的特有名词，是深化我国高等教育改革的产物。相对于公立普通高校，独立学院具有独特的办学优势，独立学院具有创业教育的目标定位是培养应用型、复合型创业人才。独立学院如何在大众创新、万众创业的时代背景下，培养新时代所需要的创新创业人才，是摆在其面前的全新而又紧迫的任务。

---

* 本文原刊于《南昌师范学院学报》2015 年第 5 期，有修改。

一、从"相加"到"嵌入"：创业教育的理念革新

创业教育被誉为教育的"第三本护照"，由此可知，创业教育被赋予了与学术教育和职业教育同等重要的地位。但从高校开展创业教育的实际来看，整体情况不容乐观，从宏观上讲，主要存在以下几个问题：第一，认识上的"无关紧要"。高校对创业教育的思想认识不到位，重视程度不够，认为创业教育只是大学毕业生就业指导的一项内容，无须下大力气去实施。第二，定位上的"表面文章"。大多数高校对学生进行创业教育只局限于创业实务层面，缺少系统设计，全方位的创业教育格局尚未形成。第三，实施上的"仓促应对"。多数高校的创业教育只是在临近毕业期间才进行，与学科专业教育联系不够紧密，内容脱离实际，形式单一，教育效果不佳。第四，师资上的"纸上谈兵"。许多高校内部从事创业教育的教师主要来自管理学科或学生就业工作指导中心的老师，由于缺乏实践经验，指导力不从心，创业教育无法有效开展。

针对当前高校开展创业教育的现状，我们可以引入新经济社会学研究中的"嵌入理论"，即强调经济活动存在与非经济因素相关的不确定性的经济社会学理论。其核心是经济活动融入具体的社会网络、政治构架、文化传统和制度基础之中。创业教育本身不能独立存在，它一定是依附并融合于人才培养的系统中。创业教育的课程内容、方式方法一定是学生学习发展整体中的一部分。为了达到共同的人才培养目标，创业教育要不断与整个培养系统发生信息交换，从而形成相互交织、彼此促进的局面。嵌入理论视角下的创业教育正是将创业教育的相关活动无痕嵌入学生培养和发展的全过程中，实现从原先的创业课程简单相加、创业活动单独开展、创业教师独立成体、创业文化刻意创设等转变为创业教育与专业教育相融合、创业教育与人才培养方案相嵌入、创业教育与学生实践活动相渗透、创业文化与学校文化相交融。嵌入式创业教育既是对创业教育本身特征的分析，也是基于独立学院优势特征发展的需要，充分利用现有资源，以实现创业教育与专业教育培养目标相统一。

二、从"机制"到"资源"：独立学院的优势体现

1. 独立学院办学机制的开放灵活

独立学院作为高等教育大众化背景下高等教育办学模式的一种新形式，与传统公立大学相比具有办学机制相对灵活的优势。按照教育部相关文件规定，独立学院是由普通本科高校（申请者）与社会力量（合作者，包括企业、事业单位，社会团体或个人和其他有合作能力的机构）合作举办的进行本科层次教育的高等教育机构。独立学院具有独立法人资格，独立的校园校舍，可以独立进行教学和财产管理、招生和毕业证书颁发。上述情况表明，与母体高校专业设置、课程建设、师资培养等受行政主管部门的直接干预过多相比，独立学院在办学模式选择上具有更大的柔性，这为其深入开展嵌入式创业教育提供了机制上的保障。

2. 独立学院人才培养的应用定位

根据教育部相关文件规定，独立学院的人才培养目标是培养具有较强的实践应用能力、社会适应能力和一定创新能力的高素质劳动者。2014 年，《国务院关于加快发展现代职业教育的决定》指出，要引导一批普通本科高等学校向应用技术类型高等学校转型，重点举办本科职业教育。多年来，独立学院一直将其人才培养目标定位于高素质应用型人才的培养，其开设的专业一般都是市场上急需的短线专业，具有很强的实用性和需求性，可以在短期内培养市场急需的应用型人才。这些人才在掌握基本的专业知识后，还要接受职业针对性较强的技能训练，这为其在本专业领域内参与嵌入式专业创业教育提供了可能。

3. 独立学院校企合作的天然优势

独立学院是利用非国家财政性经费举办的实施本科学历教育的高等学校。既然是非财政性经费兴办，其必然需要投资方的资金注入，这也就决定了独立学院与企业、财团有着天然的附属关系。一些独立学院的背后就是成功的企业和经济实力雄厚的投资方。他们出身商海，对市场把握精准，对社会人才需求具有较强的敏感度，同时熟知企业的经营运作模式，对双方合作的心理期待和利益取向把握较准，能站在企业的角度上换位思考，尽可能弥合因"企业以盈利为目的"和"学校以人才培养为目的"的价值取向不同而造成的合作裂缝，通过"培养环节和生产环节的尽可能融合，实现学生的嵌入式生产性项目创业"。

4. 独立学院学生家庭的资源丰富

相对于普通公办高校的学生而言，虽然独立学院的学生在入学成绩上并不理

想。但是，这些学生多数见多识广，思维活跃，兴趣广泛，且与人沟通相处的能力也很强，具有较强的组织能力、协调能力、管理能力和动手实践能力。由于独立学院办学的社会认可度和影响力较低，所以独立学院学生的创业意识和创业意愿相比于公办高校学生要更为强烈、更为迫切。同时，独立学院学生的家庭条件和社会关系相对优越，学生家庭拥有的社会资源较为丰富，甚至有些学生家长就是创业的成功者，能够理解并支持子女创业，不仅可以为孩子提供必要的资金以及各方面的支持，而且还能够传授创业的实践经验。

三、从"渗透"到"融合"：创业教育的实践路径

1. 人才培养理念的嵌入

创业教育理念的核心是将教育哲学中个人本位和社会本位的价值观有机融合，通过激发、培养和实现受教育者的主体创造性，来成就创业者"人本身"的自由发展与社会的全面进步，使他们不断开拓社会空间、不断引领团队发展。[1] 相对于传统培养理念而言，创业教育要求在办学理念上更加尊重人格自由、尊重个性发展和挖掘学生的潜能。创业教育理念与人才培养理念的嵌入即创业教育要实现与人才培养各环节的有效贯通，尽管创业教育与人才培养的专业教育在内容和形式上有所不同，但两者在终极目标和价值取向上是一致的、互补的。既要在传统专业教育中渗透创业教育理念，也要在创业教育过程中渗透专业教育理念。创业教育与传统专业教育的融合是一个过程而不仅是结果，更需要教育者、受教育者和管理工作者的自觉行动并融于教育的全过程。[2]

2. 专业培养方案的嵌入

人才培养方案是根据专业培养目标和培养规格所制定的实施人才培养活动的具体方案，是对专业人才培养的逻辑起点、培养目标与规格、内容与方法、条件与保障等培养过程和方式的描述和设计。人才培养方案是高校实施人才培养的规划图和路线图，是教育教学活动的顶层设计。独立学院要实现传统专业教育与创业教育的融合，就必须在人才培养方案这一顶层设计中实现变革，应把创业型人才培养与应用型专门人才培养放在同等的位置，把培育学生的创业精神、创业意识、创业技能纳入人才培养总目标，从人才素质结构、教学计划、课程设置、实践活动等方面将创业教育与传统专业教育相结合，将创业教育渗透到人才培养的全过程，贯彻在学生大学期间的每一个教学活动环节中，使创业型人才培养成为独立学院人才培养体系的重要组成部分。

3. 课程教学体系的嵌入

课程教学体系是指在一定的教育价值理念指导下，将课程的各个构成要素加以排列组合，使各个课程要素在动态过程中统一指向课程体系目标实现的系统。课程体系是实现培养目标的载体，是保障和提高教育质量的关键。独立学院应加强创新创业课程体系的建设，在创业教育课程的设置方面，既要考虑到其体系的独立性，又要考虑到其与传统专业教育体系的交叉融合，除了在全校范围内开设创业基础类通识必修课程外，还可以开设"创业心理学""创业伦理学""创业哲学"等选修课程，有针对性地培养学生的创新意识与能力。独立学院教育者应充分发掘学生所学专业的创新性、创造性教育内容，讲求实用性和针对性，重在教给学生寻找或创造工作岗位的方法，同时，还可以围绕创业要求，联合企业、行业成功人士合作开发在线课程或实体课程，提高优质创业教育资源的辐射共享。

4. 实践训练活动的嵌入

实践训练活动是巩固理论知识和加深理论认识的有效途径，是培养具有创新意识的高素质技术人员的重要环节。独立学院要实现应用型人才培养目标，就必须将传统的专业实践教学与创业教育的实战训练相嵌入，通过校内模拟与校外实战相结合的方式，为学生提供自我发展的实践空间。一方面，独立学院应积极整合校内资源，以活动为载体，将创业教育融入日常实践活动中，以专业背景为依托，根据创业教育的培养目标和任务设计开展专业创业教育活动，如创业企划设计大赛、企业参观、专题调研等，还可以利用校内各类实验室、实验教学示范中心等平台开展校内创业模拟大赛。另一方面，独立学院应通过校企合作、校地合作等方式建设一批产学研联合培养基地和学生创业实习基地，以"生产性实训"为目标，引入企业的业务流程和实际项目，提高实训内容和过程的真实性。

5. 师资队伍建设的嵌入

人才培养靠教育，教育发展靠教师，创新创业教育呼唤创新型教师。提高学生的创新创业教育实效，师资队伍建设是关键。独立学院当前师资队伍建设问题主要表现为三个"两级化"，即教师年龄青老两级、教师职称初高两级、教师教龄短长两级。面对以青年教师为主体的队伍群体，独立学院应充分利用年轻教师精力充沛、创新意识强、勇于尝试新鲜事物等优势，在对青年教师进行专业发展培训的同时，可实施专业教学素质和创业教学素质的"双素质"提升计划；[3]通过"走出去、进企业，走下去、入行业"等方式，引导教师在专业教学过程中积极开展创业教育的理论和实例研究，不断提高其结合专业教育开展创业教育的意识和能力；同时，通过"引进来、请进来、走进来"等方式，从社会各界聘请企业家、创业成功人士等，建立一支"专职+兼职、文师+技师"的高素质创业教育队伍。

6. 校园文化导向的嵌入

高校创业文化是高校在实施创业教育和实践活动中所形成的思想观念、行为方式以及学校管理制度的文化，外化表现为高校师生积极创业的社会心理、价值理念、精神状态和实际行动的总和。校园文化是创业教育顺利实施的重要保障，高校应把创业教育与社团建设和专业特色有机结合起来，推进第一课堂和第二课堂的交叉融合，营造有利于创业的舆论氛围。高校可通过创业网站建设、创业论坛推广、创业计划与创业实践大赛、大学生创业联盟等形式促进学生创业群体的沟通和交流。高校还可通过举办创业论坛、成功人士创业典型、评选创业标兵、优秀校友进校园等活动，打造创业文化品牌，激发学生参与创业的强劲动力。同时，独立学院应充分发掘区域内优秀企业文化，对其品牌文化与创业特色进行分析，将地方资源引入创业教育培养体系，增强学生创业者对地方经济及发展特色的了解与认同。

参考文献

［1］席升阳.我国大学创业教育的理论与实践研究［D］.武汉：华中科技大学，2007.

［2］张瑶祥，蒋丽君.高职创业教育与专业教育融合的路径选择［J］.中国高等教育，2011（20）：46-47.

［3］蒋腾旭，王晓军，万权性.高职创业教育与专业教育相互渗透探析［J］.职教论坛，2014（29）：85-88.

社会创业教育：大学生思想政治教育的新契合[*]

【内容摘要】 社会创业教育作为创业教育中的一种新类型，与大学生思想政治教育存在深层次的联系，两者在价值逻辑上"以人为本"，在目标定向上"内在一致"，社会创业教育与思想政治教育契合，将有助于改善当前大学生思想政治教育的现状，提高教育实效。作为一种新式载体，社会创业教育要从制度互撑、内容互通、方法互补、平台互助、文化互融等方面采取有效措施，实现与思想政治教育的行动契合。

【关键词】 社会创业教育；大学生；思想政治教育；契合

近年来，随着国内外形势的变化，大学生思想政治教育出现了很多新现象、新情况，也暴露了一些薄弱问题，突出表现为当前高校思想政治教育的实效性不强，生命力不旺盛。2016 年 12 月 7 日，习近平总书记在全国高校思想政治工作会议上强调，要"把思想政治工作贯穿教育教学全过程，实现全程育人、全方位育人"。这也要求高校的思想政治教育要回应和关注学生遇到的实际问题，真正提升育人效果。同一时期，作为高等教育系统重要组成部分的大学生创新创业教育也成为社会各界的集中关注点。作为创业教育的一种新形式，社会创业教育自产生之初就与思想政治教育同质同源，两者在逻辑、目标、行动中存在契合的条件与可能，可以成为改善大学生思想政治教育价值片面、脱离生活、方法单调等现状，实现个人价值与社会价值统一的有效载体。

社会创业（Social Entrepreneurship）也称为"公益创业"，它是当前创业教育的重要分支和创业形态，以解决社会问题为根本目标，以创造社会价值为主，兼顾经济价值，其主要特性为社会性和创业性。社会性使其区别于以追求利益最大化为目标的商业创业行为，创业性使其区别于一般的志愿活动和公益行为。高校社会创业教育起源于 1997 年格雷格·迪斯（Greg Dees）在哈佛大学开设的第

---

* 本文原刊于《现代教育科学》2018 年第 1 期，有修改。

一门社会创业课程，经过几十年的发展，欧美国家几乎所有的商学院都开设了社会创业类的课程和竞赛项目，并呈现蓬勃发展之势，在增强学生公众社会创业意识和社会创业技能等方面发挥了积极的作用。在当下国家对创新型人才培养提出多元要求的背景下，社会创业教育将有助于突破"创业即就业""创业即财富"的狭隘理念桎梏，鼓励学生以解决社会问题为出发点，以创造社会价值为落脚点，这既是社会转型时期对高校人才培养的时代要求，也是高校思想政治教育的重要价值体现。

一、社会创业教育与思想政治教育的逻辑契合

1. 现实的人：社会创业教育与思想政治教育契合的逻辑起点

马克思指出，唯物史观的前提是人……是处在现实的、可以通过经验观察到的、在一定条件下进行的发展过程中的人。[1] 马克思的人学理论成为我们科学把握和认识现实的人的唯一依据。思想政治教育的对象是"人"，思想政治教育过程重构的主体是"人"，终极目标是实现人的全面发展。高校社会创业教育的对象也是"现实的人"，是具有一定品质、知识和能力的综合体，是自然存在物和社会存在物的综合体，是精神存在物和物质存在物的综合体。现实的人的根本特性是实践性、社会性和利益性，社会实践是人的生存基础和存在方式，人是在一定的社会关系中从事交往实践的存在物，追求利益是人的生存手段和生存过程。社会创业教育和思想理论教育对于"现实的人"的共同关注，体现在其逻辑关系上的内在一致性。两者都是实践性很强的交往过程，都建立在一定的社会关系之上，思想政治教育是一种特定的交往方式，人的自然性即各种物质利益的满足构成了思想政治教育和社会创业教育契合的自然基础。

2. 发展的人：社会创业教育与思想政治教育契合的逻辑终点

关于"人"的发展与解放是马克思哲学体系的重要内容，马克思关于人的逻辑的演变历程是从"完整的人"的预设出发，在实践唯物主义的基础上，通过对人的实践本质和历史生成的考察，最终提出了"人的全面发展"理论。虽然名称不同，但其精神实质和价值内涵是一致的，其内在逻辑是连贯的。人的本性在于渴求发展，发展需求是人的一种本质要求。[2] 在新的历史时期，我们对人的发展也有了新的认识，人是发展的目的而不是发展的手段，发展应该是人的"全面"发展，而不是传统的"只见物不见人"的片面发展，人的全面发展既包括人自身各种素质的全面发展，又包括人、自然、社会的和谐发展。[3] 人的自由

全面发展的实现必须建立在社会交往普遍发展的基础上，以交往实践活动与人的全面发展的相互关系为基点，是思想政治教育现代性转向的重要认识论基础。[4] 社会创业教育和思想政治教育就是要把大学生从"现实的人"转化为"发展的人"，实现生存与发展的统一、适应与改造的统一、个性与整体的统一、素质培养与能力提升的统一、个人发展与社会进步的统一。

3. 主体的人：社会创业教育与思想政治教育契合的逻辑节点

马克思哲学认为，人的主体性是人的本质属性。人在主体的对象化过程中实现自身的目的，通过具体的实践活动来改造世界，从而使自己成为自由发展的人。人的主体性的实现主要根源于人的社会实践活动，是主体在现实活动中表现出的对客体的能动性。[5] 人的主体性体现在自主支配性、自觉能动性和创新超越性。自主支配性是对人作为实践主体的地位确证，表现为改造世界过程中的"为我关系"；自觉能动性是人作为实践主体的本质特征，表现为改造世界过程中的"主动控制"；创新超越性是人的主体性的高级表现。社会实践是人的主体性生成的基本途径，对人的主体性发展产生了必要的、系统的和针对性的影响。发展人的主体意识、提升人的主体能力是高校思想政治教育和社会创业教育的内在要求，也是提高教育实效的必要条件，因两者都是培养和发展人的主动性的社会实践活动，这一逻辑节点的契合为两者的融合互促提供了先决条件。

二、社会创业教育与思想政治教育的目标契合

1. 社会创业教育的"公益性"有助于大学生核心价值观的内化

当前，经济社会的转型给大学生价值观的塑造带来了冲击，市场经济中出现的个别负面现象导致一些大学生出现了政治信仰模糊、功利主义倾向、价值取向歪曲、社会责任消减、道德意识弱化等状况。2013 年底，中共中央办公厅印发了《关于培育和践行社会主义核心价值观的意见》，明确强调要"把培育和践行社会主义核心价值观融入国民教育全过程"。思想政治教育最重要的职能在于为教育对象引导正确的思想政治方向。[6] 社会创业教育的公益性特征，强调社会价值优先。从国家层面而言，这有助于大学生在未来的发展中为国家的富强与民主、社会的文明与和谐而努力；从个体层面而言，高校在大学生社会创业教育素养的培育中，已经将社会主义核心价值观的爱国教育、诚信教育等包含其中。社会创业教育不仅要注重一般创业素养的培育，更要注重大学生思想道德素质的培育。

2. 社会创业教育的"专业性"有助于大学生职业素养的外化

大学生职业素养、职业品格和职业道德教育是高校思想政治教育的重要组成部分，它是高校在遵循职业素质养成规律的基础上，通过教育、劳动、社会实践和自我养成等途径帮助大学生形成和发展能够胜任未来职业需要的内在品质和外在行为方式的综合实践活动。大学生思想政治教育就是要着眼于学生"三观"的形成与改造，通过内化于心和外化于行的教育方式，提升其思想政治素养、道德品质素养和职业人格素养。社会创业教育与思想政治教育共同服务于学生的职业成长需要。社会创业教育的专业性就是要将社会创业引入专业学习的过程中，帮助学生实现由"学校人"到"社会人"的过渡，同时对其成才预期、发展定位也起到至关重要的支撑作用。社会创业教育既着眼于学生未来职业发展，强化专业知识的运用，在实践中将知识内化，又注重面向公益事业，在行动中了解社会状态，运用专业知识解决社会问题，承接公益活动，开展公益创业项目，让学生在自主创业的过程中学会生存、学会共处、学会做人、学会共同生活，培养学生将来从事的职业和工作领域所需要的内在品质、思维方式及外在行为习惯。

3. 社会创业教育的"服务性"有助于大学生社会责任感的转化

社会责任感是道德情感的重要组成部分，是个体对自身在道德活动中需要完成的道德实践和任务是否满意的总体的判断。[7] 当前，大学生的社会责任感成为社会各界关注的焦点，在"十三五"规划纲要和《中华人民共和国教育法》中都把社会责任感作为国民教育的重点任务。高等教育是国民教育的最后出口，大学生社会责任感的强烈与否，不仅关系到其自身理想信念的实践，更关系到国家、民族的前途命运。针对部分大学生社会责任感缺失的现状，高校应将思想政治教育与大学生创新创业教育等多种渠道相结合，积极引导他们认识身上担负的使命，坚定为社会服务的信念，并履行相应的社会责任。社会创业教育的服务性，更强调大学生要参与志愿服务，关注社会民生，了解国情民情，提高服务能力，使大学生在为社会和他人服务的过程中增长才干、奉献社会、树立社会责任意识、提高承担社会责任的能力、实现社会责任感的知行转化。

4. 社会创业教育的"实践性"有助于大学生创新精神的强化

创新精神是创新人才进行创新实践活动的动力源泉。早在1972年，联合国教科文组织发布的报告《学会生存》便提出："教育既有培养创造精神的力量，也有压抑创造精神的力量。教育要保持一个人的首创精神和创造力量而不放弃把他放在真实生活中的需要。"[8] 大学生创新精神和创新能力的培养应该成为高等教育的目标任务，这就要求高校改变传统思想政治教育只重视大学生思想政治素质的狭隘性，应该将思想政治教育作为培养人的载体，而不是培养人的目标，将创新精神和实践能力的培养贯穿于思想政治教育的全过程。社会创业教育的实践性既与普通的创业教育相似，注重学生创新精神的培养，但又不同于一般的创业活动，因为其更侧重于社会价值的创造。随着社会公共服务职能的拓展与提升，社会服务质量的优劣成为建设和谐社会的条件之一。高校社会创业教育更加关注大学生社会责任感的培养，其将个人价值与社会价值相统一，将道德教育与职业教育相融合，有利于引导创新型人才树立正确的社会价值取向。

三、社会创业教育与思想政治教育的行动契合

1. 制度互撑：行动契合之顶层设计

顶层设计是运用系统论的方法，从全局的角度，对某项任务或者某个项目的各方面、各层次、各要素统筹规划，以集中有效资源，高效快捷地实现目标，其主要特征体现为顶层决定性、整体关联性和可操作性。实现社会创业教育与思想政治教育的行动契合，必须完善顶层的制度政策支撑，将思想政治教育作为其核心内容贯穿教育过程的始终。一是要增强顶层设计的决定性。社会创业教育必须关注公益企业家精神的培养，突出创业的社会价值，要以社会创业教育为突破口，对学生开展理想信念教育和服务社会教育。二是要加强顶层设计的整体关联性，以协调、动态、平衡的生态思维统筹发展各相关教育要素，对社会创业教育和思想政治教育进行系统的规划，在实施方案的制定过程中，充分发掘两者的一致性，发挥各自优势，使它们彼此交融共生。三是要注重顶层设计的可操作性，只有执行得力，顶层设计才能转化为基层动力。社会创业教育和思想政治教育作为实践性很强的主体性社会活动，在制度政策的设计过程中必须关注其执行效果，明确两者在互融互促发展过程中的相干细节，如社会创业教育的学科化发展、在专业教育中如何将两者融入、在方法手段中如何拓展延伸、在考核评价中如何确立标准等。

2. 内容互通：行动契合之主要策略

教育内容是教育活动的重要组成部分，是教育者向教育对象实施教育的具体要素，它必须体现教育的根本任务和目的要求。高校社会创业教育和思想政治教育都以学生的公民道德教育、理想信念教育、职业品格教育等为主要教育内容。思想政治教育为社会创业教育所需要的优质品格的培养提供重要途径，而社会创业教育以培养大学生社会事业心、社会责任感和开拓创新精神为目标，其内容更贴近生活、贴近社会、贴近现实，更有利于促进学生形成投身社会主义事业建设的信念和决心。可见，思想政治教育是社会创业教育目标实现的前提和保障，社

会创业教育是思想政治教育目的、任务的具体化和内容的传承与拓展。高校应该从理论讲授与实践参与两个方面加强教育内容的互通。在思想政治理论课程教学内容中加入社会创业教育内容，有助于学生公益创业意识、创业精神的培养；在社会创业教育课程中嵌入思想政治教育内容，有助于完善大学生的知识结构，树立正确的价值观和世界观。高校在实践活动中也要注重两者内容的融合，要在实践中将理论应用于实践，将知识转化为技能。高校可以将社会创业教育作为教学改革的突破口，将思想政治教育内容融入其中，形成完善、融合的实践教学体系。

3. 方法互补：行动契合之技术路线

技术路线是教育者为了达到教育目标而采取的技术手段和解决关键问题的方法。随着思想政治教育学科体系的逐渐成熟，思想政治教育工作者在长期的实践过程中已经积累了比较丰富的工作经验，形成并完善了多种教育方法，如榜样示范法、情境教育法、宣传激励法等，而这些方法也为社会创业教育的实施提供了有益的借鉴和参考。多年来，灌输法一直是思想政治教育的主要方法，也是在某种程度上比较有效的教育方法，但是随着教育环境、被教育者特征的改变，传统的方法也暴露出了新问题，如思想政治教育多为单向的灌输，忽视了教育对象的主体性转化，以及主体之间的"对话"等。社会创业教育的介入，不仅为大学生思想政治教育提供了有效的载体和途径，而且也带来了方法上的新尝试。社会创业教育关注社会现实，强调师生互动、课堂与社会的互动，使用体验式、调查式、模拟实训、头脑风暴式、空间拓展式等教学方法，强调真实情景的体验，注重学生的知识转化与生活实践。创业团队与指导教师之间的"对话"是主要的教学方式，可以有效激起教育者和受教育者之间的思维碰撞。[9] 社会创业教育的主要方法既是对思想政治教育方法的传承和拓展，也为思想政治教育提供了新的途径与方法。

4. 平台互助：行动契合之实践保障

实践性是社会与人的本质属性，也是思想政治教育的本质特征。[10] 思想政治教育是以交往实践为基础而形成的关于人的思想观念与行为改造的实践活动，其源于实践、发展于实践、见效于实践。社会创业教育同样具有很强的实践性，强调理论与实践的联系与互动。可见，两者都通过实践来实现预期的教育目标，因此坚持实现手段的"实践导向"，构建互动的实践平台将为两者的行动契合提供必要的条件保障。社会创业教育是"生存"教育与"发展"教育的统一，有条件的高校尤其是创业型大学可以开设社会创业教育专业以培养专门人才，其他高校可以与公益企业、慈善组织等联合培养学生，同时在思想政治理论课中增加社会创业教育，深化学生对这一新事物的理解与认同。高校应充分整合校内外社会创业资源，广泛建立校内外社会创业实践基地和公益创客空间等，依托大学生科技园、大学生创业园、区域内志愿组织、公益社团等平台资源，让学生了解社会并选择适合自己的实践项目。同时，高校应充分利用学生社团、科技活动、公益创业大赛等途径，设立公益创业基金，配备创业导师和思政导师，引入社会资源，培育和扶持具有较强社会价值并兼具商业价值的企划项目。

5. 文化互融：行动契合之价值引导

校园文化在高校人才培养过程中发挥着重要的作用，它能够保持永恒魅力，激发学生激情，唤起学生高尚的人格和道德追求。校园文化能对思想政治教育和社会创业教育开展的成效起到潜移默化的影响。高校应加强社会创业教育的宣传，在当前思想政治教育和创新创业教育都轰轰烈烈开展之际，社会创业教育作为一种新的创业教育形式目前尚处于起步阶段，无论是顶层设计还是具体实施都处于摸索阶段，这就需要高校通过现有的实体和虚拟的文化传播平台来扩大社会创业教育的知名度和导向性。同时，高校可以发挥思想政治教育的"榜样示范"引领作用，邀请对社会公益事业做出贡献的优秀创业者走进校园，开展专题讲座，激发大学生服务社会、创造公益的热情。此外，高校还可以通过组织各类公益创业大赛、社会调查报告征文、志愿服务事迹报告等方式，帮助学生树立关注社会民生、服务人民大众的价值导向。高校还要加强思想政治教育、工商、金融、管理、法律等学科教师的知识融合和素质整合，要有针对性地对学生开展社会创业能力的培训，以降低大学生的创业风险，增强社会效益。

参考文献

[1] 中共中央马克思恩格斯列宁斯大林著作编译局.马克思恩格斯选集第一卷 [M].北京：人民出版社，1995.

[2] 陈太福.从"理性经济人"到人的全面发展——马克思主义理论中的一个根本观点 [J].改革与战略，2000（2）：14-19.

[3] 舒心心，穆艳杰.试析马克思视野下"完整的人"及其理论意义 [J].东北师大学报（哲学社会科学版），2014（5）：58-63.

[4] 杨增崇.思想政治教育生态分析引论 [M].北京：中国社会科学出版社，2015.

[5] 潘玉腾.论思想政治教育的马克思人学基础 [D].福州：福建师范大学，2008.

[6] 吴艳东.论思想政治教育导向的内涵、本质与特征 [J].思想理论教育，2016（10）：58-63.

［7］杨茹，丁云，阚和庆.大学生社会责任感的内涵、理论基础及现实意义探析［J］.思想理论教育导刊，2012（11）：107-110.

［8］刘群英.加强与改进大学生思想政治教育　着力培养大学生创新精神与创新能力［J］.国家教育行政学院学报，2005（6）：26-29.

［9］王占仁，吴晓庆.创新创业教育对大学生思想政治教育的重要贡献论析［J］.思想教育研究，2016（8）：33-37.

［10］曹春梅，郑永廷.论思想政治教育的实践性及当代价值——大学生思想政治教育实践性发展探索［J］.思想理论教育导刊，2009（1）：88-91.

高校创业教育课程思政建设的
行动理路[*]

【内容摘要】 充分挖掘各类课程所蕴含的思政元素，发挥其应有的育人功能是课程思政建设的核心。创业教育是高校创新型人才培养的关键环节和重要内容，也是课程思政建设的有效载体。创业教育的内在属性为课程思政建设提供了必要价值与融合元素，高校应通过更新理念、准确定位形成共生效应；通过真信真用、提升素养形成自觉效应；通过全面渗透、广泛迁移形成融合效应；通过完善机制、激发活力形成协同效应，从而最终提升创业教育课程思政育人实效。

【关键词】 高校；创业教育；课程思政；建设路径

课程思政建设是全面提高人才培养质量的重要任务，也是落实立德树人根本任务的战略举措，其实质是将思政教育融入课程教学和改革的各环节、各方面。[1] 作为一种全课程育人理念，课程思政强调专业教育与思政教育、各类课程与思政课程、各种课堂与思政元素的深度融合与同向同行，构建全面覆盖、类型丰富、层次递进、相互支撑的课程思政体系。创业教育作为当前高校创新型人才培养的重要路径，近年来在我国得到快速发展，各高校纷纷开设创业基础必修课程及相关系列选修课程，开展各类创业实践活动，提升学生创新创业能力。教育部发布的《高等学校课程思政建设指导纲要》（以下简称《纲要》）提出："要注重创业教育课程思政建设，创业教育课程要注重让学生敢闯会创，在亲身参与中增强创新精神、创造意识和创业能力。"做实创业教育是思想政治教育创新发展的重要着力点。[2] 在创业教育课程中如何践行课程思政，实现"1+1>2"的育人效果是当前高校创业教育亟须明确的问题。

---

* 本文原刊于《通化师范学院学报》2021年第9期，有修改。

一、创业教育具有建设课程思政的内在优势

1. 创业教育与社会主义核心价值观要求相契合

思想政治教育的根本矛盾在于"一定社会或一定阶级对人们的思想政治和道德品质的要求与人们现有的政治素养和道德水平之间的矛盾"。思想政治教育的本质在于实现人们思想政治品德从"实然"向"应然"的转变，即实现社会核心价值的个体化和个体价值观念的社会化。新时代思想政治教育的主要内容以社会主义核心价值观为基础，包括世界观、人生观、价值观、法治观和道德观等，具体体现在国家层面的价值目标、社会层面的价值取向和个人层面的价值准则。创业教育的目标在于引导教育对象积极关注社会发展需要，增强自身的社会意识和社会责任感，确定正确的思想意识和价值观念，将创业者应具备的团结协作、艰苦奋斗、诚信敬业等创业品质内化为教育对象的自身素养，实现创业活动社会价值和个人价值的统一。可见，创业教育从根本上体现了一定社会对人们思想政治和道德品格的要求，其本质与社会主义核心价值观的要求相契合。

2. 创业教育与人的自由全面发展需要相契合

《国务院办公厅关于深化高等学校创新创业教育改革的实施意见》明确指出："高校的创业教育要坚持育人为本，提高培养质量，促进学生全面发展。"创业教育课程应满足学生精神成长的需要，而不单单关注学生理智能力的培养，或是仅仅注重知识和技能的传递。[3] 首先，高校创业教育关注每个人的发展需要，既有面向全体同学的"广谱式"创业基础教育，也有根据不同学生的不同现状和意向所提供的"精准帮扶"；其次，创业教育突出学生的主体地位，注重通过课堂实践、社会实践、生活实践、岗位实践等方式增强学生的体验感悟，激发学生的内生动力；最后，创业教育能促进学生的和谐发展。成功事业的象征包括理想道德的热情、精神生活的健康和欢乐，以及自然社会的和谐和统一。人的全面发展是创业教育与思政教育的共同价值目标。[4] 创业教育在本质上具有"属人"性，以培养具有全面素质和自由个性的创业者为目标。

3. 创业教育与建设创新型国家的现实需要相契合

建立国家创新体系，走创新型国家之路，已成为世界各国政府的共同选择。我国从党的十七大报告提出"建设创新型国家"到党的十九大报告指出"加快建设创新型国家"，前提是全面实行"创造力教育"，尽快通过建立"创造力教育"模式培养出大批符合"创新型国家"需要的人才来满足"创新型国家"建

设的需要。为了在竞争中赢得主动权，进一步提高国家的综合国力和核心竞争力，我国把推进自主创新、建设创新型国家作为科学发展的重大战略决策。创业教育是我国建设创新型国家、培养创新型人才的重要路径和主要方式，创新经济的发展与创业教育的开展有着直接的互动关系。发展和实施以普及创业知识、培养创业品格、增强创业能力、发展创业实践为基础的创业教育，有利于提高教育对象的创业素养，激励创业行为，提升创业质量。可见，高校创业教育与创新型国家建设的现实需要相一致，体现了其对国家经济社会发展的能动适应性。

4. 创业教育与高等教育立德树人的总目标相契合

落实立德树人根本任务，是新时代贯彻党的教育方针的重要体现。党的十八大报告提出"把立德树人作为教育的根本任务"，为教育指明了前进的方向。之后，习近平总书记在多个场合强调立德树人的重要性，他强调："高校立身之本在于立德树人，只有培养出一流人才的高校，才能够成为世界一流大学。要把立德树人内化到大学建设和管理各领域、各方面、各环节。""立德树人"的目标进一步明确了"人"在人才培养中的核心地位，当前我国高等教育的改革核心是人才培养质量的提升，而人才培养质量的评价标准在于是否适应经济社会和国家战略的发展需要。创业教育以培养具有创新意识、创新精神、创新知识和创新能力的开创性人才为目标，将理论学习与实践训练相结合，知识传授与能力提升相结合，价值形成与情感培养相结合，品质养成与精神内化相结合，这样的培养过程与结果正符合高等教育立德树人的总体目标和基本内涵。

二、创业教育提升课程思政的育人价值

1. 从"育人"到"育创"：创业教育拓展了课程思政的育人目标

课程思政作为一种全课程育人理念，其本质还是思政教育，仍然是做人的工作，目的是"立德树人"，旨在将思政元素如思想政治教育的理论知识、价值观念和精神追求等融入人才培养的各个学科、专业和课程中，解决专业教育和思政教育"两张皮"的问题，潜移默化地影响学生的思想意识和行为取向，实现"育德"与"育人"、"育人"与"育才"的有机统一。这里的"育人"首先是要培养德智体美劳全面发展的合格的社会主义事业建设者和接班人。创业教育作为高校面向全体学生开设的系列课程，既与课程思政的育人目标相一致，又在"培养什么人"的内涵上有所拓展。创业教育不只是培养合格的建设者，更注重培养"开创性人才"，[5] 突出学生的创新精神和创造能力，旨在培养适应经济社会发展需要的"创造性"建设者和接班人，这是对课程思政育人目标的丰富和超越。

2. 从"职业"到"创业"：创业教育充实了课程思政的育人内容

《纲要》对课程思政的内容重点做出了明确指导，即以爱党、爱国、爱社会主义、爱人民、爱集体为主线，围绕政治认同、家国情怀、文化素养、宪法法治意识、道德修养等方面，系统进行中国特色社会主义和中国梦教育、社会主义核心价值观教育、法治教育、劳动教育、心理健康教育、中华优秀传统文化教育等。创业教育旨在培养教育对象的创业意识、创业精神和创业品质等，包括正确的人生观、价值观、法治观、职业观、劳动观等，这些创业者应具备的基本素养与课程思政的建设内容相契合。同时，创业教育在课程思政的育人内容方面有了新的扩展，体现在"职业观"基础上的"创业观"，不仅包括《纲要》中提出的"引导学生深刻理解并自觉实践各行业的职业精神和职业规范"，还包括帮助学生树立创新意识、风险意识、竞争意识等，既要鼓励学生积极开展岗位创业，也要培养其克服困难的坚强意志及接受失败的心理素质。

3. 从"说教"到"体验"：创业教育丰富了课程思政的育人方法

思想政治教育经过多年的积累与改革，已经形成了相对完善和丰富的方法论体系，如说服教育法、榜样示范法、陶冶教育法和自我教育法等，这些方法为创业教育课程思政的实施提供了必要的方法准备。正如《纲要》提出的："要综合运用第一课堂和第二课堂，拓展课程思政建设方法和途径。"从创业教育的国外经验来看，"问题中心、案例分析、操作导向、实践体验"成为创业教育实施的核心方法。创业教育更强调学生的主动参与，教师要更多地激发教育对象的问题意识和创新意识，通过头脑风暴、小组合作、互动研讨等多种方式对相关创业案例进行分析与反思，强化基于问题中心的实践性教学模式和体验式教学模式。可见，创业教育的教学方法是对课程思政育人方法的创新与丰富，更有利于激发学生的参与热情，形成情感共鸣，提升育人效果。

4. 从"课堂"到"社会"：创业教育扩展了课程思政的育人场域

课程思政作为"三全育人"的重要路径，旨在将思想政治教育贯穿于教育教学的全过程，形成全员育人、全过程育人、全方位育人的"三全育人"格局。因为课程思政主张"课堂教学"主渠道，容易使教师误以为课程思政只是在不同学科专业的理论课堂讲授中进行思政教育，而忽视了各种实践性课程的育人功能，这也就造成了育人的"非全程"和"非全方位"。《纲要》强调要将"读万卷书"与"行万里路"相结合，扎根中国大地了解国情民情，在实践中增长智慧才干，在艰苦奋斗中锤炼意志品质。创业教育主张学生走进社会、了解社会、服务社会、关注社会问题的解决，深度唤醒教育对象的社会责任感和使命感，使课程思政的育人场域由课内走向课外、由书本走向现实、由间接走向直接，在社会创业实践活动中做到学思结合、知行统一。

三、当前创业教育课程思政建设面临的现实困境

1. 重量轻质：创业教育课程思政建设的理念模糊

我国的课程思政建设源于 2004 年以来上海开启的学校思想政治教育（德育）课程改革的探索，经过多年的探索逐步形成了"课程思政"的理念，改革重心由中小学德育课程建设转变为注重大中小德育课程一体化建设，在此进程中构建全员、全课程的育人格局。虽然近年来，课程思政的理念逐渐深入人心并掀起了关于"课程思政"改革的热潮，但作为一种新的育人理念，尤其是如何将思政元素融入各门课程还在探索之中。近年来，高校创业教育在社会各界的关注与支持下取得了一定成效，但是创业教育的功利化倾向仍然明显，学生创业率、创业项目数量、创业竞赛的获奖等短期效应和显性"量化"指标成为创业教育的主要目标，而对创业者社会责任感、企业家精神、工匠精神、道德品质等方面的培养重视不足，没有充分认识到创业教育课程思政的丰富内涵、现实意义和重要价值，没有发挥好课程思政对高校创业教育的长效引导功能。

2. 政创分离：创业教育课程思政建设的师资薄弱

创业教育课程思政建设需要一支既具有创业教育理论知识与实践经验，又具有丰富思想政治教育知识与经验的复合型教师队伍。从目前情况来看，高校的创业教育课程尚未完全融入高校主流课程体系中，创业教育师资队伍专业化水平普遍较低，一部分是学校经济、管理、法律等相关专业的兼职教师，另一部分是学校就业部门或学工部门的相关教师，包括校团委和辅导员等。这些教师有的具有一定的创业知识但缺少相应的创业实践经验，尤其是对学生思政教育的时代要求、内容方法等方面更是知之甚少，有的日常从事学生的思想政治教育和就业工作但缺少创业教育的系统培训，对创业教育的培养要求和精神内涵把握不准。加之目前几乎没有专门的思政课教师参与高校创业教育活动，创业教育教师接受思想政治教育的深度和广度差异较大，这就造成了本就相对薄弱的创业教育师资队伍在开展课程思政建设的主观意愿、专业素养和能力水平方面的严重不足。

3. 专创脱节：创业教育课程思政建设的载体单一

《国务院办公厅关于深化高等学校创新创业教育改革的实施意见》提出，要将创业教育融入人才培养全过程，努力实现创新创业教育与专业教育由"两张

皮”向有机融合的转变。《纲要》提出，抓好课程思政建设，必须解决好专业教育和思政教育"两张皮"的问题。可见，专业教育是创业教育和思政教育的基础和载体，只有将思政教育和创业教育融入专业教育才能更好地实现育德育人、润物无声。创业教育课程思政建设就是要实现创业教育、思政教育和专业教育三者的有机融合。但遗憾的是，目前创业教育与专业教育的融合还远远不够，即使有表面的"内容嫁接"也总让人感觉生搬硬套，造成了创业教育课程思政建设的载体更多只停留在面向全体学生的"创业基础"等通识类课程上，专业类创业教育课程参与不足，而通识类课程一般不分专业、大班授课，无论是教育内容的针对性还是学生的重视程度都不高，这就使得创业教育课程思政的育人效果大打折扣。

4. 供给不足：创业教育课程思政建设的机制缺乏

机制是各要素之间的结构关系和运行方式，其以一定的运作方式把事物的各个部分联系起来，使它们协调运行并发挥作用。目前，创业教育课程思政建设的组织机制、激励机制和保障机制运行十分不畅。首先，《纲要》提出，"各高校要建立党委统一领导、党政齐抓共管、教务部门牵头抓总、相关部门联动、院系落实推进、自身特色鲜明的课程思政建设工作格局"，可见，教务部门是课程思政的牵头组织部门，而创业教育一般由高校创业教育学院或学生就业指导部门承担，这就造成了创业教育课程思政建设的组织分散和分工模糊。其次，目前高校对创业教育中开展课程思政建设的激励机制不健全，更多表现为制度文件中的"鼓励教师积极开展相关工作"，而对于课程思政建设成效的具体检验、评价与奖惩等几乎没有。最后，创业教育课程思政建设的资源平台薄弱，创业教育课程教师、思政课教师和各学科教师之间缺少充分的沟通合作、交流研讨和共建共享。

四、高校创业教育课程思政建设的行动路径

1. 更新理念，整体设计，形成共生效应

课程思政是一种整体性的课程观，强调要突破传统思想政治教育中思政课程的"孤军奋战"，拓展思政教育的内涵和外延，实现育人过程的全课程参与。但是，必须明确在高校思想政治教育体系中思政课程的"主渠道"地位，课程思政起到必要的补充。创业教育课程思政不是创业教育与思政教育的简单相加，更不是把创业课程当作思政课程，按思政课程去搞模式化。[6] 盲目将思政教育的内

容不加关联地植入创业教育课程中，不仅会破坏已有课程的逻辑体系，而且会让师生感到生硬，产生反感情绪。基于共同的育人目标，创业教育课程思政必须将马克思主义的立场、观点和方法等贯穿到创业教育相关理论与实践课程的教学与研究中去，与思政教育同向同行，彼此助力，相得益彰。高校应从整体上设计创业教育课程内容，既要遵循创业类课程本身的知识逻辑，又要充分挖掘创业课程中蕴含的丰富的思政元素，将"中国梦""企业家精神""工匠精神"等融入创业教育课程，最终统一到立德树人的根本要求上来。

2. 真信真用，提升素养，形成自觉效应

提升课程思政教育质量，教师队伍是关键。[7] 教师的育人意识决定了其育人行为。习近平总书记指出："传道者自己首先要明道、信道。"教师只有自己先明道、信道，才能在教育教学过程中"传道"，这里的"道"首先是马克思主义之道。高校的创业教育课程是知识实践性与意识形态性的统一，教师进行的思想政治教育是隐形的、渗透式的，是建立在自身对教育内容中的思政教育元素与资源的充分发掘和敏锐洞察的基础上的。因此，教师不仅要有丰富的创业理论知识和实践经验，同时要以"真懂、真信、真用"为目标，提升自身的马克思主义理论素养，加深对课程思政建设的认识程度，充分理解和把握课程思政的育人要求和价值，通过常态化培训、伙伴式学习和自主性学习等方式，掌握思政教育的话语方式、工作规律和工作方法，提升课程思政建设的自觉性和主动性，摒弃"去意识形态化"等错误倾向，以最优的方式实现创业教育与思政教育的有机对接，在自觉自愿中提升课程思政育人实效。

3. 全面渗透，广泛迁移，形成融合效应

哲学家康德指出："任何政治伦理的思想，只有融会到性格中才可能成为个体的内在品质，而全面渗透和广泛迁移则是臻于这一目标的两个最必要的条件。"[8] 课程思政讲的是在各学科教学中融入思政教育，在工具理性的张扬中融入人文精神，强调两者的彼此渗透与深度融合。在创业教育课程思政建设中，首先，教师要对学生的知识结构、价值取向、学习态度、行为习惯等方面进行深度研究，为课程思政内容设计与方法选择做好充分准备；其次，鉴于创业教育的社会实践性和体验性特征，教师应在彰显教学内容真理魅力的同时，结合专业人才培养总体要求，增强创业教育课程思政的教材及课程开发能力，善于抓住贴近学生现实生活、能够引起学生情感共鸣的富有浓厚时代色彩的典型创业案例或创业先锋人物事迹等素材，并将其融入思政教育；最后，教师应在创业教育课程中积极营造课程思政的环境氛围，结合课程内容特点，创新叙事法、体验法、访谈法、案例法、角色扮演法等教学方法，增强课程思政的亲和力和感染力，实现育人的"润物无声"。

4. 完善机制，激发活力，形成协同效应

高校创业教育课程思政建设需要完善的组织机制、激励机制、联动机制和评价机制。首先，高校应将创业教育课程思政建设纳入学校思想政治建设整体框架内，制定具体工作实施方案，按照不同专业和课程特点，坚持统一性与差异性相结合，分类指导，统筹设计各学科课程思政建设；其次，高校应加强制度建设，通过项目资助的方式，先行建设一批创业教育课程思政示范课程，通过选树标兵，优质课堂展示等方式，表彰奖励、交流经验，集体研讨，以制度激发广大基层教师的改革热情；再次，高校应建立创业教育课程与思政课程的联动机制，以课程思政为架构建设协同育人平台，搭建创业教育教师、专业课程教师和思政课教师教学、科研和社会实践的对话平台，共同分享教学资源，开发教学案例；最后，高校应将创业教育课程思政建设成效纳入学校思想政治工作考核体系、人才培养质量评价体系、院系教学绩效考核及教师的课堂教学质量评价、职级考核和岗位聘用中，明确学校党委职责、各职能部门和教学单位任务及创业课程教师责任，以评促建，激发协同育人的内在动力。

参考文献

［1］高德毅，宗爱东.从思政课程到课程思政：从战略高度构建高校思想政治教育课程体系［J］.中国高等教育，2017（1）：43-46.

［2］冯刚.思想政治教育创新发展的四个着力点［J］.教学与研究，2017（1）：23-29.

［3］伍醒，顾建民."课程思政"理念的历史逻辑、制度诉求与行动路向［J］.大学教育科学，2019（3）：54-60.

［4］林致远.高校创业教育的思想政治教育价值及其实现路径研究［J］.思想理论教育导刊，2015（12）：115-117.

［5］王占仁，吴晓庆.创新创业教育对大学生思想政治教育的重要贡献论析［J］.思想教育研究，2016（8）：33-37.

［6］邱开金.从思政课程到课程思政，路该怎样走［N］.中国教育报，2017-03-21（10）.

［7］陆道坤.课程思政推行中若干核心问题及解决策略——基于专业课程思政的探讨［J］.思想理论教育，2018（3）：64-69.

［8］邓艳君.论高校学科教学中的德育渗透［J］.现代大学教育，2004（3）：57-59.

从"资助"到"自助"：高校创业型资助育人模式的构建[*]

【内容摘要】 探索和创新资助育人模式是高校切实落实立德树人根本任务的应有之义。当前，高校资助育人工作存在重资助、轻自助、轻教育、轻关怀等问题。创业型资助育人模式将大学生创业教育引向资助育人，符合创新人才培养的国家战略需要，符合高校资助育人的时代要求，符合当代大学生自我发展需求。创业教育的发展为创业型资助育人模式的实施提供了精神引领、智力支持和实践平台。高校实施创业型资助育人模式应坚持组织形式的多样化、风险规避的原则化、实施保障的三全化，有效实现育人工作由"资助"向"自助"转型。

【关键词】 高校；创业型；资助育人；模式构建

"不让一名学生因为家庭经济困难而失学"，是党和国家对人人享有平等的受教育权利的郑重承诺。资助育人是高校资助工作的新发展和新要求，是加强大学生思想政治教育的新途径和新举措。[1] 如何在资助中促进家庭经济困难学生的成长成才，实现从"输血型"的经济型资助模式向"造血型"的自助型发展模式的转变成为当前高校资助育人工作面临的重要课题。2017 年 12 月，中共教育部党组印发了《高校思想政治工作质量提升工程实施纲要》，提出要通过构建包括资助人在内的十大育人体系提升高校思想政治工作质量。高校必须将资助育人工作上升到国家战略、长治久安和改革发展稳定的大局中谋划和推进。[2] 自 2015 年 5 月《国务院办公厅关于深化高等学校创新创业教育改革的实施意见》印发以来，各个高校正在全面开展创新创业教育，将创业教育的理论与实践与大学生资助育人工作相结合，既可以扩大高校创业教育的覆盖面和实践载体，同时也可以为高校资助育人的"自助"转型提供发展动力和实践依据，增强育人实效。创业型资助育人模式是以实体化、独立化、企业化的资助育人中心或创新创业实践基地等为载体，以学生团队的自主管理、自主经营为主体，以学校提供的

---

* 本文原刊于《吉林师范大学学报（人文社会科学版）》2022 年第 1 期，有修改。

资金、场所、设施和指导老师为辅助的公益性、项目化和商业化运行模式。在创业型资助育人模式的实体运营中，家庭经济困难的学生既能够通过自身的创造性劳动获得相应报酬，也能够在自我实践中强化自立自强的意志品质，提升专业素养和综合能力。

一、审视：当前高校资助育人工作的现实困境

《高校思想政治工作质量提升工程实施纲要》指出，要把"扶困"与"扶智"、"扶困"与"扶志"结合起来，建立国家资助、学校奖助、社会捐助、学生自助"四位一体"的发展型资助体系，构建物质帮助、道德浸润、能力拓展、精神激励有效融合的资助育人长效机制，着力培养受助学生自立自强、诚实守信、知恩感恩、勇于担当的良好品质，着力培养学生自强不息、创新创业的进取精神。[3] 对标《高校思想政治工作质量提升工程实施纲要》对新时代高校资助育人工作提出的新要求和新方向，我们需要审视当前资助育人活动中存在的问题和不足。

（一）重资助，轻自助，扶困需求满足不够

资助育人作为"十大育人体系"之一，是当前高校"三全育人"的重要组成部分，但是现实中存在将资助与育人相对立或相脱离的实践误区。一方面，国家"奖、助、贷、勤、补、减（免）"以及"绿色通道"等多元化的学生资助保障体系不断完善，使家庭经济困难的学生得到了有效资助，但是对于学生"自助"观念和能力培养的实际效果非常有限，导致学生更愿意接受"输血型"的经济资助而不愿意通过"自助"的方式改变现状。另一方面，现有的个别"自助型"资助活动主要体现在简单的勤工助学活动，财富创造价值较低。随着经济社会的发展，生活成本的上涨，学习生活开支的增加，家庭经济困难的学生需要更大力度的资助，而现有的"输血型"资助育人岗位，无论是在岗位设置，还是在劳动报酬等方面都难以满足扶困的需求。

（二）重资助，轻教育，扶智目标达成不够

著名经济学家阿玛蒂亚·森认为，解决贫困的根本之道是提高个人的能力。[4] 一方面，当前高校资助工作中存在过度强调物质资助的片面认识，对资助过程中的教育尤其是对家庭经济困难学生的思想政治教育和意志品质教育等重视

不够。唯物质的极端化资助模式极容易忽视受助学生的思想道德状况，导致资助庸俗化、受助学生低俗化，甚至会使得原本负载教育意义的资助沦为消解学生美好品德的反向活动。[5] 另一方面，当前高校现有的资助育人岗位多以低水平简单体力劳动为主，其工作内容大部分与学生所学专业无法匹配，与学生未来的职业期待无法对接，该类资助岗位的管理与实施简单易行，同时在活动组织中缺乏对学生的思想教育、价值引领、能力拓展等，导致资助育人功能发挥不到位，学生在岗位实践过程中难以得到知识、素质和能力的提升，难以达到扶智的目标。

（三）重资助，轻关怀，扶志功能实现不够

扶贫先扶志，扶志就是要扶思想、扶观念、扶信心，帮助家庭经济困难的学生树立起自我摆脱困境的斗志和勇气，增强自我造血功能。要从根本上帮助学生摆脱贫困，必须智随志走、志以智强，实施"志智双扶"，才能激发活力，形成合力。当前，家庭经济困难的学生普遍存在自信不足、畏难自卑、性格孤僻、不合群等状况，高校的资助活动更重视经济救助而缺少对学生健康心理品质和积极心理的关注与关怀。一方面，现有的资助育人岗位技术含量低，职业发展模糊，难以调动学生的工作热情和积极性，学生更多表现为不屑地简单应对。同时，由于岗位的技术含量较低更加剧了学生的自卑心理。另一方面，现有的资助育人岗位难以取得较大或符合学生期待的工作成效，学生难以在岗位实践中获得成就感和自我效能感，资助育人的扶志功能非常有限。

二、必要：创业型资助育人模式的时代意义

高校的资助工作是一个实践命题，与时俱进是题中应有之义。伴随着国家创新驱动发展战略的全面实施和新时代大学生自我全面发展的需求日益增强，资助工作也必须不断创新和发展，从而真正实现"志智双扶"的初心和归宿，服务于高校立德树人的根本任务。创业型资助育人模式不仅要解决家庭经济困难学生的经济之困，更是要通过资助活动对其在社会意识、责任意识、感恩意识、自强意识等方面进行引导和树立，从"授之于鱼"到"授之于渔"，为学生将来能够成功进入社会创业做好准备，强化资助工作的育人性。

（一）创业型资助育人模式符合创新人才培养的国家战略

随着创新型国家建设的发展，社会对创新创业型人才的需求日益强烈。

创业型资助育人模式是高校创业教育的有益补充和功能拓展，既能够满足受资助学生对通过自身努力改变目前经济困难状况的需求，也激发了学生的创新创业意识，提升其创新创业能力。一方面，创业型资助育人模式可以通过培养创新人才助力创新型国家建设。创业型资助育人模式具备资助育人和创业教育的双重属性，从形式上看，其更加具备创业实践的属性，在创业实践中家庭经济困难的学生能够自主经营、管理运行，能够增强学生的市场意识和竞争意识，提高创业者捕捉商业机会的能力，为我国建设创新型国家培育创新型人才。另一方面，创业型资助育人模式将创业教育与实践引入资助活动中，有助于培育创新创业文化。创业文化是建设创新型国家的关键，创业型资助育人模式有利于帮助家庭经济困难的学生较好地调整创业心态，通过对创业失败的认识和学习，减少其对失败的恐惧与自卑，激发学生的自主创业热情。

（二）创业型资助育人模式符合高校资助育人的时代要求

习近平总书记强调，新时代高校的中心任务要紧紧围绕立德树人作为中心环节开展。立德树人作为教育的时代主题，为我们进一步做好高校资助育人工作指明了方向、明确了思路，高校资助工作改革必须回应时代挑战，承担起时代赋予的历史使命。资助是手段，育人是根本，创业型资助育人模式为新时期高校资助育人改革找到了新的突破点。一方面，创业型资助育人模式丰富了高校资助育人的方式方法，能激发高校资助育人活力，实现资助育人活动的外部输血向自我造血的转化，改变原有资助育人岗位由学校设置并支付报酬的简单劳务运作模式，旨在通过企业化和市场化的组织形式进一步盘活家庭经济困难学生的智力资源和人力资源；另一方面，创业型资助育人模式可以在市场化运作中将学校常规性设置的补助型资助育人岗位与有市场前景的创业型岗位设置相结合，增加资助育人岗位的数量、扩大资助的覆盖面、提升岗位层次、拓展经济收益，同时能在一定程度上缓解高校资助力度不足、经费有限的压力。

（三）创业型资助育人模式符合当代大学生的自我发展需求

家庭经济困难的学生是高校学生中的特殊群体，他们更加渴望成功，渴望得到别人和社会的认可，希望自己成为德才兼备的优秀人士。尤其是随着近年来高校大学生就业竞争压力的不断加大，家庭经济困难学生的自我发展需求更加强烈。创业型资助育人模式不但进一步继续完善了现有的学生资助保障体系，而且从深层次上满足了他们成长成才的需求。一方面，创业型资助育人模式符合新时代资助育人的精神实质，把学生的理想信念，责任担当融入整个资助过程中，培养学生克服艰难困苦的意志品质，创新创业意识，传递自立自强的奋斗精神，满足学生精神成长需要。另一方面，创业型资助育人模式把握时代责任和方向，在济困助学的同时为学生创新创业提供广阔的实践平台。学生通过自主管理、自主经营、收益分享等多样化经营模式，获得相应的经济报酬，满足学生的物质生活需求。同时，学生在模拟创业或实体经营中可以获得丰富的创业知识、创业实践体验、职场发展经历，能够得到较为全面的自我提升。

三、可能：创业型资助育人模式的可行分析

当前高校正轰轰烈烈地开展创业教育，这为创业型资助育人模式的全面推广提供了必要的支持和条件，使创业型资助育人模式成为可能。创业教育的精神实质和培养内涵能够为创业型资助育人提供精神引领，创业教育的课程体系和知识内容能够为创业型资助育人提供智力支持，高校创业活动的全面开展和各类基地的创设能够为创业型资助育人提供实践平台。

（一）高校创业教育的实质内涵能够为创业型资助育人提供精神引领

高校创业教育的本质是引导大学生的精神追求，培养大学生的创业意识和创业能力，塑造和培养大学生良好的思想道德素质、创新的思维方式和行为方式。创业教育的精神内涵强调对受教育者实施思想、知识和实践的综合作用，更注重促进受教育者形成正确的价值观念和发展意识，而不是局限于某些技能的训练。创业教育注重培养创业者的创业意识、使命感、责任感、进取精神、自信心和克服困难的勇气和意志。创业教育强调以人为本，充分尊重受教育者身心发展的客观规律和特点，重视受教育者健康、健全、完整人格的形成，是一种注重实践体验，培养人们积极进取的生活态度、求新求异的思维品质和不畏艰难的意志勇气的教育活动。[6] 可见，高校创业教育的精神实质与创业型资助育人的内在要求相统一，创新精神和优秀品质的培养成为高校创业型资助育人的重要目标，高校创业教育的精神实质能够引领创业型实践育人的价值追求。

（二）高校创业教育的知识内容能够为创业型资助育人提供智力支持

要改变家庭经济困难学生的生存与发展现状，就要使其具有足够的知识储备和完善的知识结构。[7] 近年来，各高校根据人才培养定位和创新创业教育目标要

求，基本构建了"专业课程与创业课程相渗透、知识学习与技能培训相统一、学科课程与实践课程相支持"的全方位、立体式课程体系，并将其嵌入人才培养方案。一方面，按照 2012 年教育部印发的《普通本科学校创业教育教学基本要求（试行）》，各高校都将"创业基础"课程纳入了教学计划，并设置了理论探索、创业企划、模拟实训等多个模块，增加了创业意识、创业知识、创业能力、创业实务等教学内容，作为公共必修课面向全体学生开展"广谱式"的创业教育。另一方面，高校各专业也根据自身特点，开设了大量与专业相关的创新创业类案例课程，以实现创新创业教育与专业教育的有机融合。基础性和专业性的创业理论与实务知识体系的建构为高校创业型资助育人模式的实施提供了必要的智力支持。

（三）高校创业活动的全面开展能够为创业型资助育人提供实践平台

近年来，随着高校创业教育的全面推进，一批成熟的创业竞赛活动和创业实践基地为创业型资助育人模式的实施提供了良好的实践平台。例如，我国"互联网+"大学生创新创业大赛自 2015 年举办以来，涌现出一大批科技含量高、市场潜力大、社会效益好的高质量项目，展现了当代大学生奋发有为、昂扬向上的精神风貌。一方面，各高校正大力推进各类创业大赛、创新创业训练和实践项目等，为学生创新意识和创新能力的培养提供了良好的展示平台；另一方面，大学科技园、创业园、创业孵化基地及创客空间等机构，为学生提供了创业及就业机会平台。尤其是校企合作协同育人的全面推进，为高校资助育人模式的创新提供了更广阔的拓展空间。各高校正在发挥自身优势和特点，积极搭建校企面对面平台，为学生提供了多样化的创业型资助育人岗位，营造了良好的校内外资助育人环境。

四、实践：创业型资助育人模式的实施路径

高校应积极探索创业教育与资助育人工作相结合的实施路径，把握我国创新型国家建设发展战略和高校资助育人工作时代新要求的改革契机，坚持"立德树人"的根本目标，以学生自主成才为导向，通过构建多样化的创业型资助育人组织模式，坚持基本的风险规避原则，健全"三四五"的三全育人体系等，以确保创业型资助育人模式在创新、创业、资助和育人中有效运作，并实现最大效益。

（一）组织模式多样化

1. 基于勤工助学组织的社团创业资助育人模式

高校现有的资助育人岗位设置基本源于勤工助学岗位，除了传统的低水平体力劳动岗位外，高校可以充分利用现有的各类学生专业技能型社团，依托其原有活动内容和实践项目基础，依据市场需求组建若干创业团队，如小规模家教服务组织、计算机维护维修组织、广告设计组织、外语翻译组织等，将学生的专业技能商品化，向校内外提供以人力资源和智力资源为主要内容的服务，并在一定条件下开展有偿经营。在该模式下，学生可以通过向外界提供专业技术服务获得相应经济报酬，相对需要的前期资金投入较少，运营风险较小。学生通过有偿服务既获得了一定的生活补助，也提升了自身的专业水平。当然，由于涉及对社会提供有偿服务，高校要加强对创业团队的法制和维权教育，确保组织在开展经营过程中对自身和他人合法权益的尊重与维护。

2. 基于服务社会的高校公益创业资助育人模式

现代管理学之父德鲁克曾指出："公益创业将成为未来经济发展的一支重要力量。"大学生是公益创业的主力军，公益创业是商业创业的准备阶段与条件检验阶段。公益创业将大学生个人爱好与长处相结合，加上其成本低、门槛低、容易发动的特点，对于未来想要进行商业创业的大学生有直接的帮助，可以有效培养家庭经济困难学生的社会责任感、公益理想和回报社会的使命感。当然，公益创业不是光有热情就行的，由于融资渠道、法律政策等原因，公益创业往往比商业创业更困难，高校应积极协调当地企业、政府等多渠道帮助和指导大学生公益创业组织，充分运用社会资本推动公益服务，广泛调动社会资本参与其中，让更多的企业、组织参与其中，最终实现更大的社会效益。高校可以通过购买服务等方式，实现由传统资助育人的学校全程主导向公益创业资助育人的服务外包转型。

3. 基于实体运营的高校商业创业资助育人模式

高校创业型资助育人模式的实施重点是要实现对学生资助由"输血型"向"造血型"转变。高校可以结合自身实际，以一定的服务和经营实体为依托，如学校可以将校内的书报亭、复印店、快递站等经营实体授权给资助育人组织来经营，校方与资助育人实体组织形成甲乙双方一定的商业关系，将学生的经营收益作为资助育人资助资金，或者与学生组织约定收益分配比例。学生通过组建运营团队，在创业实践中自主经营、管理实体，并享受实体收益、合理分配收益，团队的劳动付出能够取得极大成效，有利于增强团队成员的积极性、主动性、创造性，充分提升学生的自我效能感，营造浓厚的创业育人氛围，实现经济效益和精神效益的双丰收，实现资助育人的济困助人功能。当然，商业创业资助育人模式需要一定的资金投入，具有一定的经济风险，高校应总体设计，合理选择，择优孵化。

（二）风险规避原则化

1. 坚持精准助困原则

创业型资助育人模式兼有资助育人和创业教育的双重属性，该模式与普通的高校创业教育活动与实践有着明显区别，因为其针对的主要是家庭经济困难学生，所以在实施过程中必须坚持精准助困的原则。在创业型资助育人模式实施中，首先，高校要确保家庭经济困难学生的优先参与性，应充分利用当前大数据技术的开放性、个性化、互动性、可选择性等优点，确定拟接受资助人群；其次，由于创业型资助育人模式对学生的创业知识、创业能力和创业素养具有一定的前提要求，所以高校应对拟资助对象进行考核性再筛选，选拔具有较好创业综合素质的学生作为实体项目的管理者或组织者，通过朋辈关系引导其他学生参与到活动当中。

2. 坚持学生主体原则

资助育人重在"育人"，高校创业型资助育人模式必须坚持学生的主体地位。高校应改变传统资助活动中的角色定位，实现由经营者向投资者、参与者向管理者、执行者向组织者的转变，实现创业型资助育人实体运营模式的管办分离。高校还要坚持学生尤其是家庭经济困难学生的主体地位，将团队成员视为创业活动的主体，通过赋权增能，赋予学生充分的经营权（即实体组织架构）、管理权（即实体的经营活动）和收益分配权（即实体的利益分享比例），增强学生的职业发展动能、专业自主知能和自我发展效能。当然，高校的职责转变并不是简单地"袖手旁观"，而是要加强对学生的指导和帮扶，形成"学校主导、教师指导、学生主体"的运行模式。

3. 坚持风险严控原则

创业型资助育人模式体现出较强的"创业性"，既然是创业就会有风险，因为创业环境的多变性和不确定性，创业机会的复杂性，创业实体的多样性，大学生创业者及其创业团队的能力不足，以及创业投资者实力有限等因素会导致创业结果出现不确定性。尤其是以高校家庭经济困难学生为主体的创业型资助育人组织，抵抗市场风险的能力更加薄弱。高校在创业型资助育人模式实施过程中必须坚持风险严控的原则，通过明确组织定位（即重在育人）、谨慎选择创业项目（即不得承担较大风险的领域和项目）、合理组建创业团队（即有专家的指导和相对专业化的人员）、提升学生创业素质（即创业心态和创业知识能力）等途径规避风险。

（三）实施保障三全化

1. 人员维度的全员参与

高校创业型资助育人模式改革蕴含了丰富的思想政治教育元素，与"三全育人"的育人模式存在内在契合点。"全员育人"，即全体教师应明确自己在创业型资助育人模式中的主体责任。高校要建立"三导师制"的指导团队，这里的"三导师"分别为由学生处、就业处、学工办、分团委、辅导员等组成的"生活思想导师团队"，由学科专业教师和创业教育课程教师等组成的"学业课业导师团队"，由优秀校友、行业专家和创业先锋等组成的"创新创业导师团队"。其中，"生活思想导师团队"侧重于激发家庭经济困难学生的创新创业意识与精神，宣传创新创业文件与政策、规划职业发展方向等；"学业课业导师团队"侧重于挖掘专业课程中的创新创业元素，开展实践教学，寻找专业或项目可能的创新创业点，提升学生的岗位创业能力；"创新创业导师团队"侧重于对学生创业实践的指导和可行性项目的孵化，助力学生创业项目的落地转化。

2. 时空维度的全程指导

习近平总书记强调："要把思想政治工作贯穿教育教学全过程，实现全程育人、全方位育人。"高校在开展创业型资助育人活动的过程中应注重对学生进行"四段式"的全程指导，即"暖心帮扶—培养激发—实践体验—实战提升"："暖心帮扶"阶段重点针对大学一年级家庭经济困难学生开展暖心指导和心理帮扶，开展以培养自信心、人际交往、感恩社会为主的心理辅导和素质拓展，帮助他们尽快适应大学生活；"培养激发"阶段重点对大学一二年级学生开设广谱式和专题式的创业教育课程，通过思想帮助、经济资助、知识辅助、人际互助四维合力，激发他们的创新创业激情；"实践体验"阶段重点针对大学二三年级学生，通过参加创新创业大赛，参与资助育人组织等体验创业实践活动，将学生的创意变成研究和行动；"实战提升"阶段重点鼓励大学三四年级学生在顶岗实习、参与创业组织中挖掘创新元素，探索专业创新和岗位创业，实现学以致用和用以创新。

3. 内容维度的全方位保障

高校应构建"师资—经费—课程—实践—环境"五位一体的保障体系，以推动创业型资助工作融入育人体系当中。资助育人的全员参与成为创业型资助育人模式实施的师资保障；经费保障即高校应建立创业型资助育人专项经费，科学遴选投资项目，合理进行项目预算和风险评估；课程保障即高校应结合家庭经济困难学生的特殊需要，把困难生创业心理、创业法律知识等内容纳入课程体系之中，在丰富理论课程的同时，加大实践课程及线上课程的比例；实践保障即高校可以通过搭建创新创业实践平台、举办各类创业实践竞赛、建设校企合作基地等方式为家庭经济困难学生提供与自身专业相关的创业实践岗位；环境保障即营造创业型资助育人的文化环境，通过选树家庭经济困难学生创业典型、榜样先锋，对先进事迹进行宣传报道，对成功案例进行经验交流，营造困难学生也能创新创业的浓厚氛围，塑造自立自强、开拓进取、拼搏创优的创业型资助育人文化氛围。

构建高校创业型资助育人模式既符合当前"大众创新、万众创业"的时代主题，也极大地丰富了高校"三全育人"的内容和途径，是新时期高校资助育人改革的应然趋势。但是，创业型资助育人模式的实践与完善是一个复杂、长期的系统工程，需要政府、高校、企业、学生等多主体在实施过程中不断探索总结，与时俱进，最终实现高校"资助"与"育人"的深度融合、学生"接受资助"向"主动自助"的有效转变。

参考文献

[1] 张远航.高校资助育人的价值意蕴与实现路径 [J].思想理论教育，2018（6）：106-109.

[2] 杨振斌.做好新形势下高校资助育人工作的实践与思考 [J].中国高等教育，2018（5）：17-20.

[3] 中共教育部党组.中共教育部党组关于印发《高校思想政治工作质量提升工程实施纲要》的通知 [EB/OL].[2017-12-06].http：//www.moe.gov.cn/srcsite/A12/s7060/201712/t20171206_320698.html.

[4] 阿马蒂亚·森.贫困与饥荒——论权利与剥夺 [M].王宇，王文玉，译.北京：商务印书馆，2001：4.

[5] 邢中先，张平.新中国成立70年来的高校资助育人：历史演进与现实启示 [J].广西社会科学，2019（10）：177-182.

[6] 田晓伟.高校创业教育的思想育人功能探析 [J].思想理论教育导刊，2013（8）：134-137.

[7] 张璇，杨诗炜.论学生创新创业实践视角下高校勤工助学模式创新 [J].继续教育研究，2015（6）：30-32.

元宇宙赋能高校创新创业教育：
内在机理与实践路径[*]

【内容摘要】元宇宙作为一种整合多种智能技术而产生的虚实相融的互联网新空间，其沉浸性、交互性、融合性和共创性特征将赋能创新创业教育形态变革。元宇宙将重构创新创业教育的时空场域，形塑创新创业教育的现实样态，增强创新创业教育的认知心理。元宇宙将实现创新创业教育场景从"技术在场"到"具身体验"，学习过程从"算法推荐"到"个性学习"，学习资源从"虚拟数字"到"数智技术"，学习评价从"知识掌握"到"成长认证"。元宇宙赋能创新创业教育应规避数字成瘾、技术至上和数据伦理风险。

【关键词】元宇宙；创新创业教育；机理；路径

新技术的发展和非接触式文化的形成，推动了创新创业教育数字化和智能化的快速发展。但是，传统 Web2.0 技术层面二维空间在线教学的时空分离导致"教"与"学"的情境性、互动性、沉浸性和体验性不足，尤其是人工智能时代带来的创新创业教育过程中交往主体、方式与环境的变革，对网络创新创业教育的技术、思维和方法提出了新要求。当前，基于扩展虚拟技术、人工智能、云计算、数字孪生和区块链等技术整合的，与现实世界映射与交互的虚拟数字生活空间的元宇宙，正成为互联网未来发展的高阶形态。作为经典概念的重生，元宇宙所具有的具身沉浸、虚实融合、数字全息、自然交互等特征能够赋能创新创业教育，突破教与学的边界，打造超现实的沉浸式虚拟教学环境，提升教育对象参与创新创业教育的积极性、互动性、真实性和通达性，满足学习者知情意行多层面的内在发展需求。

---

* 本文原刊于《高等工程教育研究》2023 年第 3 期，有修改。

一、元宇宙赋能创新创业教育的关键特征

（一）基于"共同在场"的沉浸性

积极心理学认为，当学习者在进行某项活动中如果能完全投入情境当中，排除或过滤掉其他不相关的因素影响，便获得一种沉浸式体验。沉浸式体验是一种积极的心理体验，它能够给学习者带来心情的愉悦与身体的舒适，以促使学习者在反复同样的活动中而不会产生厌倦。沉浸理论认为，"技术"和"挑战"是影响沉浸体验的两大因素。元宇宙并非 3D 虚拟空间或网络虚拟游戏，而是基于增强现实、物联网、脑机接口等技术，通过模拟物理世界，为用户构建的一个既超越现实世界，又与现实世界交互映射的镜像世界，并根据学习事件创设发生情境，为教与学的过程动态生成能够满足师生需要的理想学习场域。元宇宙学习者以"虚拟化身"的形态，实现虚拟学习环境的"共同在场"，[1] 不仅可以获得与真实世界同样的真实体验，并且能够获得超现实的沉浸体验、社交体验和环境体验，增强学习者的认知存在感、过程临场感和环境场所感，有助于学习者产生身份认同、心理认同、规则认同和情感认同，实现沉浸学习、泛在学习和"心流互动"。

（二）基于"虚拟身份"的交互性

交互即交流互动，是信息网络平台一直追求的功能状态，在网络交互平台上，用户不仅可以获得更多的信息与服务，也可以实现用户与用户或用户与平台之间互动交流，从而碰撞出更多的创意与思想。社交网站 Facebook 的创始人扎克伯格认为："元宇宙是移动互联网的升级版，将打造一个具有超强沉浸感的社交平台。"教育元宇宙可以模拟生成具有社会交互性的教育镜像世界，元宇宙的交互性体现在人机交互与人际交互的融合。教与学的主体、学习资源和学习环境是教育元宇宙构建的基本要素，其中虚拟学习资源和学习环境不是固定的，可由教师和学生根据需要对其进行动态建模和过程编辑，从而促进各要素之间的多元交互，师生可以通过虚拟形象代理的方式扮演其在现实世界中的角色来建立社会关系。元宇宙立体式的交互空间突破了传统在线教学的点对点、点对面的局限，这种打破时空界限的沉浸式交互丰富和还原了近乎真实的教育情境和师生关系，为师生带来了全景式、超现实的感知社交体验。

（三）基于"数字孪生"的融合性

"线上线下相融合"和"虚拟实体相融合"的教育方式迅速发展，为创新创业教育实践提供了新机遇。元宇宙的进化经历了虚拟建设、由虚向实、虚实融合三个阶段，虚实融合是元宇宙存在与发展的基本特征和高阶形态，以现实世界和数字世界的相融相生为典型样态。教育元宇宙是利用丰富的数字信息技术构建的既基于又独立于物理世界的"数字孪生"世界，不仅包括空间的仿真复制，还将教育中的现实要素，如将教育目标、教育内容、教育模式、教育场景、角色关系等融入虚拟空间，进而创设出能够满足教育者、学习者和教育过程需要的融合虚拟与现实的镜像世界。在元宇宙中，虚拟和现实的界限不再清晰，师生之间、学生之间以虚拟化的身份，利用各种终端设备，通过视觉、听觉、触觉等全身感官体验实现物理世界和元宇宙之间的认知、行为等映射，以达到学习的互动。在此过程中，教育活动各参与主体的虚拟身份或集体身份在线上与线下切换中不仅保留了真实世界的教育价值，还超越了时空阻滞，提升了教育活动的创造性价值。

（四）基于"反应生成"的共创性

创意和创造是用户对元宇宙空间的主流认知，共创、共治和共享是元宇宙的基本价值追求，[2] 群体的自由创造是元宇宙更新迭代的根本动力。用户可以依靠网络虚拟开放平台提供的人工智能辅助，自由便捷地输出自我创意，实现从用户生产内容、机器生产内容到人机共创内容、AI 内容生产，并创造出具有"数字人"和个性化的虚拟空间，实现数字化创造。共创性学习理论反对事先就假定了任务和目标的反应式学习，强调学习者在特定系统中的联合行动变革，为共同活动建构一个新的对象和概念。教育元宇宙为学习者个体及集体的自由创造性活动和协同共创性活动提供了个性化空间与支持工具，其没有预置的规则和既定的目标，学习者可以在已有教育资源的基础上，自行定义自己所期待环境的条件和规则，这样的规则便于学习者可以在元宇宙空间中自由地开展各种活动，创建、修正、丰富和更新学习资源，创新教育形式，交流学习体验，共享学习成果，最终催生学习者的学习激情，引发创造灵感，分享创意体验。

二、元宇宙赋能创新创业教育的内在机理

（一）元宇宙重构创新创业教育的时空场域

学习过程是实现学习目标和效果的关键，学习过程的支持效果如何制约着学习的发生与发展，而学习场域是学习过程支持的重要条件。当代青少年学生的成长环境本身就是多维立体虚实融合的时空场域，这就要求创新创业教育要突破传统教学中的时空局限，克服学习资源失真、学习空间分散等不足，构建以学生的学习成长与发展为时间维度，以课内与课外相融通、校内与校外相结合、虚拟与现实相融合的全域性空间为空间维度的时空场域。元宇宙重构了全景式创新创业教育时空场域，以其深度沉浸、超强社交、高度仿真和自由创造等特征为学习者的学习过程提供有力支持。基于元宇宙的创新创业教育突破了时间上的限制，不仅可以还原过去发生过的场景，还可以对未来进行预测性呈现。[3] 元宇宙通过虚拟赋能现实，可以将学生带入曾经的标志性生产力变革事件，对话改革创新人物，同时可以借助数字仿真技术对创新创业教育教学改革、管理模式等措施的成效进行数据预测，提高改革决策的科学性。基于元宇宙的创新创业教育突破了空间上的边界，实现了各类平台资源的重组与串流，基于区块链的技术支持，实现了社会资源和学校资源的联通，线上学习与线下学习的耦合，使教育活动不再局限于课堂，使处于不同位置的学习者以"数字人"的身份能够在全景式时空场域中开展跨时空协作学习。

（二）元宇宙形塑创新创业教育的现实样态

元宇宙将在创新创业教育教学模式、学习方式和教学情境等方面带来新的变化，即通过深度沉浸、充分交互、泛在互联，在虚实融合的教育环境中激发学习者的主动性和创造性。首先，创新教学模式。教育元宇宙使教学场域从单一局限的课堂空间延伸为虚实融合的全域性时空，可以为学习者提供高仿真的交往实践情境，有力地支持教师自由灵活地开展各类实践创新活动，并促使教学媒介超越传统单一方式，引入多形式智能参与，使教学流程从原先的简单线性转变为自由交互、智慧生成和师生共创，有助于学习者更深入地了解和掌握学习内容。其次，改变学习方式。元宇宙具身体验的特征能够突破传统课堂体验和在线学习空间的局限，突破传统文字、图片或失真的虚拟现实的制约，突破传统学习过程中

交互性不足、反馈不及时及时空跨越性受限等局限，为学习者提供自我或群体探索的学习资源，促进学习者开展协作探究学习、分布式学习及批判性学习，提升学习者的主体性、参与性和个性化。最后，创设教学情境。元宇宙基于 VR/AR 等技术打造的虚实融合的教学平台为师生提供更自由、便捷、友好、真实的教学情境，可以针对学习者在社会交往、情感表达、价值取向和自我认知等方面的需要创设高度相关的"身临其境"场景，增强学习的体验感、真实感和满足感。

（三）元宇宙增强创新创业教育的认知心理

认知是行为的先导，是个体认知外部世界的复杂心理活动，包括感觉、知觉、记忆、想象、思维、注意等心理过程。创新创业教育实质上是人们对创新创业理论和实践的认知过程。高校创新创业教育应加大对学生的认知规律和接受特点的研究，发挥学生主体性作用。首先，元宇宙沉浸体验能激发学习者多感官联动。感官是个体接收外部信息的基础，多感官的充分刺激将大幅提升教育效果，元宇宙通过脑机接口、人工智能等技术充分激发学习者的视觉、听觉、触觉等，使其获得全方位感官的沉浸式体验，实现身体的运动学习、知觉学习和情绪学习。其次，元宇宙的充分社交能提升学习者的情感共鸣。在认知过程中，情感对个体认知中的理解力、感知力和判断力等有着直接的影响。元宇宙为创新创业教育带来的全维社交，能使学习者在虚实之间形成情感联系，寻找到志同道合的伙伴，形成强交互性的学习社群和情感环境支持。最后，元宇宙的自由创造能引发学习者认知冲突。适度的认知冲突将激发学习者的质疑精神和批判意识，师生根据需要创设元宇宙教学问题情境，引入认知矛盾，通过案例教学、情景再现、角色扮演、社会实践等方式进行认知调节，能化解认知冲突，帮助学习者获得态度的转变和认知的深化，形成完整的认知结构。

三、元宇宙赋能创新创业教育的路径可能

（一）学习场景：从"技术在场"到全息沉浸的"具身体验"

"场景"一词最初指的是电影、戏剧中的场面，后来逐渐被社会学和传播学等学科应用，其内涵也从单纯的空间偏向转变为描述人与周围景物关系的总和。随着大数据、社交媒体、移动设备、传感器等技术的发展，场景被认为是移动互联时代的又一核心要素，这将为学习者提供高质量的"在场感"。基于场景理论

的创新创业教育就是要充分利用现代信息技术手段，结合创新创业教育要素，遵循学生认知规律特点，为学习者打造虚实结合的全方位感知和体验的"创造场景"。首先，元宇宙创设具身体验型创造场景。具身体验的核心是强调身体各种感官参与认知过程，身体与环境的具身交互。[4] 元宇宙能让学习者置于多模态虚拟交互、全息沉浸、智适应的可视化镜像场景中，如在讲授国外或历史科技创新事件时，学习者可以通过 VR、AR、XR 等沉浸技术的应用，具身感受当时的社会场景和发展环境，提升创新创业教育场景的濡化效果。其次，元宇宙创设开放共享型创造场景。元宇宙可以突破传统实践的时空封闭，使学生可以通过全息投影、虚拟仿真等技术，以"数字人"身份参与到校内外各类实践过程中，实现不同时空的信息与资源共享，达到超越时空的新型"共在"。最后，元宇宙创设智能交往型创造场景。交往是人类的存在方式，正如杜威所言："社会生活不仅和交往完全相同，而且一切交往都具有教育性。"元宇宙将智能技术融入教育者和学习者的认知交互和情感交互，实现虚拟交往的智能升级，构建创新创业教育主体、客体、介体、环体共同参与的平等、开放、和谐交往场景。

（二）学习过程：从"算法推荐"到精准画像的"个性学习"

学习空间的核心指向在于实现学习者的个性化学习，作为一种教育方法的个性化学习，是指根据学习者的兴趣、需求、能力和经验的差异，从学习目标、教学方法、教学内容和教学环境等方面为其量身定制最适合的学习目标、学习策略、学习工具和学习方法。美国心理学家玛丽·安·沃尔夫（Mary Ann Wolf）认为："个性化学习不仅需要改变学校设计，还需要利用现代技术。"目前基于"算法推荐"的个性化学习倾向于基于学习者的薄弱点推送不同的指导方案或练习计划，[5] 在这个过程中，学习者的个性需求和主动地位没有得到满足。基于智慧环境和学习分析技术的元宇宙将根据学习者的知识模型、学习需求、行为表现和情绪态度等维度的数据采集与跟踪，为其精准画像和科学预测，支持学习者根据自身的学习认知风格实现个性化学习，学习者既是智慧空间各种产品和服务的使用者，同时也是创造者和完善者。首先，元宇宙"去中心化"特征，转变了传统的"以知识为中心""以教师为中心"的模式，使学习目标从知识掌握延伸至能力培养、思维训练和精神养成，使学习者从被动转为主动。其次，元宇宙的智慧空间，支持灵活多样的学习方式。元宇宙空间中学习者的个性化学习体现在个体可以根据自身情况选择不同的学习方式，如仿真式学习、沉浸式学习、情境式学习、游戏式学习和发现式学习等。最后，元宇宙的数字分析技术，支持个性化学习结果的即时反馈。相比算法推荐所产生的"信息茧房"等弊端，元宇宙支持的学习分析技术可以更为全面地采集学习者学习全过程的行为数据，包括教师评价、学生自评及师生互评等，数据覆盖更为宽泛，数据来源更加丰富，数据反馈更为及时精准。

（三）学习资源：从"虚拟数字"到流转共享的"数智技术"

学习资源由教育技术的媒体观演变而来，是指在教学系统和学习系统所创建的学习环境中，学习者在学习过程中可以利用的一切显现的或潜隐的条件，数字化学习资源已经成为重要的学习媒介。传统的数字化学习资源主要是用户通过操作鼠标和键盘获取相应的数字音视频等多媒体材料，或在网络平台上进行在线学习。随着互联网进入 Web3.0 阶段，创新创业教育不再是"信息技术+创业教育"的简单"数字化"组合，而已经开始转向"数据化"和"数智化"阶段，发展进阶的本质不仅在于支持技术的差异，更在于实践理念、学习体验和行动逻辑的差异。这一阶段的创新创业教育已经不再局限于提供素材和平台，而是利用可视化分析、数字孪生、大数据预测等技术，在虚实融合的场景中为学习者提供多样化的学习资源。首先，元宇宙能够为学习者生成多模态学习资源。[6] 基于元宇宙的可创造性和可操作性等特质，教师、学生、家长及其他相关个人或群体可以根据需要创造、分享和改善自创或群创教育资源。同时，利用元宇宙数据模拟及预测和"智生"技术，可以为学习者回溯、预测和分析提供数据资源和智能资源支持。其次，元宇宙能够实现学习资源的共建、共享、共创。元宇宙开放的教育环境和泛在性的资源属性，可以实现多角色的自由进入和协同编辑，共建丰富、全面、个性化的学习资源，并依托大规模"数智"技术实现学习资源的流转与共享，实现学习资源的最大价值。最后，元宇宙能够实现学习资源的优化配置。元宇宙智能开放的场景，能够弱化和打通不同地区、不同学校和不同专业学生存在的学习资源差异和壁垒，促进学习资源的公平配置和高效利用。

（四）学习评价：从"知识掌握"到过程图景的"成长认证"

创新创业教育评价是创新创业教育的基础，是检验创新创业教育和学习效果的重要手段，关系到立德树人根本目标的实现。目前，创新创业教育的对象基本上是伴随数字化成长起来的网络"原住民"，在线学习认证的发展正在提高线上学习的含金量。元宇宙在线学习将在原有认证体系的基础上，结合大数据、人工智能与区块链的技术，形成在线学习智能认证新样态。首先，元宇宙支持基于多主体参与的多元性评价。基于元宇宙的创新创业教育有着广泛开放的学习场景，提供交互性、多主体性的沟通平台，使人人具有身份、人人可以参与、人人可以发声，各评价主体之间充分沟通、协同合作，学习评价的主体不再是教育者唯一，学习者的自我评价、主客体之间的双向评价、同伴评价、家长评价、社会评价等共同构成了学习评价的现实图景。其次，元宇宙支持基于学习者"成长认证"的过程性评价。元宇宙关联性和整体性思维，全面记录学习者的学习轨迹和成长历程，[4] 既关注学习全过程的可追溯，也会对学习者的正式与非正式的学习成果进行认证，指向学生的全面发展和多维评价，以学习者所产生数据关联为切入点，在海量数据中挖掘潜藏的相关性，实现从分数唯一、知识本位向素质养成、能力培养的转变，实现对学习者思想观念、价值取向、情感态度等方面的全面而精准的评价。最后，元宇宙支持基于"有效干预"的动态性评价。从"回溯过去"到"面向未来"，可预见性是元宇宙学习评价的重要转向，元宇宙基于即时性和相关性的特征，通过数据建模，可以反映出学习者学习方法、学习环境、学习内容和学习结果等变量之间的关系，根据动态评价结果对其学习过程进行有效干预。

四、元宇宙赋能创新创业教育的风险规避

（一）坚持意识形态的主导性，避免"数字成瘾"风险

元宇宙赋能创新创业教育的基本遵循是要服从和服务于社会主义的意识形态和价值观要求，要为马克思主义意识形态的主导权进行合理性和合法性的论证和维护。元宇宙所打造的高仿真、高沉浸的学习场景天然就存在着一种"成瘾机制"，尤其是对于正处于认知发展关键期的青少年学习者而言，面对元宇宙带来的虚拟环境和具身体验，容易沉迷于数字智能技术带来的感官享受和"娱乐体验"，进而形成"精神依赖"和"数字崇拜"，忽视现实世界和虚拟世界的差异，陷入虚拟世界的运行规则和价值导向，甚至产生与现实世界的背离，加剧社交恐惧和社会疏离，干扰社会秩序，弱化学习者在现实社会实践中的责任担当和奋斗精神。我们所构建的元宇宙虚实融合的学习场景是要改变传统创新创业教育过程中的交往不足、情境枯燥、体验不强等现状，但并不是寻求偏离主导价值的"感官刺激"，更不是脱离现实社会的"快乐崇拜"。元宇宙赋能创新创业教育应始终坚守意识形态的主导性，加强对师生的信息素养教育，使其了解元宇宙技术发展的趋势与风险，引导学生关注现实生活世界，丰富自身精神世界，合理利用虚拟世界，在感受性和教育性之间找到最佳契合点。

（二）坚持立德树人的根本性，避免"技术至上"风险

立德树人是新时期教育的根本任务，是办好人民满意教育的必然选择，更是

高校创新创业教育的中心环节，立德树人的关键在于以人为本。元宇宙时代的到来，信息传播的方式、途径和场景更加现代化、多样化和开放化，我们虽然主张应不断完善智能学习平台，充分利用各类数字技术，但平台或工具只是创新创业教育的载体而并非全部。今天的"技术"成为与"现代"挂钩的直接标准，不免会出现创新创业教育过程中的"技术至上"倾向，往往在追求效率快速呈现的过程中忽视了教育的生成与创造。创新创业教育的过程是师生双方认知、情感与实践的互动过程，元宇宙平台无法替代学习者的主体角色，现代化的虚拟现实技术无法实现人机之间的情感交流。一旦将智能技术在创新创业教育中的作用夸大化，就会违背教育的本质与规律。技术本身并没有错，错在了使用的方式方法。元宇宙赋能创新创业教育应始终坚守"立德树人"的核心指向，既要利用各种现代化技术丰富学习过程，创新教育方式，也要加强与受众的心灵互动与情感互融，实现基于技术层面的充分交往。

（三）坚持价值引导的规范性，避免"数据伦理"风险

元宇宙高度开放的学习场景可能对所有用户的价值伦理、数据伦理和算法伦理等带来冲击。数据是驱动元宇宙学习的关键，数据智能技术会在知情或不知情等情况下记录、收集和提取学习者的身份属性、行为轨迹、兴趣爱好、人际交往和情感状态等，当然这些带有个人隐私的数据可能面临着被泄露、盗用或滥用的风险。同时，元宇宙智能学习场景中学习者数据推送在为学习者提供精准数据服务的同时，容易产生学习者信息接受的自我封闭和窄化的"信息茧房"效应。由于元宇宙数据应用与管理的技术属性，人们总是更关注从技术层面探讨数据伦理的风险规避，但是从创新创业教育的育人属性来说，信息价值观的树立与引导是关键。信息价值观是指人们在参与信息实践的过程中，对信息及其信息技术所形成的态度和看法的总和。正如美德伦理学所关注的，任何伦理学都需要首先回答什么是对的、什么是不对的，也就是价值定位。[7] 高校应加强对学习者正确数据价值观教育，帮助学习者树立开放共享的信息价值观念，提升教育数据素养，增强对各类数据的收集、分析、解读和使用能力，权衡智能信息的技术理性与价值理性，在元宇宙智能学习过程中强化数据安全意识和数据自觉。

参考文献

［1］兰国帅，魏家财，黄春雨，等.学习元宇宙赋能教育：构筑"智能+"教育应用的新样态［J］.远程教育杂志，2022，40（2）：35-44.

［2］李海峰，王炜.元宇宙+教育：未来虚实融生的教育发展新样态［J］.现

代远距离教育，2022（1）：47-56.

　　［3］翟雪松，楚肖燕，王敏娟，等.教育元宇宙：新一代互联网教育形态的创新与挑战［J］.开放教育研究，2022，28（1）：34-42.

　　［4］刘革平，王星，高楠，等.从虚拟现实到元宇宙：在线教育的新方向［J］.现代远程教育研究，2021，33（6）：12-22.

　　［5］钟正，王俊，吴砥，等.教育元宇宙的应用潜力与典型场景探析［J］.开放教育研究，2022，28（1）：17-23.

　　［6］刘革平，高楠，胡翰林，等.教育元宇宙：特征、机理及应用场景［J］.开放教育研究，2022，28（1）：24-33.

　　［7］刘三女牙，杨宗凯，李卿.教育数据伦理：大数据时代教育的新挑战［J］.教育研究，2017，38（4）：15-20.

人才培养政策与推进

培育师范生数字素养　助力教育数字化转型[*]

　　习近平总书记指出，要顺应信息技术的发展，推动教育变革和创新，构建网络化、数字化、个性化、终身化的教育体系。党的二十大报告提出，要"推进教育数字化，建设全民终身学习的学习型社会、学习型大国"。提升教师数字素养是加快教育数字化转型进程的内在要求，随着教育部《教师数字素养》框架标准的出台，教师素养结构的组成与内涵更加丰富。师范教育是人才培养的枢纽，建立健全师范生数字素养培育体系，树立教育数字化转型发展理念，提升数字化教育的意识、知识与能力，明确数字社会责任和专业发展成为师范教育的重要内容。

　　培育师范生数字素养，是打造新时代高素质教师队伍的必然要求。教师是教育发展的第一资源，是推进教育改革创新的基本力量。当前，以互联网、大数据、云计算、人工智能等为代表的新一轮科技革命和产业变革正在改变着人类的思维、生产、生活和学习方式。面对数字技术和数字教育给教学方式和育人方式带来的新问题与挑战，教师既是数字信息的接收者和传播者，也是数字教育的创造者和实施者，数字素养成为新时代高素质教师的核心素养。培育师范生数字素养，使其能够主动适应和把握数字时代的新要求、新趋势，促进数字技术与教育教学的深度融合是未来创新型教师培养的必然要求。

　　培育师范生数字素养，是推进国家教育数字化战略行动的必然要求。教育数字化是"数字中国"发展战略的重要组成部分，是加快建设教育强国的重要基础，是推进数字时代教育变革发展的内在动力，是促进教育公平、提升教育质量的重要抓手。《教师数字素养》首次明确了教师数字素养的具体内涵及数字化意识、数字技术知识与技能、数字化应用、数字社会责任和专业发展五个维度的框架标准。教师是国家实施教育数字化战略，推进教育理念、教育模式、教学过程创新与变革的核心力量，而教师的数字素养成为实现教育数字化转型的重点和难

---

　　* 本文原刊于《中国教育报（理论周刊）》2023年3月23日第8版，有修改。

点，提升师范生数字素养成为助力教育数字化转型的关键所在。

培育师范生数字素养，是数字时代提升人才培养质量的必然要求。习近平总书记强调：推动数字经济健康发展事关国家发展大局，在全面推进数字化转型的关键时期，提升全民数字素养与技能至关重要。教育数字化转型中不仅要关注教师和管理者的发展，更要重视学生的发展，尤其是学生数字素养与技能的提升。新时代的中小学生是在数字技术环境中成长起来的数字时代公民，思维方式的不同带来了学习方式和个性特征的变化。师范生数字素养的培育不仅关系到未来教师自身的专业化发展，也成为其将来从教后认识和理解学生思维方式的基础，对学生数字素养、教育教学质量和人才培养质量的提升至关重要。

师范生数字素养培育体系的建构应以目标体系为统领，以课程模块为载体，以智慧校园为支持，以评价标准为引领，以协同共育为保障。

目标导向，统建数字素养培育目标体系。人才培养目标体系由学校人才培养目标、专业人才培养目标和课程教学目标构成，三个层次的培养目标逻辑上相互联系，层次上逐级分解。高校应在《教师数字素养》框架标准下，以提升师范生的数字化生存与发展能力、学习与创新能力、教学与实践能力为目标统领，分阶段、分层次、一体化、贯通式设计数字素养培育目标体系，总体性设计学校师范生培养目标，针对性设计各师范专业培养目标，进阶性设计师范生各年级培养目标，特色化设计各课程教学目标，将教师数字素养内涵与要求、标准与内容有机融入《教师专业标准》和《教师教育课程标准》，并层层分解至具体教学实践过程中，促进师范生数字素养的螺旋式上升发展。

课程融合，组建数字素养培育课程模块。课程是人才培养的核心要素，也是学校教育的主要载体，数字素养课程对提升师范生数字素养教育质量具有重要意义。高校应以"新师范"的建设与发展为契机，深化数字素养课程改革，立体化建构适应数字时代学习、工作和生活的实际需要和普遍应用，面向全体师范生的数字素养通识类课程模块。同时，高校应将《教师数字素养》标准与培养目标进行对应分解，将有关数字知识、数字技术和数字能力等元素融入具体的专业课程、思政课程、实践活动和职业发展中，组建"数字思政""数字实践""数字社区""数字伦理"等情境式、互动式和主题式数字素养课程模块，探索多学科课程融合、提升师范生数字素养的有效路径。

智慧校园，营建数字素养培育支持环境。数字校园、智慧校园建设为师范生提供数字化学习环境，既是高校实施数字教育的基础保障，又是提升学生数字素养的有力支撑。高校既要加强数字化、信息化基础设施硬件建设（如校园网络、智慧教室、智慧图书馆、智能寝室、智能餐厅、数字创客空间等），健全学校数字化智能服务系统（如数字化教务管理系统、智能化学生管理系统、信息化学生服务系统等），又要加强学校优质数字资源建设（如慕课、微课、在线开放课程、数字图书资料库、教学案例库等），加强互联网、人工智能、大数据等数字技术在教育活动中的应用，将校园打造成实体空间、虚拟空间、智慧空间和数字空间的集合体，为师范生数字素养的提升营建良好的数字环境。

评价引领，构建数字素养培育评价标准。建立健全数字素养评价标准与操作工具，充分发挥评价的诊断、评估和改进功能，是提高师范生数字素养培育效果的关键。在评价主体上，要坚持自评与他评相结合，通过自我评估工具为师范生数字素养"查缺补漏"，提供适应性发展建议。在评价理念上，要坚持诊断性评价、发展性评价和终结性评价相结合，建立师范生数字素养评价档案，对学生的数字能力、数字意识、专业发展等进行持续跟踪。在评价模式上，要坚持标准统一与差异评价相结合，既有面向全体师范生的数字基础素养统一标准，又有针对不同师范专业和任教学科学生的差异性评价。在评价方法上，要坚持标准化书面考核与智能化情境实操相结合，将评价结果纳入教师资格认定标准。

多元共育，共建数字素养培育协同机制。构建协同开放的数字素养培育生态，实现培育工作的多元参与、多措并举成为提升师范生数字素养的重要路径。在师范生数字素养培育中，需要政府、社区、高校、企业等多主体的共同参与。政府应在《教师数字素养》框架标准下，加强对高校数字素养教育的指导与支持，为打造数字高校提供必要的政策依据和经费保障。社区应充分发挥公共图书馆、博物馆等文化机构的育人功能，为学生提供社区数字教育资源和数字技术的咨询与指导服务。高校应积极引导各类企业和中小学校，以高度的社会责任感参与到师范生的数字素养培育过程中，通过共商培养目标、共建实践基地、共用数字资源、共享培育成效等路径形成多主体协同共育的工作机制。

高等教育：供给侧结构性改革[*]

【内容摘要】 近年来，我国高等教育事业获得了长足的发展，取得了显著成效，但在长期需求侧管理的主导下也引发了一系列的矛盾与问题。伴随着经济社会的转型和就业市场与人才培养的"结构性矛盾"的出现，供给侧结构性改革势在必行，充分认识新时代背景下高等教育供给侧结构性改革的本质与内涵，明确改革的方向与路径成为深化改革的关键。

【关键词】 供给侧；高等教育；结构性；改革

结构功能主义认为，任何社会都存在一定的结构，一定的结构具有一定的功能，如果一个系统或组织想存在下去，它就需要其组成的结构能够发展有效的功能性作用。按照帕森斯"AGIL"功能模式，系统要维持自身，使内在结构趋于新的平衡，就必须实现四项基本功能，即"适应、目标达成、整合和潜护"。近年来，大学生就业形势日益严峻，社会各界对高等教育的期望与质疑日益强烈，"无业可就"和"有业难求"等人才培养"结构性矛盾"不断凸显，既有经济社会转型带来了各种观念转变和制度缺陷，但是高等教育自身供给的结构性不适应，人才培养预期目标达成不良，现有资源调整分布整合不够等成为重要原因。

一、需求侧改革主导下的高等教育

参照需求侧经济增长的"三驾马车"理论，消费、投资和出口被视为拉动需求增长的"三大动力"。按照凯恩斯的"有效需求不足"及 IS-LM 分析模型（Investment Saving-Liquidity Money），由于经济发展的三个要素构成的有效需求总是不足的，政府应该通过"看得见的手"即国家的宏观调控手段来刺激总需

———————————
* 本文原刊于《河北师范大学学报（教育科学版）》2017 年第 2 期，有修改。

求，扩大需求总量，以实现宏观经济的持续增长，需求管理就是要"消峰平谷"，避免或减缓短期内经济的波动。从西方经济学发展历程来看，凯恩斯主义学派主张的需求侧改革和新古典主义学派所支持的供给侧改革，在不同的历史时期和经济社会背景下都曾经发挥过不同的作用。与经济改革领域类似，高等教育领域中也存在着需求侧改革与供给侧结构性改革两种不同的逻辑。

要从"消费"要素审视高等教育。20世纪90年代前期，中国经济过热，通货膨胀率极高，通过1993～1996年的经济"软着陆"，中国使通货膨胀率成功地从1994年的24.1%下降到1996年的8.3%，但同时，经济增速也大幅放缓，国内需求疲软。1998年11月，中央制定了以"拉动内需、刺激消费、促进经济增长、缓解就业压力"为目标的扩招计划，让更多的学生有机会上大学，既满足了大众对高等教育机会的需求，同时也让更多的家庭能消费高等教育资源。但是，在消费需求的拉动下，高校更多关注的是办学规模和办学层次等外延发展的扩大与提升，而对于人才培养质量这个核心内涵重视不够，出现了专业同质、人才培养规格滞后、课程设置传统、教学模式陈旧、社会适应性明显不足等问题。

要从"投资"要素审视高等教育。2011年，国务院下发的《关于进一步加大财政教育投入的意见》中明确指出，要提高预算内基建投资用于教育的比重。2012年，由国家发展改革委、教育部联合实施的"中西部高校基础能力建设工程"是党中央推动高等教育协调发展设立的又一次重大建设专项，该工程以五年为一个周期，资金投入大，滚动实施。除了中央财政预算内基本建设投资，很多高校也通过银行贷款等形式进行资金筹措，教育已经成为热门投资行业。但是，高等教育投资的不平衡，导致高校两极分化日益严重，投资的过度集中，影响高等教育生态建设，巨额本息的支付又使得高校面临着严峻的财务风险和还贷压力。在需求侧主导下的改革中，高校更关注资源获取，而没有关注投资的效益与产出。

要从"出口"要素审视高等教育。近年来，随着高等教育国际化的蔚然成风，作为全球服务贸易的一部分，高等教育出口成为一些国家创收的渠道。但是，在我国的高等教育"出口"中存在流入与流出、学科分布和地域分布等诸多"不平衡"，高等教育开放办学的宽松环境、激励与支持性政策、国际化课程建设、高校内部管理体制及运行机制、专业学科的国际竞争力等因素仍然制约着"出口"的质量和效益。

二、高等教育供给侧结构性改革的本质内涵

2015年11月以来，"供给侧结构性改革"成为高层讲话中的高频词，同时也成为当前我国全面深化改革的重要导向，聚焦高等教育的供给侧结构性改革，总目标就要从提高教育供给质量和人才培养质量出发，在适度扩大总需求的同时加快供给侧结构性改革，矫正高等教育相关参与要素的配置扭曲，扩大有效教育供给，提高供给结构对人才需求变化的适应性和灵活性，最终建立起管理体制合理、布局结构优化、规模效益较好、适应社会主义市场经济体制和现代化建设需要的高等教育体系。

（一）核心是"满足需求"

解决当前高等教育领域的痼疾顽症要坚持原因导向和问题导向，要保障高等教育的公平与效率、投资与效益、国家需要与个人期望等，其中供给侧结构性改革是关键，核心就是要通过提高供给质量、丰富供给结构等途径，贴近学生的消费需求，满足学生的个性发展和未来社会的人才需求。[1] 作为教育的终极产品，劳动力质量的高低最终要通过市场来检验，要通过原有教育供给与服务的升级和转型来实现。高等教育要改变培养规格、专业结构、课程模块、考试评价等多方面供给中存在的僵化、脱离学生实际等现状，实现教育供给的有效性、精准性和创新性；同时，还要丰富教育供给结构，为学生提供更多可选择的教育资源来替代原先单一、统一的培养模式和课程资源等，满足受教育者的多样化需求。

（二）重点是"放权让利"

供给侧结构性改革不是要加强供给管理，而是要减少政府对高等教育的行政干预，逐步消除政府在相关领域的行政垄断和过度干预，充分发挥市场在资源配置中的作用和功能。[2] 政府和高校的地位与角色、权力与责任始终是高等教育供给侧结构性改革的重点，政府既是高等教育的投资者和举办者，也是高等教育的管理者和评价者，政府角色的多重模糊性，使高校在自身长期的办学过程中成为政府的"附庸"与"木偶"：办学自主权不足；现代大学制度尚未有效运行；高等教育的治理结构、发展机制尚需健全；第三方评估制度、基础性服务支持系统有待完善；高校更多地将关注点集中于硬件建设的"高大上"，而对市场人才需求规格的变化应对不力。

（三）关键是"重大问题的解决"

结构性改革包含两层含义：首先，它指向的是"结构"，结构功能主义认为，社会是具有一定结构或组织化手段的系统，社会的各组成部分以有序的方式相互关联，并对社会整体发挥着必要的功能。这里需要改变的是高等教育发展过程中存在的重大结构问题和体制缺陷，如高考制度的改革、现代大学制度的建立、依法治教等，高等教育既要通过制度创新来解决关键问题，又要通过加强规制、简政放权等来修正和弥补体制缺陷。其次，它指向的是"改革"，这里的改革不是对原有制度体制的彻底颠覆，而是对现有制度及运行机制的升级优化，如高等教育专业目录调整、高等教育学校分类管理、部分高校应用型转型等，是一个完善制度、提升结构整体效能的过程。

（四）方向是"供需两端的协调共振"

供给侧结构性改革不是宏观调控方向的变化，更不是彻底放弃凯恩斯主义学派主导下的需求管理。近年来，国家全面深化教育改革，在高校教育综合改革，推进管办评分离提高教育治理水平，推动高等教育布局结构优化和地方高校转型发展，鼓励社会力量兴办教育等方面都采取了多项措施，可以说已经在高等教育供给侧结构性改革中先行了一步。然而，高等教育的需求侧管理正在逐步弱化，"三驾马车"的拉动功能正在减弱。虽然市场经济条件下高等教育面临着市场的考验，但由于高等教育生产活动带有一定的滞后性，政府的调控干预依然是必要的，供给侧结构性改革离不开需求侧管理，应该把供给侧的政策与需求侧的政策相结合，两端共同发力，推进结构性改革。

三、高等教育供给侧结构性改革的方向与路径

教育结构是社会结构的重要组成部分，高等教育是社会人才培养、科学研究、社会服务和文化传承的核心地带，尤其伴随着我国高等教育整体特征从外延式规模、数量的发展转向为内涵式结构、质量、效益和创新的发展，当前高等教育结构与产业结构的不协调、社会人才的"供需失衡"等结构性矛盾日益凸显，高等教育供给侧结构性改革势在必行。

（一）规格供给结构："多层次+众规格+新模式+异要求"

马克思在《剩余价值理论》中指出，"教育会生产劳动能力"，教育在劳动

力再生产和社会再生产中具有特殊的作用。教育作为"准公共产品",教育服务质量的高低通过教育的产品"劳动力"即人接受教育后变化的劳动能力得以体现。一个人接受的教育越多,他的劳动能力越强,创造的社会财富越多,社会价值也越高。[3] 近年来,产业结构的转型升级加速了劳动力的流动,改变了已有的人才结构和就业结构,传统的"一个层次、一种模式、一批规格、一样要求"的人才培养理念已经严重滞后于经济社会的发展需要。高等教育应加强规格供给侧的结构性改革,形成"多层次、众规格、新模式、异要求"的人才培养规格体系:要打破"职业教育低人一等""应用转型就是降格"等错误观念,提倡正确的办学观念,即不同层次、不同类型的学校只要能适应市场需求、培养出高质量的劳动力就是一流的;既要重视研究型、创新型、基础型人才培养,也要重点扩大应用型、复合型、技能型人才培养,同时还要加强职业教育与普通教育,职业教育专科、本科与研究生层次的"混搭"与"衔接";要不拘一格、大胆创新,既要有高精尖的"卓越人才培养",也要有普通一线工作者的输出,要拉近学业与职业、学位与岗位的距离;要避免"一个模子"的批量生产,应提供给学生更多根据自己兴趣、爱好和能力选择的教育类型、层次和形式的机会,构建立体式、多样化的规格培养结构。

(二)专业供给结构:对应行业+适应产业+有机嵌入+开放动态

近年来,高等教育快速发展,其在取得显著成绩的同时,面对经济社会的产业结构调整,也出现了两种值得高度重视的倾向。一是"结构性浪费",即高校在扩大办学规模的过程中,追求办学层次高大上,增列博士点、硕士点,学院升大学,专科升本科,追求专业数量的大而全,并从短期办学效益出发,增设大量文科类、理论类、基础类学科专业,专业设置"大同小异",培养目标"小异大同",导致人才供给低端重复,造成了严重的资源浪费。二是"结构性缺失",即高校的专业设置,尤其是新专业的开设,缺失充分的市场调控,专业设置滞后于国家和地区经济发展需求,不能适应新兴产业和行业的人才需要。[4] 高等教育专业供给侧结构性改革就是要建立"对应行业、适应产业、有机嵌入、开放动态"的专业结构体系:要注重优化现有学科专业结构,服务国家重大发展战略,根据区域产业结构的调整变化,围绕区域优势主导产业、战略性新兴产业、现代服务业等合理设置新办专业;要对接产业标准和行业要求,推动现有专业的升级改造和转型发展,提高专业核心竞争力及人才培养的岗位适应性;要打通专业壁垒,适当大类培养,推进专业嵌入,体现跨界融合,培养一专多能的复合型人才;要切实推进专业预警与退出机制,引入"独立第三方"毕业生就业质量评价,利用市场引导有效制约;要试点真正自主设置专业,缩小市场配置与专业供给的"时间差",以快速适应地区产业与技术的实际需要。

(三) 课程供给结构:"系统+平衡+共享+特色"

课程目标是专业人才培养目标的具体细化与分解,课程结构是实现课程目标的重要载体,是课程活动顺利开展的依据。课程结构是整个课程体系中各部分的配合与组织、协调与整合、比例与搭配,体现了一定的课程理念和课程设置的核心价值取向。当前高校课程体系中存在"多必修、少选修,重课内,轻课外,厚理论,薄实践,强专业,弱素养"等不平衡问题,高等教育课程体系结构改革的总目标应当是"系统、平衡、共享、特色"。高等教育各课程模块设置应该有秩序、有联系,要构建"综合素养、职业品格、专业知识、行业能力、创新发展"五位一体的课程结构体系。其中,综合素养关注道德品质、人文科学素养和社会责任感;职业品格关注职业意识、敬业精神和职业素养;专业知识关注系统理论、核心课程和岗位基础;行业能力关注生产实际、技术更新和工作流程;创新发展关注创新意识、创业能力和实践活动。高等教育课程应促进受教育者的全面发展,达到普通科目与职业科目、必修课程与选修课程、学科课程与活动课程、理论课程与实践课程的平衡,并且强调各课程结构的组成部分形成合力,从不同方面为实现培养目标服务。课程平衡是一个动态的概念,高校的课程结构应随着社会政治、经济、文化的发展进行有序的调整与修正,既要顺应"互联网+"的发展趋势,充分借助现代信息技术,有效利用各类优质课程资源平台,加快数字化课程体系建设,同时又要紧密结合区域经济、文化发展需要的优势与趋势,构建服务地方发展需要的课程结构体系。

(四) 教学供给结构:"知识建构+平等对话+学习求知+动态生成"

教学方法是提高教学质量的重要因素,政府和高校也一直对此高度重视并进行了大量尝试,《国家中长期教育改革和发展规划纲要 (2010—2020 年)》《高等教育专题规划》《教育部关于全面提高高等教育质量的若干意见》等中央文件都把深化教学方法改革列入提高高等教育质量的重要内容,但是综观当前的教学改革现状依旧不容乐观。教学方法改革的阻力来自管理、教师和学生,面对高等教育的大众化发展,我们的学生正在发生着变化,正如马丁·特罗所言,一些"进入高等教育阶段的学生,其文化水平、共享知识和读写能力都在降低,这就使我们的教师要面对具有多样性倾向与多样性学术潜能的新型学生所构成的挑战"。[5] 高等教育教学供给侧结构性改革的目标就是要转向"知识建构、平等对话、学习求知和动态生成":要改变"知识灌输式"教学,充分调动学生的积极性,采用启发式、探究式等方法帮助和引导学生主动建构知识体系;[6] 要转变

"教师独白式"教学,将教学作为一种师生沟通和合作的过程,采用对话式、讨论式、交互式等方法,将课堂教学转变为学生的主阵地,使课堂教学由教学场所转变为学习场所;要改进"知识传递式"教学,创设情境,并充分利用现代信息技术,让学生学会学习与研究,尤其是在学生创新创业能力训练中,要通过"虚拟仿真、项目驱动、专题研究"等方法提高实训效果;要改变"预设式"教学,突出教学的动态生成,关注现场的互动与变化,因时因境而变。

(五)师资供给结构:"双证+双职+双能+双创"

在高等教育对接产业转型升级、适应行业发展需要的过程中,加强教师队伍建设、优化教师队伍结构一直成为各行各业关注的重点。《教育部关于全面提高高等教育质量的若干意见》和《国务院关于加强教师队伍建设的意见》都明确提出,要建立教师学习培训制度,依托相关高等学校和大中型企业,共建"双师型"教师培养培训体系。随着《教育部 发展改革委 财政部关于引导部分地方普通本科高校向应用型转变的指导意见》的出台,职业教育的"双师型"队伍建设逐步扩大到更多应用型转型高校或转型专业集群。高等教育师资供给侧结构性改革就是要培养培训一批具有"双证、双职、双能、双创"的合格师资队伍:要通过职前学习获得学历证书和教师资格证书,通过"入岗训练、试岗锻炼、胜岗历练"等获得培训合格证书和职业资格证书;[7] 要加强教师评价与聘任制度改革,推进教师分类管理和岗位分级,畅通学术型职称和实践型职称的评聘管理;要完善专兼职教师人事政策,探索实施"双岗双职",即教师可以成为企业的培训师,驾驭学校、企业"两个讲台",同时企业技术人员可以在校内承担教学任务,参与人才培养方案修订、课程建设等工作;要加强教师教学能力和实践能力训练,通过在职进修和基地工程实践的"能上能下",使教师做到"能文能武";要提升教师以应用为驱动的创新创业能力,将先进技术转移、创新和转化应用作为科研评价的主要方面。

四、高等教育供给侧结构性改革的再思考

高等教育供给侧结构性改革是一项系统工程,涉及高等教育教学改革的很多方面,既有高校内部课程、专业、教学、师资等方面的改革,也有高等教育体系外部的问题,涉及高等教育管理体制、经费投入等,推进高等教育供给侧结构性改革,外部的保障机制也必不可少。

（一）推进高等教育管理体制现代化

建设现代大学制度已经被国家确立为教育体制改革的一项战略任务，在国务院发布的《关于开展国家教育体制改革试点的通知》和《国家中长期教育改革和发展规划纲要（2010—2020 年）》中都有明确指向。现代大学制度的核心是在国家的宏观调控政策指导下，大学面向社会，依法自主办学，实行科学管理，规范和理顺大学与政府、大学与社会的关系，大学内部治理结构的完善和改革。第一，规范政府权责。要转变政府职能，减少对高校的行政干预，处理好"管大学"与"办大学"的关系。要转变观念，充分尊重高校的办学自主权，确立大学自治的观念，推进"政校分开、管办分离"，将政府的管理模式从统治逐步转为治理，明确治理目标是服务而不是控制。[8] 第二，坚持依法治教。要从法律上、制度上确认和保障大学是面向社会依法自主办学的法人实体，高校在不受其他组织和个人非法干预和阻碍下，依法行使教育决策、组织教育活动和进行资源配置等权利。要继续加大和完善教育立法，以保证高等教育行政体制改革的法治化与民主化。第三，政府应在市场竞争中适当干预。在高等教育供给侧结构性改革中，市场成为决定高校办学成败的关键因素，处理好政府、市场和高校的关系成为我国高等教育管理体制改革的重要内容，一味地"去行政化"意味着"不作为"，在无序与自发的市场竞争中，政府的适当调控干预非常必要。

（二）完善高等教育经费投入模式

高等教育的经费投入作为传统需求侧管理的重要措施在我国高等教育发展史上起到了积极的促进作用。根据经费的性质和投入方式，高等教育经费分为竞争性经费和非竞争性经费，非竞争性经费主要满足高校的生存，竞争性经费主要满足大学的发展。[9] 我国高等教育非竞争性经费投入主要存在总量不足和主体单一等问题，在竞争性经费投入中存在分配机制不合理、投资效益不高等问题，高校身份的不平等，导致高等教育质量的"良莠不齐"。第一，要建立以改府为主导、多渠道投入的管理体制。当前的高等教育供给侧结构性改革不是要单纯地增加政府投入，而是要拓宽办学经费来源，建立多元化经费投入体系，完善高等教育成本分担机制，建立合理的政府转移支付制度，促进高等教育的均衡发展。第二，要培育多元化办学主体。多元化的经费投入必然带来多元化的办学主体，截至 2015 年，高等教育中的民办教育占比达到 17%。[10] 非国有教育形式的加入，有利于促进教育市场竞争，创新人才培养模式，提高教育服务质量。第三，要更加关注效益产出。在当前的高等教育投入体系中，对经费投入的关注多，对效益产出的关注少，缺少有效的经费绩效评价，导致本就有限的经费使用率不高，因此应建立有效的教育成本核算机制，调整经费支出结构，完善投资绩效考评体系，合理确定竞争性经费和非竞争性经费的财政分配比例，提高投入与产出效益。

（三）全面实施创新驱动发展战略

要推进高等教育供给侧结构性改革，创新发展是必由之路。党的十八大报告提出要"创新驱动发展战略"，2015 年，我国掀起了"大众创业、万众创新"的热潮，创新已成为新时期我国经济社会发展的主题。《中共中央关于制定国民经济和社会发展第十三个五年规划的建议》明确提出，实现"十三五"时期发展目标，破解发展难题，厚植发展优势，必须牢固树立创新、协调、绿色、开放、共享的新发展理念。创新驱动发展战略是落实创新发展理念的具体行动，是一个立足全局、面向全球、聚焦关键、带动整体的国家战略。[11] 第一，体制机制创新。要推动政府职能从行政管理向创新服务转变，构建良好的创新生态。第二，管理制度创新。要以建立现代大学制度为目标，优化管理体制结构，提高管理效益。第三，理念思想创新。要转变传统教育理念，树立现代发展理念，以"办好人民满意的教育"为宗旨。第四，模式方法创新。要探索实践多样化人才培养模式，优化人才培养方案，深化课程教学改革，提高人才培养质量。要全面贯彻落实《国务院办公厅关于深化高等学校创新创业教育改革的实施意见》，加强大学生创新创业教育，以创新带动创业，以创业倒逼创新，提高人力资本素质，促进学生全面发展。第五，文化开放创新。要加强高校创新创业文化建设。要坚持全球视野，全方位推进开放创新，统筹国内国外两种资源，全面提升国际教育合作水平。

参考文献

［1］李奕.教育改革，"供给侧"是关键［N］.人民日报，2016-01-14（1）.

［2］王小广.供给侧结构性改革：本质内涵、理论源流和时代使命［J］.中共贵州省委党校学报，2016（2）：82-87.

［3］张有声.从供给侧改革本科专业人才培养思路［J］.中国高等教育，2016（1）：37-41.

［4］刘洪一.供给侧改革：高职教育如何入手［N］.光明日报，2016-1-26（15）.

［5］马丁·特罗，濮岚澜.从大众高等教育到普及高等教育［J］.北京大学

教育评论，2003（4）：5-16.

　　［6］姚利民，段文彧.高校教学方法改革［J］.中国大学教学，2013（8）：60-64.

　　［7］吕景泉，马雁，杨延等.职业教育：供给侧结构性改革［J］.中国职业技术教育，2016（9）：15-19.

　　［8］李海鹏.新时期发达国家高等教育管理体制改革特点及启示［J］.国家教育行政学院学报，2012（9）：91-95.

　　［9］王建华.竞争性与非竞争性——政府部门高教经费投入的一个分析框架［J］.中国地质大学学报（社会科学版），2010，10（1）：13-19.

　　［10］张力."十三五"时期教育改革发展宏观政策方向解读［J］.中国高等教育，2016（1）：4-8.

　　［11］刘延东.深入实施创新驱动发展战略［N］.人民日报，2015-11-11（6）.

省域"双一流"建设中的"本科人才培养":策略与反思[*]

【内容摘要】 建设世界一流大学和一流学科是国家做出的重大战略决策,而一流的本科人才培养是"双一流"建设的基本特征和题中之义。提高本科人才培养质量是回归大学本位、推进高校纵深改革和持续发展的出发点。本文通过系统比较22个省(市)的"双一流"建设方案(意见),提出省域推进"一流本科人才培养"应注重高效力政策设计的承创兼存、高水平学科专业的统筹推进、高质量科研教学的相辅相成和高层次师资队伍的有效匹配,探索创建一流本科教育多样化实践路径,持续提升人才培养质量。

【关键词】 省域;"双一流"建设;本科人才培养;策略

建设一流的本科教育,要以"本科立人、本科立校",本科人才培养质量是衡量高校办学水平的根本标准,是"双一流"建设的重要基础。2015年10月,国务院印发了《统筹推进世界一流大学和一流学科建设总体方案》(以下简称《总体方案》),明确提出要"坚持立德树人,突出人才培养的核心地位"。2016年6月发布的《教育部关于中央部门所属高校深化教育教学改革的指导意见》强调,要"在统筹推进一流大学和一流学科建设进程中,建设一流本科教育,全面提高教学水平和人才培养质量"。2016年12月,在全国高校思想政治工作会议上,习近平总书记指出:"高校立身之本在于立德树人。只有培养出一流人才的高校,才能够成为世界一流大学。办好我国高校,办出世界一流大学,必须牢牢抓住全面提高人才培养能力这个核心点,并以此来带动高校其他工作。"近年来,各地方政府也相继出台了省域"双一流"建设方案(意见)(以下简称《省域方案》),成为推进区域高等教育改革发展的顶层设计。本文将对《总体方案》出台以后的《省域方案》进行梳理和分析,重点考察涉及"本科人才培养"的具体目标、主要任务和推进措施等,反思如何在"双一流"建设进程中

---

* 本文原刊于《国家教育行政学院学报》2018年第2期,有修改。

创建"一流本科教育"。

一、一流本科人才培养:"双一流"
建设的题中之意

(一) 一流本科人才培养是一流大学建设的基点

加强高质量的人才培养和高水平的科学研究,为国家经济建设和社会发展提供强有力的人力资源支撑和智力支持,是高等教育和高等学校的重要使命。本科人才培养是高等教育的重要基础,是高等教育的主体组成部分。本科人才培养随大学的形成而产生,随着大学的发展而不断分化。综观世界一流大学,"本科乃大学之本"在学界已经达成共识,因此出现了本科教育是"大学的灵魂"的生动说法。从《失去灵魂的卓越:哈佛是如何忘记教育宗旨的》到《回归大学之道:对美国大学本科教育的反思与展望》,从《美国大学教育:现状、经验、问题与对策》到《重建本科教育——美国研究型大学发展蓝图》,世界一流大学着力重建以学生为中心的大学本科教育,持续深入推进本科教学改革的脚步从未停歇。近年来,我国启动了"基础学科拔尖学生培养试验计划",一批高水平大学进行了多样化人才培养的探索与尝试,并取得了初步成果。本科人才的培养质量彰显了一所大学的人才培养水平和办学特色,一流本科教育是一流大学的立校之本,是高等教育发展的基石。

(二) 一流本科人才培养是一流学科建设的支点

学科作为知识体系的科目和分支,与专业的区别在于它是偏指知识体系的,而专业偏指社会职业的领域。因此,一个专业可能要求多和学科的综合,而一个学科可以在不同专业领域中应用,学科建设与专业建设是相互支撑、相互促进的统一体。世界各国关于世界一流学科的标准尚未形成统一认识。英国的泰晤士高等教育世界大学排名,从教师与学生的角度设立了 5 个指标,分不同学科赋予了相应权重,比例范围为 30%~37.5%。世界大学学术排名以反映教育质量的获诺贝尔奖、菲尔兹奖和图灵奖的校友的折合数作为评价指标,体现了对高校创新人才培养的重视程度。可见,本科人才培养质量已经成为一流学科评价指标体系的重要组成部分,并且所占比重越来越高。一流的本科专业建设和人才培养可以为学科的发展提供优质的人力资源，并促进学科的分化与融合，促进学科构架的优化。教育部陈宝生部长提出"双一流"建设要实现"四个回归"，如要回归教育的"教书育人"的基本功能，要回归教育工作者"培养人才"的初心，最终目标是要提升我国高等教育综合实力和国际竞争力。

（三）一流本科人才培养是一流社会声誉的亮点

"双一流"建设的质量如何关键体现在自身的办学实力和水平上，其核心是人才培养质量、科学研究水平、社会服务能力、社会声誉等方面。综观世界高等教育发展史，虽然大学的功能随着时代要求的变化而有所拓展，但是其核心功能——人才培养却始终没变。大学之所以具有长久的生命力，就是因为社会永远需要人才的繁衍。[1] 世界一流大学之所以声誉日隆，是因为它们培养了众多推动社会进步的优秀人才。本科人才作为高校人才培养的重心，无论是在数量上还是在专业覆盖面上都占有绝对优势，本科毕业生服务于经济建设的各个领域，对母校的社会声誉产生着直接影响。社会公众在评价高校时，首先关注其毕业生的社会满意度和贡献力，所以一流本科教育是提升大学的声誉载体。当前，各大学纷纷建立健全校友档案，加强跟踪联系，杰出校友已经成为学校的隐性资源和无形口碑。蜚声海内外的西南联合大学，虽然，仅存在八年时间，但在 8000 多名毕业生中，产生了 2 位诺贝尔奖得主、174 位两院院士和 100 多位人文学者，正是这些优秀的人才让这所学校抒写了一个时代的传奇，提高了社会声誉。

二、一流本科人才培养：目标与行动

2014 年 11 月至 2017 年 9 月，全国 31 个省份（不含港澳台地区）先后出台了《省域方案》，从出台时间来看，上海、广州、浙江、广西等省份早于《总体方案》。从名称来看，《省域方案》基本以"一流大学、高水平大学、一流学科"等为关键词，但是也有个别省份使用"综合改革方案"（天津、山东、广西）、"高教强省方案"（黑龙江），其中部分涉及"双一流"的建设内容。为了便于对比分析，本文选取《总体方案》出台后各省（市）区出台的与《总体方案》高度一致的 22 个《省域方案》为例，对其中的"本科人才培养"相关内容进行对比。

（一）培养目标

《总体方案》明确提出，要"培养拔尖创新人才，坚持立德树人，突出人才培养的核心地位，着力培养具有历史使命感和社会责任心，富有创新精神和实践能力的各类创新型、应用型、复合型优秀人才"。在《总体方案》的指导下，大部分《省域方案》中的人才培养目标基本与《总体方案》一致，但是在具体表述上有所差异。河南[2]、安徽[3]、福建[4] 都将"培养自觉践行社会主义核心价值观"的要求纳入培养目标；在具体素质要求方面，除《总体方案》中提出的几个方面以外，河南将"国家使命"列入培养目标，[2] 湖北将"法制意识"列入培养目标，[5] 辽宁将"国际视野"列入培养目标；[6] 在培养规格方面，2015 年，教育部、国家发展改革委、财政部联合出台的《关于引导部分地方普通本科高校向应用型转变的指导意见》指出，"部分高校应转到培养应用型技术技能型人才上来"，所以各省区虽大部分将人才培养目标定位于"拔尖创新人才"，但安徽增加了"技术技能型人才"，[3] 湖南增加了"芙蓉工匠"技术技能人才，[7] 辽宁增加了"技能型人才"，[6] 内蒙古增加了"少数民族优秀人才"。[8] 可见，各地在人才培养的规格定位上呈现出以下三种特征：有区别，即因人而异，因校而异，因地而异；有层次，即一流的人才培养一方面是高端的拔尖创新人才培养，另一方面是一流的技术技能人才培养；有指向，即致力于引导不同类型高校根据自身实际和区域经济社会发展需要确立符合学校未来发展的人才培养定位。

（二）建设任务

从《省域方案》的体例结构来看，基本没有统一样式，除湖北[5] 和内蒙古[8] 两个与《总体方案》的框架高度一致外，其他省份都在《总体方案》的框架下进行了调整和充实，河南[2]、福建[4]、甘肃[9]、江西[10]、青海[11] 的《省域方案》都直接将遴选条件、建设方式、考核要求、部分一流大学和学科的入选名单列入方案。海南[12]、江苏[13] 和重庆[14] 增加了"重点项目"部分，对建设内容和措施进行了具体规划和说明。现有各地方《省域方案》都将"培养一流人才"纳入重点建设任务，同时围绕人才培养着重提出四个方面的建设任务。

1. 加强高校创新创业教育

对于高校的创新创业教育，自 2015 年《国务院办公厅关于深化高等学校创新创业教育改革的实施意见》印发以来，在"双一流"建设方案中，无论是《总体方案》还是《省域方案》都延续了《国务院办公厅关于深化高等学校创新创业教育改革的实施意见》对高校创新创业教育的改革要求和实施办法，都提出要"引导高校构建面向全体学生、贯穿人才培养全过程的创新创业教育体系"。安徽[3]、湖南[7]、江苏[13] 提出要"构建具有本省特色的创新创业政策环境和教育体系"，安徽提出要"组建全省万名优秀创新创业导师人才库"。[3] 按照《总体方案》的要求，河北[15]、内蒙古[8] 提出要"合理提高高等学校毕业生创业比例，引导高等学校毕业生积极投身大众创业、万众创新"。高校创业教育的师资是影响创业教育实效的关键因素，总体来看，当前的师资结构不尽合理，教师自身的创新意识和创新能力不足，创新实践欠缺，成为当前高校创业教育的"软肋"，贵州提出"要着力培养教师创新意识、创业精神和创业能力"。[16] 当前，创新驱动发展已上升为国家战略，提升高校创新能力，培养创新型人才成为各国抢占未来发展先机的战略选择。一流的本科人才培养必须深化创新创业教育改革，为国家创新驱动发展提供人才支撑。

2. 深化课程教学模式改革

作为人才培养重要依托的课程和教学一直是提高人才培养质量的关键所在，虽然在《总体方案》中没有提及，但是在很多《省域方案》中都有所体现。安徽[3]、湖南[7]、陕西[17] 提出，要"完善校校合作、校企协同、产教科融合等培养模式"。河北[15]、陕西[17]、重庆[14]、江苏[13]、宁夏[18] 提出，要"改革传统的教育教学模式，推进本科人才培养方案、课程体系、教学内容、教学方法、考核方式改革，构建个性化、多元化教育相结合的人才培养体系"，其中江苏[13]和宁夏[18] 特别提出要"坚持通识教育与专业教育相结合"。安徽[3]、宁夏[18]提出要"支持基于互联网技术与应用的大规模在线开放课程教育教学平台建设，探索网络开放教学与课堂教学相结合的信息化教学模式，完善高等教育学分认定体系，推进课程互选、学分互认"。"双一流"建设不是"少数人的游戏"，应坚持"一个都不能少"，即应该给予不同层次的高校不同的机遇和挑战，让不同类型的高校"百花齐放"。在本文分析的 22 个《省域方案》中，有 15 个省份采取分层推进的策略，引导不同层次的高校争创一流，但是只有辽宁[6] 对不同类型的高校如研究型、研究应用型和应用型高校的人才培养和教学改革提出了指导性建议，以引导各高校明确任务使命。信息化和国际互联网的发展已经成为一流本科教育最强劲的变革动力源，从"十二五"时期的精品开放课程建设到"十三五"时期的在线开放课程建设，推动课程建设与应用共享，促进信息技术与教育教学深度融合，成为高等学校教育教学改革的重点。

3. 完善培养质量保障体系

在当代高等教育发展中，质量保障无疑起着至关重要的作用。提高教育的质量既要求建立各种质量保障体系和多种评价模式，同时更需要形成一种质量文化。我国一直非常重视教学质量保障体系的建立，特别是 2012 年以来，建立了包括常态监控、自我评估、院校评估、专业认证以及国际评估"五位一体"的评估制度。《总体方案》提出，要"将学生成长成才作为出发点和落脚点，建立导向正确、科学有效、简明清晰的评价体系，激励学生刻苦学习、健康成长"。

河北[15]、内蒙古[8]、青海[11]、甘肃[9] 都强调要"建立健全政府主导、学校主体、社会广泛参与的人才培养质量评价保障体系，形成对高等学校教师和学生的正向激励机制"。湖南提出，要"建立健全与一流人才培养目标相适应的教学质量标准体系"。[7] 安徽提出，要"形成开放的高等教育第三方评价体系，建立健全管理部门和学校对评价意见的反馈机制"。[3] 目前，新建本科院校的合格评估，普通本科高校的审核评估、师范专业认证、工程教育专业认证、第三方评估等各类评价方案的实施，都对本科人才培养质量的提升起到了有效的保障作用。

4. 推进国际化人才培养

《国家教育事业发展"十三五"规划》也提出，要"实施共建'一带一路'教育行动，积极倡议共建'一带一路'国家和地区构建教育共同体，开展教育互联互通、人才培养培训、丝路合作机制建设等方面重点合作"。《总体方案》提出，要"加强与世界一流大学和学术机构的实质性合作，将国外优质教育资源有效融合到教学科研全过程，开展高水平人才联合培养和科学联合攻关"。延续国家关于推进教育国际化的意见要求，各地方的《省域方案》基本将"国际化人才培养"纳入建设任务或改革任务。贵州利用"中国—东盟教育交流周"平台，[16] 安徽利用"长江经济带"，[3] 福建依托"自贸试验区"，[4] 重庆依托"自主创新示范区"，[14] 积极推进国际化人才培养和教育合作交流。综观高等教育的国际格局，随着世界多极化、经济全球化的深入发展，各类资源的跨国流动与开放包容已经成为必然趋势，越来越多的国家已经意识到必须在全球的视角下审视高等教育改革发展，高等教育国际化已经上升为国家发展战略。

（三）实施策略

《总体方案》的主要内容可以分为"总体要求、建设任务、改革任务和支持措施"四个部分，但是各地方《省域方案》没有固定的文本架构，其在文本表述时出现了"改革任务""重点任务""主要任务""主要举措"等标题，本文通过对具体文本进行比对分析发现，各地方《省域方案》主要采取项目化运作方式。

1. 实施一流本科专业建设项目

一流本科专业是一流人才培养的基本载体，大学专业是依据社会的专业化分工确定的，具有明确的培养目标，专业定义中有两个关键概念：社会需求与学科基础，一方面根据社会对专业人才的需要设置相关专业学科，另一方面依托相关学科来组织课程体系实施教学过程。在"双一流"建设中，各省份将一流专业建设纳入建设范围，江苏启动了"品牌专业建设工程"，[13] 重点建立富有弹性、充满活力的人才培养机制，江西[10]、陕西[17]、重庆[14]、福建[4]、安徽[3] 启动了"一流专业建设专项",吉林启动了"高水平专业建设专项",[19] 这些省份试图通过调整优化专业结构,发展建设一批交叉复合、跨界融合的新兴专业,培育发展一批与区域经济结构调整和产业升级匹配度高的主体专业和特色专业。黑龙江实施了"专业结构调整计划",[20] 围绕十大重点产业建设十大专业集群,设置了一批服务重点发展领域的本专科专业。各省份在实施一流本科专业建设项目的过程中,要健全和完善并切实推进专业准入、调整和退出机制,重视专业内涵的调整和更新,统筹考虑专业设置的系统性、前瞻性与实用性,推进学科与专业一体化建设。

2. 实施人才培养质量提升计划

《总体方案》在改革任务中提出:"加快推进人才培养模式改革,推进科教协同育人,完善高水平科研支撑拔尖创新人才培养机制。"各地方《省域方案》基本都有所提及,但多为点到为止,只有少数省份在方案中比较具体地提出了如何推进人才培养模式创新。福建实施了"人才培养质量提升计划(项目)",[4] 为建设一流本科教育,对接国家"深化教改工程",优先建设一批国家级教学改革项目。黑龙江实施了"人才培养模式改革计划"和"重点产业紧缺人才培养计划",[20] 努力推进两个转变:在人才结构上实现由培养学科学术型人才为主向培养应用技术型人才转变;在人才培养上实现学术性专业人才教育向职业性专业人才教育转变。重庆实施了"教育质量提升工程",[14] 以引导各高校明确目标任务,全面对接经济社会发展对人才的多样化需求,构建多领域、多类型、多层次的人才培养体系。各省份实施人才培养质量提升计划的过程中,要明确学术型、应用型或技术型几种不同的人才目标定位,从知识、能力、素质结构和社会需求的角度研究和细化人才培养规格。

3. 实施战略发展联盟行动

《总体方案》在改革任务中还提出:"加快完善与行业企业密切合作的模式,推进与科研院所、社会团体等资源共享,形成协调合作的有效机制。"各地方《省域方案》也都将"加快建立健全政府、社会、企业、科研院所等多主体支持、参与、监督人才培养的长效协同机制"写入改革措施。贵州提出:"鼓励省内高校之间、省内高校与省外高校之间建立多形式、多领域的发展战略联盟,共享优质科研教学资源。"[16] 江西提出:"深化工学结合、产教融合、产学研联动等协同式培养模式改革。"[10] 湖南提出:"构建鼓励社会广泛参与的有效机制,完善学校、学科与行业企业、科研院所密切合作的模式。"[7] 宁夏提出:"建立校企联盟,完善与行业、企业密切合作的模式,推进资源共享、联合攻关、协同育人。"[18] 黑龙江实施了:"产教融合创新创业推进计划",以建立协同育人平台。[20] 各省份在实施战略发展联盟行动的过程中,要切实明确合作各方的责权名利，真正发挥各利益相关者的有效功能，避免合作的"剃头挑子一头热"现象。

三、一流本科人才培养：反思与推进

无论是"双一流"《总体方案》还是《省域方案》，它们的重点都在于引导建设，目标都在于提升本科人才培养质量，本质都是深化高等教育综合改革的重要组成部分，所以地方政府应该对现有实施策略的整体设计、关键环节等方面进行思考，以提高方案的指导性和有效性。

（一）高效力政策设计须承创兼存

近年来，国家针对本科人才培养和教学改革相继出台了一系列指导性文件和实施方案。2015 年 5 月，国务院印发了《国务院办公厅关于深化高等学校创新创业教育改革的实施意见》，10 月，教育部、国家发展改革委、财政部联合出台了《关于引导部分地方普通本科高校向应用型转变的指导意见》，10 月，国务院印发了《统筹推进世界一流大学和一流学科建设总体方案》。2016 年 6 月，教育部出台了《教育部关于中央部门所属高校深化教育教学改革的指导意见》。2017 年 1 月，国务院印发了《国家教育事业发展"十三五"规划》，同月，教育部、财政部、国家发展改革委联合印发了《统筹推进世界一流大学和一流学科建设实施办法（暂行）》。不同的文件重点指向不同，具体任务不同，实施策略不同。"双一流"是对以往高等教育改革实践经验的继承与创新，而现有的各地方《省域方案》基本主要对接《总体方案》，甚至是对《总体方案》的复制或移植，对其他高等教育教学改革的指导性文件的延续和创新相对不足，这也导致了"一个方案落实一个文件，就做一件事情"。省域文件的复杂多样导致具体实施这些政策的高校产生了对政策把握不准和疲于应付等问题。因此．国家层面出台的政策要"统筹制定"，避免"政出多门"导致不必要的"溢出效应"，[21] 要注重文件内容的彼此呼应和协调一致，特别是要注重重点工作的延续与表述的一致。各省域"一流本科人才培养"的政策设计应注重与国家顶层相关政策和省域相关推进文件的前后衔接和统筹实施，制定相应的配套政策，避免政策落实过程中的孤立性、盲目性和悬浮性，避免各政策之间在实施中产生"矛盾性"。

（二）高水平学科专业须统筹推进

高校的学科建设与专业建设是被关注最多、研究最多、讨论最多的两个问题，很多时候两者容易混合使用而很难被分开。但在高校中，学科建设一般由研究生处负责，主要面对研究生层面，培养创新高层次人才；专业建设一般从教学出发，主要面对本、专科学生，主要属于教务处的业务范围。这种人为的隔离，也造成了高校在"双一流"建设中的统筹不够。《总体方案》在其文件名中就明确提出要"统筹推进"，在本文比对的 22 个《省域方案》名称中，只有 6 个提出"统筹推进"，8 个将"一流本科专业"列入其中。可见，在"双一流"的建设进程中，专业建设并未被放在优先地位。目前，学术界和高校管理领域基本形成了共识，即学科是科学学的概念，它既是指一个知识体系，又是指一种学术制度。专业是社会学的概念，其意思是专门学业或专门职业。[22] 学科建设是专业建设的基础，一流的学科孕育出一流的专业，学科发展的核心是知识的生产与创新，推进课程的完善和课程内容的更新，以此来带动专业建设，进而提高人才培养质量。专业建设的核心是解决"培养什么样的人"和"怎样培养人"的问题，其关键也在于课程内容和教学方法的改革与创新，这与学科建设存在内在的一致性，因此在"双一流"建设中，要统筹推进学科和专业的一体化发展。在推进"双一流"建设的过程中，也要加强"一流课程"和"一流教学"的建设，设计科学合理的课程体系，将学科研究的最新成果融入本科教学，打造一批优质共享的高水平课程，并依托学科资源条件，创建一批"示范课堂"，提高课堂教学"最后一公里"的质量和效力。

（三）高质量科研教学须相辅相成

人才培养、科学研究、社会服务、文化传承和国际交流是新时期高校的基本职能，其中的人才培养和科学研究作为一对矛盾的博弈问题一直没有得到解决。高校长期以来形成的以统一、量化为特征的科技评价机制，对调动科技人员的积极性和创造性发挥了重要作用，但是面对全面提高质量和创新驱动发展的时代要求，科技评价中的问题日益显现。2013 年 11 月，《教育部关于深化高等学校科技评价改革的意见》明确提出："注重科技创新质量和实际贡献，重点突出围绕科学前沿和现实需求催生重大成果产出的导向，推进科教结合提升人才培养质量的导向，支撑高质量创新人才培养的能力。"无论是《总体方案》还是《省域方案》都高度重视"科学研究"：一方面，以国家重大需求为导向，努力提升高水平科学研究能力；另一方面，不断推动重大科学创新、关键技术突破转变为先进生产力，增强高校创新资源对经济社会发展的驱动力。但是遗憾的是，在《省域方案》中，"以科研促进创新型人才培养""以科研促进教育教学发展"等内容表述几乎没有。在"双一流"建设进程中，各地区除了要注重重大成果的研发和科技转化，也要通过评价体制的改革与创新、相关政策的规范与引导，实施

"科研促进教学计划""科研驱动创新计划"等，打通教学管理与科研管理之间的壁垒，统一考核教学任务和科研任务，推进高质量科研与教学的相辅相成，提升高校创新型人才培养质量。

（四）高层次师资队伍须有效匹配

教师是人才培养的关键，是提高教育教学质量的关键，没有一流的教师就不可能有一流的人才培养，提高高等教育质量的决定因素是教师。《国家中长期教育改革和发展规划纲要（2010—2020 年）》提出："提高教师专业水平和教学能力，培养教育教学骨干、'双师型'教师，造就一批教学名师和学科领军人才。"《总体方案》建设任务中的第一条就是"建设一流师资队伍"，加快培养和引进一批活跃在国际学术前沿、满足国家重大战略需求的一流科学家、学科领军人物和创新团队，聚集世界优秀人才。各地方《省域方案》也都将"高水平师资队伍建设"作为"双一流"建设的重点任务，包括引进和培养一批"高层次人才"，造就一批"杰出人才"，发展一批"青年人才"。但是，提升教师的教育教学能力、打造一批高层次的教学名师等方面的内容却很少看到。只有贵州提出要"形成以教学能力水平为导向的教师评价机制"，[16] 重庆提出要"实施青年拔尖人才、教学名师培养计划，夯实人才培养和科研创新的人力资源基础"。[14] 所以，各地方省级政府在推进"双一流"建设中应制定科学的师资队伍建设规划，在打造高端"科研团队"的同时实施教师教学能力提升计划，加强"双师型"教师队伍的培养与培训，改革教师晋升机制，避免"论文至上"的偏重倾向，建立有利于激励教师从事本科教学的保障制度，提升教学学术水平，提升"乐于从教、善于从教"类型教师的学术地位，完善高层次人才为本科生授课制度，努力造就一支师德高尚、业务精湛、潜心教学的高素质教师队伍。

参考文献

[1] 秦绍德.人才培养：衡量大学办学质量的核心标准 [N]. 中国教育报，2009-03-16（4）.

[2] 河南省教育厅 河南省财政厅关于印发河南省优势特色学科建设工程实施方案的通知 [EB/OL]. [2016-03-03]. https：//ghc. henu. edu. cn/info/1016/1062/. htm.

[3] 安徽省人民政府关于印发一流学科专业与高水平大学建设五年行动计划的通知 [EB/OL]. [2016-12-28]. https：//fgc. aust. edu. cn/2017sylxk. pdf.

[4] 福建省人民政府关于建设一流大学和一流学科的实施意见 [EB/OL].

[2017-03-06]. https：//zfgb. fujian. gov. cn/8202.

　　[5] 湖北省人民政府关于推进一流大学和一流学科建设的实施意见[EB/OL]. [2016-12-28]. https：//fzgh. nchu. edu. cn/fzgh/content_10908.

　　[6] 辽宁省人民政府关于印发辽宁省统筹推进世界一流大学和一流学科建设实施方案的通知 [EB/OL]. [2017-01-03]. https：//www. luibe. edu. cn/kyc/kydt/10820. htm.

　　[7] 湖南省人民政府关于印发《湖南省全面推进一流大学与一流学科建设实施方案》的通知 [EB/OL]. [2017-02-10]. https：//xkc. hnfhu. edu. cn/info/1147/1226. htm.

　　[8] 内蒙古自治区人民政府办公厅关于印发自治区统筹推进国内和世界一流大学一流学科建设总体方案的通知 [EB/OL]. [2016-05-16]. https：//www. nmg. gov. cn/zwgk/zfgb/2016n_4794/201612/201605/t20160516. 308125. html.

　　[9] 甘肃省人民政府关于印发《统筹推进高水平大学和一流学科建设实施方案》的通知 [EB/OL]. [2016-07-28]. https：//mzjy. gnun. edu. cn/info/1124/8471. htm.

　　[10] 江西省人民政府关于印发江西省有特色高水平大学和一流学科专业建设实施方案的通知 [EB/OL]. [2017-05-19]. https：//kyc. ncnu. edu. cn/news-show-210. html.

　　[11] 青海省人民政府办公厅关于加快推进一流学科建设的指导意见[EB/OL]. [2020-06-20]. https：//www. doc88. com/p-49716919444066. html.

　　[12] 海南省人民政府关于印发海南省统筹推进高水平大学和一流学科建设实施方案的通知 [EB/OL]. [2017-01-23]. https：//www. hainmc. edu. cn/kjc/info/1056/1118. htm.

　　[13] 省政府关于印发江苏高水平大学建设方案的通知 [EB/OL]. [2016-06-15]. https：//www. jiangsu. gov. cn/art/2016/6/15/art_46143_2543172. html.

　　[14] 重庆市人民政府关于加快高校特色发展推进一流大学和一流学科建设的实施意见 [EB/OL]. [2017-09-04]. https：//www. cswu. cn/kjc/2017/0904/c1159a26244/page. PSP.

　　[15] 河北省人民政府关于统筹推进一流大学和一流学科建设的意见[EB/OL]. [2018-08-14]. https：//www. yit. edu. cn/jsfzzx/76952/.

　　[16] 贵州省教育厅关于推进区域内一流大学和一流学科建设的实施意见[EB/OL]. [2016-04-29]. https：//www. git. edu. cn/fzgh/info/1019/1804. htm.

　　[17] 中共陕西省委办公厅、陕西省人民政府办公厅印发《关于建设"一流大学、一流学科、一流学院、一流专业"的实施意见》的通知 [EB/OL].

［2016－12－05］. https：//www. xihang. com. cn/dwxcb/2015/1205/c590a38793/page. htm.

［18］自治区人民政府办公厅关于印发宁夏回族自治区西部一流大学和一流学科建设方案的通知［EB/OL］. ［2016－12－27］. https：//www. nx. gov. cn/zwgk/tzgg/201811/Pd20181126349662594795. pdf.

［19］吉林省政府关于印发吉林省统筹推进高水平大学和高水平学科专业建设实施方案的通知［EB/OL］. ［2017－08－16］. http：//www. lc123. net/laws/2017－08－16/313477. html.

［20］黑龙江省人民政府关于印发黑龙江省高等教育强省建设规划（二期）的通知［EB/OL］. ［2017－07－23］. https：//www. waizi. org. cn/policy/22327. html.

［21］褚照锋. 地方政府推进一流大学与一流学科建设的策略与反思——基于24个地区"双一流"政策文本的分析［J］. 中国高教研究，2017（8）：50－55＋67.

［22］周光礼. "双一流"建设中的学术突破——论大学学科、专业、课程一体化建设［J］. 教育研究，2016，37（5）：72－76.

新中国成立 70 年本科教学
改革的回顾与展望[*]
——基于政策分析的视角

【内容摘要】本文通过对 38 个本科教学改革指导性政策的文本进行分析，梳理了新中国成立 70 年来我国本科教学改革的历史：以院校改造调整为主的奠基期、以恢复教学秩序为主的重建期、以教育体制改革为主的起步期、以教学内容改革为主的推进期、以提升教学质量为主的深化期、以追求教学卓越为主的提升期。本文通过分析发现，新中国成立 70 年来我国本科教学改革呈现出本科教学两个地位更加牢固、专业建设层次逐渐分明、课程教学体系逐步融合、人才培养机制趋于协同、教学质量建设更加自觉等发展特征。未来，我国本科教学改革将进一步推进基于学习者为中心的本科课程教学改革、基于深度融合的课程教材教法数字一体化建设、基于大数据技术的教学质量评价与监控体系建设、基于新时代新思想新成果的教材体系建设，有效提升人才培养能力。

【关键词】新中国成立 70 年；本科教学改革；回顾；展望

从历史、现实和未来看，人才培养都是大学的本质职能，随着我国经济体制的完善和经济结构的战略性调整，全社会对高等教育人才培养的质量提出了新的更高的要求。本科教育是大学的根和本，是高等教育体系中具有战略地位的教育、纲举目张的教育。2018 年 6 月 21 日，新时代全国高等学校本科教育工作会议是改革开放 40 年来教育部首次召开的专门研究部署本科教育的会议，本科教育被放在了前所未有的战略高度，会议明确提出"高教大计、本科为本，本科不牢、地动山摇"，150 所高校联合发出了《一流本科教育宣言（成都宣言）》，做出了"培养一流人才、建设一流本科教育"的承诺。大学教学改革是大学教学发展的最主要的途径。[1] 教学改革是旨在促进教育进步，提高教学质量而进行的教学内容、方法、制度等方面的改革，本科教学是本科教育的主体和基础，本

---

* 本文原刊于《河北师范大学学报（教育科学版）》2019 年第 2 期，有修改。

科教学改革的成效是提高整个高等教育质量的重点和关键。从 1949 年新中国成立至 2019 年，我国高等教育教学改革与发展之路走过了整整 70 年。本文运用文本分析法，从教育部网站公开的各类本科教学政策文件中筛选出 38 个指导本科教学改革的重要政策进行了分析，梳理了本科教学改革的演进历程，展现了本科教学改革的发展特征，并展望了本科教学改革的未来趋势，以推进我国本科教学和人才培养质量的提升。

一、我国本科教学改革的演进历程

新中国成立以来，党中央、国务院高度重视本科教育，做出了一系列深化高等教育教学改革发展的重大决定，出台了一系列高等教育教学改革的指导性政策文件，有效地推动了本科教学改革的有序发展和创新超越。本文以高等教育教学改革发展的重大指导性政策文件为节点，以各个阶段内主要工作内容及性质为依据，将我国本科教学改革的演进历程分为奠基期、重建期、起步期、推进期、深化期和提升期六个阶段。

1. 以院校改造调整为主的本科教学改革奠基期（1949~1977 年）

1949 年 12 月，新中国成立后第一次全国教育工作会议在北京召开，会议确立了关于"教育改造"的方针："以老解放区新教育经验为基础，吸收旧教育有用经验，借助苏联经验，建设新民主主义教育。" 1950 年 8 月，教育部发布了《高等学校暂行规程》，规定高等学校的宗旨是以理论与实际一致的教育方法，培养具有高级文化水平、掌握现代科学和技术、全心全意为人民服务的高级建设人才。1958 年 9 月，《中共中央、国务院关于教育工作的指示》出台，提出了"在一切学校中，必须进行马克思列宁主义的政治教育和思想教育"等 6 项改进教育工作的任务。1961 年 9 月，中共中央印发了《中华人民共和国教育部直属高等学校暂行工作条例（草案）》（以下简称"高教 60 条"），回顾了新中国成立 12 年来我国高等教育发展变化、存在的缺点及需要着重解决的问题，明确提出"高等学校必须以教学为主，努力提高教学质量"。纵观新中国成立 30 年来的高等教育发展，虽然在一段时间受到了严重的冲击，但整体看来，这一时段所进行的院校调整、高等教育管理模式的改革、办学规模的扩大都为我国高等教育全面探索未来发展之路奠定了必要基础。

2. 以恢复教学秩序为主的本科教学改革重建期（1978~1984 年）

1978 年 4 月 22 日至 5 月 16 日，全国教育工作会议在北京隆重开幕，邓小平同志发表了重要讲话，他在"关于教育事业必须和国民经济发展的要求相适应的问题"中提出，"要研究发展什么样的高等学校，怎样调整专业设置，安排基础理论课程和进行教材改革"。1978 年 10 月，教育部出台了《全国重点高等学校暂行工作条例（试行草案）》，这个草案是在 1961 年印发试行的"高教 60 条"的基础上修改而成的，该条例规定，"高等学校的专业设置应根据国家的需要、科学的发展和学校的条件来决定，各专业课程由基础课、专业基础课和专业课组成"。这个文件可以认为是我国改革开放以来实施的首个关于本科教学课程体系与结构的指导性文件。1978 年 12 月，党的十一届三中全会隆重召开。1983 年 4 月，国务院批转了教育部、国家计委《关于加速发展高等教育的报告》，提出"要在扩大高等教育规模的过程中，根据国家四化建设的需要，调整改革高等教育内部结构，要分层次规定不同的质量要求，同时抓紧重点学校和重点专业的建设"。随着全国工作重心转移，教育事业在新形势下如何发展，被提到了党中央的议事日程之上。在解放思想、实事求是、一切从实际出发的路线方针政策的指导下，高等教育发展进入全面重建阶段，面对百废俱兴的局面，尽快恢复教学秩序成为当时高等教育发展的重心。

3. 以教育体制改革为主的本科教学改革起步期（1985~1992 年）

党的十一届三中全会以后，党中央对教育工作做出了一系列新的论断和决策，我国教育事业得到了恢复，开始走上蓬勃发展的道路。1985 年 5 月，党中央、国务院召开了第一次全国教育工作会议，中心议题是《中共中央关于教育体制改革的决定》（以下简称《决定》），并研究贯彻执行的步骤和措施。《决定》成为当时教学改革的重要指导性文件，其中涉及人才培养的多个方面，文件提出，"要扩大高等学校的办学自主权，高等学校有权调整专业的服务方向，制订教学计划和教学大纲，编写和选用教材"。同时，针对"苏联模式"存在的弊端，文件提出"要积极进行教学改革的各种试验，精简和更新教学内容，增加实践环节，减少必修课，增加选修课，实行学分制和双学位制等"。1986 年 3 月，国务院发布了《高等教育管理职责暂行规定》（以下简称《规定》），文件指出，"高等学校要根据党和国家的教育方针政策及修业年限、培养规格，可以按社会需要调整专业服务方向，制订教学计划（培养方案）、教学大纲，选用教材，进行教学内容和方法的改革"。1988 年 4 月，国家教委出台了《关于加强普通高等学校本科教育工作的意见》，提出了加强普通高等学校本科教学工作的 10 条措施，并确立了每四年一次的普通高等学校国家级教学成果奖励制度。随着外部环境的变化，社会对教育所培养的人才的规格要求也随之改变，这也就倒逼本科教学进行相应的改革。我国将本科教学改革逐步纳入国家的教育发展政策中，并赋予高校教学改革更多的自主权，有效地激发了高校开展教学改革的积极性和主动性。

4. 以教学内容改革为主的本科教学改革推进期（1993~2000 年）

1992 年，中共十四大明确提出了建立社会主义市场经济体制的方针，我国改革开放和现代化建设进入新阶段。这一时期一系列政策的出台和实施推动了我国高等教育教学改革的步伐。1993 年 2 月，国家教委、国务院学位委员会联合印发了《关于进一步深化普通高等学校教学改革的意见》，这是改革开放以来国家首次在政策文件名称中直接体现"教学改革"字样，文中分别从"加大力度深化教学内容、方法和手段的改革，拓宽专业口径，改进专业管理办法"等九个方面对深化高校本科教学改革提出了要求。1993 年 2 月 13 日，中共中央、国务院印发的《中国教育改革和发展纲要》明确提出："要认真贯彻教育方针，深入进行教学改革，合理调整系科和专业设置，优化课程结构，改革课程内容和教学方法，加强教材建设，注重素质和能力的培养，增强学生对社会需要的适应性。"为落实上述文件精神，1994 年 6 月，国家教委印发了《关于加强普通高等学校教学工作的意见》，明确提出："提高教育质量的根本途径在于深化教学改革。要抓住由于经济体制改革、社会发展、科学技术进步等因素而为教学改革带来的空前的历史性机遇，及时把教学改革推向新的水平。"1994 年和 1997 年国家教委分别实施了《高等教育面向 21 世纪教学内容和课程体系改革计划》。在高等教育的诸多改革中，教学改革是核心，教学内容和课程体系改革是教学改革的重点和难点，是深层次的教学改革。1998 年，国家教委印发了《关于深化教学改革，培养适应 21 世纪需要的高质量人才的意见》，在"加强思想政治和文化素质教育、深化教学内容和课程体系改革"等十个方面为当时高等学校教学改革确立了基本思路。自此之后，国家教委又陆续出台了《关于进一步加强"国家基础科学人才培养基地"和"国家基础课程教学基地"建设的若干意见》《关于加强大学生文化素质教育的若干意见》《关于普通高等学校修订本科专业教学计划的原则意见》等一系列指导性文件。1999 年，国务院批转了教育部《面向 21 世纪教育振兴行动计划》，要求"积极推进高等学校的教学改革，改革教育思想、观念、内容和方法"。2000 年 1 月，教育部实施了"新世纪高等教育教学改革工程"，从"高等学校本科教育教学改革与实践"等六个方面深化了高等教育教学改革。

5. 以提升教学质量为主的本科教学改革深化期（2001~2011 年）

为落实《面向 21 世纪教育振兴行动计划》，1999 年我国高校开始大规模扩招，在发展经济、拉动内需、提升教育规模的同时带来了高等教育资源短缺和教育质量下滑等问题，引起了社会各界的广泛关注，由此高等教育进入以提高质量为重心的发展阶段，同时教育部出台了一系列保证教学质量、提升教学质量的政策文件和实施方案。2001 年 8 月，教育部出台了《关于加强高等学校本科教学工作提高教学质量的若干意见》，文件提出，"教师要注重教学研究，重视教学内容和方法的改革，并通过教改研究不断提高自己的学术水平和业务水平"。2004 年 3 月，《国务院批转教育部 2003—2007 年教育振兴行动计划的通知》发布，开始实施"高等学校教学质量与教学改革工程"。2004 年 12 月，第二次全国普通高等学校本科教学工作会议召开，会议全面总结了 1998 年第一次教学工作会议以来高等学校教学工作取得的成就和经验，围绕"大力加强教学工作，切实提高教学质量"的主题，提出了加大教学投入、强化教学管理、深化教学改革的政策和措施。在此基础上，2005 年 1 月，教育部出台了《关于进一步加强高等学校本科教学工作的若干意见》，提出要"深化教学改革，优化人才培养过程，要继续推进课程体系、教学内容、教学方法和手段的改革，构建新的课程结构，加大选修课程开设比例，积极推进弹性学习制度建设"。2007 年 1 月，教育部、财政部联合出台了《关于实施高等学校本科教学质量与教学改革工程的意见》（以下简称"质量工程"），确立了"专业结构调整与专业认证、课程、教材建设与资源共享"等六个方面的建设内容。同时，教育部下发了《关于进一步深化本科教学改革全面提高教学质量的若干意见》，提出要"深化教育教学改革，全面加强大学生素质和能力培养"。进入"十二五"时期以来，为了进一步深化本科教育教学改革，提高本科教育教学质量，2011 年 7 月，教育部、财政部继续实施了"高等学校本科教学质量与教学改革工程"（以下简称"本科教学工程"），确立了"质量标准建设、专业综合改革"等五个方面的建设内容。2011 年 10 月，教育部出台了《关于"十二五"普通高等教育本科教材建设的若干意见》，鼓励编写及时反映人才培养模式和教学改革最新趋势的教材，促进教材建设与人才培养相结合，教材建设与专业建设、课程建设、教学方式方法改革等相结合。

6. 以追求教学卓越为主的本科教学改革提升期（2012~2019 年）

质量提升是高等教育永恒的主题，为落实《国家中长期教育改革和发展规划纲要（2010—2020 年）》，从 2012 年 3 月教育部出台的《关于全面提高高等教育质量的若干意见》（以下简称"高教 30 条"）到 2018 年教育部出台的《关于加快建设高水平本科教育全面提高人才培养能力的意见》（以下简称"新时代高教 40 条"），我国本科教学改革在保证质量的基础上更加追求卓越，教学改革的层次和目标更高，坚持"以本为本"，致力于打造"一流本科、一流专业、一流人才"。2012 年 3 月，教育部印发了《高等教育专题规划》，确立了"提高人才培养质量"等 11 项主要任务和实施"高等教育人才培养质量提高计划"等 5 个重大项目。同时，"高教 30 条"还提出要"巩固本科教学基础地位，完善国家、地方、高校三级本科教学工程体系，发挥建设项目在推进教学改革、加强教学建设、提高教学质量上的引领、示范、辐射作用"。2012 年 9 月，为贯彻落实教育规划纲要提出的要适应国家和区域经济社会发展需要，不断优化学科专业结构的要求，教育部印发了《普通高等学校本科专业目录（2012 年）》和《普通高等学校本科专业设置管理规定》。2013 年 2 月，教育部、国家发展改革委、财政部联合印发了《中西部高等教育振兴计划（2012—2020 年）》，提出要"发挥国家和省两级教改项目的引领示范作用，引导中西部地方高校深化教育教学改革、加强教学基本建设、提高人才培养质量"。2013 年 12 月，教育部启动了"普通高等学校本科教学工作审核评估"。2015 年 5 月，国务院办公厅印发了《国务院办公厅关于深化高等学校创新创业教育改革的实施意见》，提出的改革目标是到2020 年建立健全课堂教学、自主学习、结合实践、指导帮扶、文化引领融为一体的高校创新创业教育体系。2015 年 10 月，国务院印发了《统筹推进世界一流大学和一流学科建设总体方案》，要求"坚持立德树人，突出人才培养的核心地位，着力培养具有历史使命感和社会责任心，富有创新精神和实践能力的各类创新型、应用型、复合型优秀人才"。2016 年 6 月，教育部出台了《教育部关于中央部门所属高校深化教育教学改革的指导意见》，提出要在统筹推进一流大学和一流学科建设的进程中，建设一流本科教育。2018 年 2 月，教育部出台了《普通高等学校本科专业类教学质量国家标准》，突出了"学生中心、产出导向和持续改进"三个方面的内容。2018 年 6 月，全国本科教育工作会议的召开更是将本科教育提到了国家战略的层面，提出"人才培养是本，本科教育是根"，会议之后国家出台了"新时代高教 40 条"，提出了"围绕激发学生学习兴趣和潜能、深化教学改革"等十个方面的指导性意见，成为当时做好高校人才培养工作的重要"施工图"。2018 年 8 月，教育部、财政部、国家发展改革委联合印发了《关于高等学校加快"双一流"建设的指导意见》，明确提出高校要深化教育教学改革，形成高水平人才培养体系，提高人才培养质量。2019 年 1 月 18 日，全国教育工作会议提出，要加强德育、美育和劳动教育，从薄弱处着手落实立德树人根本任务。

二、我国本科教学改革的发展特征

本文通过回顾新中国成立 70 年来的本科教学改革发展历程发现，虽然不同发展阶段有不同的工作重点，但总体成效是显著的，有力推进了人才培养质量的提升和高等教育的内涵式发展，具体表现在：本科教学的基础地位更加牢固，教学改革的内容更加丰富，专业建设的层次更加分明，课程教学体系逐步融合，人才培养机制趋于协同，教学质量建设更加自觉。

1. 从"培养水平"到"培养能力"：本科教学两个地位更加牢固

一直以来，党中央、国务院对高校人才培养和教育教学质量都高度重视，人才培养的中心地位和本科教学的基础地位得到不断巩固并日益增强，高等教育教学改革得到全面深化。早在 1961 年 9 月的"高教 60 条"中就明确规定，"高等学校必须以教学为主"。1985 年的《中共中央关于教育体制改革的决定》提出，"改革教学内容、教学方法、教学制度，提高教学质量，是一项十分重要而迫切的任务"。1994 年的《关于加强普通高等学校教学工作的意见》提出，"必须进一步强调教学工作作为高等学校经常性中心工作的重要地位"。1998 年的《关于深化教学改革，培养适应 21 世纪需要的高质量人才的意见》提出，要"真正做到把人才培养放在首要地位，把教学工作作为经常性的中心工作"。同年，《中华人民共和国高等教育法》以法律的形式规定了"高等学校应当以培养人才为中心"。2001～2011 年，本科教学的两个地位更加牢固，几乎所有关于高等教育的指导性文件中都明确规定了"高等学校的根本任务是培养人才，教学工作始终是学校的中心工作"。2012 年"高教 30 条"提出，要"牢固确立人才培养的中心地位"，2016 年的《教育部关于中央部门所属高校深化教育教学改革的指导意见》和 2018 年的"新时代高教 40 条"进一步明确提出，要确立"人才培养中心地位和本科教学基础地位"。人才培养是学校的中心工作，一直以来，高等教育教学改革的政策文件都始终将"提高人才培养水平和提高人才培养质量"作为教育工作的总体目标。2016 年，习近平总书记在"全国高校思想政治工作会议"的讲话中指出："办好我国高校，办出世界一流大学，必须牢牢抓住全面提高人才培养能力这个核心点，并以此来带动高校其他工作。"对于个体而言，能力是完成一项目标或者任务所体现出来的综合素质，高校人才培养能力是高校实现"立德树人"根本任务的重要保障，直接影响培养效率和培养质量。人才培养目标从"培养水平"到"培养能力"的转变体现了从"致力于实施结果的提升"到"注重培养过程的质量"的转变。

2. 从"结构调整"到"标准认证"：本科专业建设层次逐渐分明

专业建设是本科教学改革的重要内容，也是本科人才培养的重要单元。新中国成立 70 年来，我国本科专业建设机制逐步健全，专业建设标准逐渐完善，我国通过专业目录的调整优化专业结构，通过专业认证的开展规范专业建设，专业核心竞争力明显提升。1983 年，《关于加速发展高等教育的报告》提出，要"调整改革高等教育内部结构，增加专科和短线专业的比重，抓紧重点专业的建设"。1985 年，《中共中央关于教育体制改革的决定》提出，"要扩大高等学校的办学自主权，高等学校有权调整专业的服务方向"。1993 年，《中国教育改革和发展纲要》提出，"要合理调整系科和专业设置，拓宽专业面"。1998 年，教育部对 1993 年本科专业目录进行了全面修订，改变了过去过分强调"专业对口"的本科教育观念，确立了知识、能力、素质全面发展的人才观，与原目录比较，增加了管理学门类，调整了二级门类，专业种数由 504 种减少至 249 种，调减幅度为 50.6%，之后又出台了《普通高等学校本科专业设置规定》。《国家中长期教育改革和发展规划纲要（2010—2012 年）》提出，"要更新人才培养观念，树立多样化人才观念，不拘一格培养人才"。2010 年，为了顺应 21 世纪对高校多类型、人才培养多规格的需要，教育部启动了本科专业目录的修订工作，并于 2012 年印发了新版普通高等学校本科专业目录，专业门类由修订前的 73 个增加到 92 个，专业种数由修订前的 635 种调减到 506 种。2012 年的"高教 30 条"提出，要"落实和扩大高校学科专业设置自主权，优化学科专业结构，开展本科和高职高专专业综合改革试点"。2018 年，教育部出台了《普通高等学校本科专业类教学质量国家标准》（以下简称《国标》），《国标》既有"底线"又有"目标"，既对各专业门类提出了教学基本要求，同时又对提升质量提出了前瞻性要求。高等教育教学改革应当依据《国标》，做好"兜住底线、保障合格、追求卓越"三级专业认证工作。当前，我国本科教学改革中的专业建设既有"一流本科"的卓越追求，也有基本底线的合格标准，专业建设的层级更加分明，专业发展的目标更加精准。

3. 从"纸上宣讲"到"线上共享"：本科教学课程体系逐步融合

课程是高等教育的心脏，是人才培养和教学工作的基本依据，也是影响乃至决定教育教学质量的关键要素。课程建设是学校基本的教学建设，本文通过回顾新中国成立 70 年来的本科课程体系建设，发现随着信息技术和教育现代化手段的广泛应用，本科教学课程体系正在从传统媒介的"纸上宣讲"向现代媒介的"线上共享"转变，课程资源更丰富，课程内容更充实，课程形式更多样，课程实施更有效。1994 年，教育部印发的《关于加强普通高等学校教学工作的意见》提出，"有计划地建设优秀（一类）课程是推动课程建设的一种有效形式，在建设过程中要注重实际效果，力戒形式主义"。2000 年，教育部启动了"新世纪高等教育教学改革工程"，提出要"开发风格多样、内容丰富、全国大部分地区可以共享的网上教育资源，主要包括网络课程建设等"。2003 年，《教育部关于启动高等学校教学质量与教学改革工程精品课程建设工作的通知》和《教育部办公厅关于印发〈国家精品课程建设工作实施办法〉的通知》相继发布，评选出了首批国家精品课程 151 门，并提出要以信息化为龙头带动教育现代化，共享优质教学资源。2003~2010 年，国家共评选出国家级精品课程 3910 门。2011 年，教育部出台了《教育部关于国家精品开放课程建设的实施意见》，将传统精品课程升级为"国家开放课程"，包括精品视频公开课与精品资源共享课，并提出要以普及共享优质课程资源为目的，利用现代信息技术手段，加强优质教育资源开发和普及共享。2012年，教育部印发了《精品资源共享课建设工作实施办法》，截至2016年共分八批建设了国家视频公开课992门，共分四批立项建设了2911门"国家级精品资源共享课"。2015年，《教育部关于加强高等学校在线开放课程建设应用与管理的意见》出台，2017年，490门课程被认定为首批"国家精品在线开放课程"。从传统课程到网络课程，从精品课程到精品开放课程，再到在线开放课程，现代信息技术正在推动大学教学的"变轨超车"：从形式的改变转变为方法的变革，从技术辅助手段转变为交织交融，从简单结合的物理变化转变为深度融合的化学反应。大学教学改革正在努力将线上线下教育深度融合的理念转变为现实的行动。

4. 从"实践教学"到"实践育人"：本科人才培养机制趋于协同

实践教学一直以来就是高校本科教学改革的关键环节，是巩固理论知识的有效途径，是培养具有创新意识的高素质工程技术人员的重要环节，是理论联系实际、帮助学生掌握科学方法和提高动手能力的重要平台。本文通过回顾新中国成立70年来我国本科教学改革的政策文件发现，1961年"高教60条"就提出："教学中必须正确贯彻理论联系实际的原则，要通过生产劳动，以及实验、实习、社会调查、社会活动等，使学生获得必要的直接知识和实际锻炼。"1985年《中共中央关于教育体制改革的决定》再次强调要"增加实践环节"。1998年《关于深化教学改革，培养适应21世纪需要的高质量人才的意见》提出，"要树立理论联系实际、强化实践教学的思想"。2005年教育部出台的《关于进一步加强高等学校本科教学工作的若干意见》将"加强实践教学，注重学生创新精神和实践能力的培养"单独列为重要内容。2007年和2011年教育部"质量工程"和"本科教学工程"为强化实践教学改革，启动了"国家级实验教学示范中心和大学生校外实践基地"建设项目。2012年，教育部等多部门出台了《关于进一步加强高校实践育人工作的若干意见》，提出实践教学、军事训练、社会实践活动是实践育人的主要形式。实践教学是实践育人的重点，实践育人是实践教学的拓展与延伸。实践育人的内涵更加多样，内容更加丰富，意义更加重大，不仅包括学生实践技能和创新能力的培养，也包括社会主义核心价值观和党的教育方针的贯穿与落实。在工作格局上，实践育人是一项系统工程，需要各地区各部门协同共力，所以要打破高校"独角戏"的培养现状，积极促进形成实践育人合作机制。2012年"高教30条"提出，要"强化实践育人环节，制定加强高校实践育人工作的办法"。2016年，为了进一步推进实践育人工作取得实效，《教育部关于中央部门所属高校深化教育教学改革的指导意见》再次强调，要"完善协同育人机制，推进人才培养与社会需求间的协同，与实务部门、科研院所、相关行业部门共同推进全流程协同育人"。2018 年"新时代高教 40 条"提出，要"加强实践育人平台建设，推进校企协同、科教协同、国际合作等多种育人新模式，完善协同育人机制"。

5. 从"质量监控"到"质量文化"：本科教学质量建设更加自觉

教学质量监控是本科教学改革效果的保障，是在教学质量评价的基础上，通过一定的组织机构，按照一定的程序，对影响教学质量的诸要素和教学过程的各个环节，进行积极认真的规划、检查、评价、反馈和调节，以达到学校教学质量目标的过程。高等教育教学质量监控系统的构建主要是基于一套可视化、可操作、可测量的行动程序，通过规范的步骤和程序化、技术化的操作，实现对评价指标体系、标准的判定，这就是现代质量管理的优势所在。当然，过度的"技术至上"就会导致质量建设中的"人"的工具化。从质量监控走向质量文化，就是要回归教学中的人文本性。在质量时代，只有从质量保障的文化视角出发，才能培育出既合目的又合规律的高质量人才，高等教育质量管理和保障体制也才能取得成功。[2] 1993 年《关于进一步深化普通高等学校教学改革的意见》要求各级政府和社会对高等教学质量进行检查监督。2001 年和 2005 年教育部出台的关于加强本科教学工作的一系列文件都将"建立健全教学质量监测和保证体系"作为重要内容。2007 年和 2011 年教育部"质量工程"和"本科教学工程"都将"教学评估与教学状态基本数据公布"列入建设项目。2011 年，教育部发布了《关于普通高等学校本科教学评估工作的意见》，提出要强化高等学校质量保障的主体意识，完善校内自我评估制度，建立健全校内质量保障体系。2012 年"高教 30 条"提出，要"加强高校自我评估，健全校内质量保障体系，完善本科教学基本状态数据库，建立本科教学质量年度报告发布制度"。2013 年，教育部启动了"普通高等学校本科教学审核评估工作"，进一步强化人才培养的中心地位，强化质量保障体系建设。2018 年"新时代高教 40 条"将"加强大学质量文化"写入文件，包括完善质量评价保障体系，强化高校质量保障主体意识，强化质量督导评估，发挥专家组织和社会机构在质量评价中的作用四个方面的建设内容。从质量保障向质量文化的转变，更加强调质量本身的目的性、质量参与主体的自觉性，强调改变传统的"技术化倾向"，充分唤醒高校参与本科教学改革的每一位师生的质量意识，激发其内在质量动力，赋予其应有的质量责任和质量义务。这种文化内化于心，外化于行，成为高校师生积极投身本科教学改革的精神动力。

三、我国本科教学改革的趋势展望

大学本科教学改革是一项系统工程，因为教学过程涉及的因素众多，需要协同推进，综合改革。[3] 教学改革过程只能是一个全面综合、整体的变化过程。[4] 新中国成立以来，尤其是改革开放以来，深化教学改革、提升教育教学质量一直是我国高等教育发展的主旋律，尤其是进入 21 世纪以来，随着高等教育大众化的快速推进，本科教学改革的紧迫性和重要性日益突出，已经引起了各级教育行政主管部门和社会各界的广泛关注。教学改革要取得实效不可能一蹴而就，也并非单纯地靠一系列文件就能实现，在未来的本科教学改革进程中应进一步从多个方面深入推进、形成合力，通过教学改革引领教师成长、提升教学质量。

1. 推进基于学习者为中心的本科课程教学改革

一流本科教育的目标只能通过高质量的教师教学和学生学习来实现。[5] 传统的教育教学"以教材为中心、以教师为中心、以教室为中心"，我们称之为"教师中心模式"，学习者处于从属和服从的地位。教育之要在于人的成长、人格的完善、人性的提高，这里的"人"是指教育教学活动中的学习者。以"学生为中心"是一种有别于传统教学的新理念，是指以学生的学习和发展为中心。[6] 以"学习者为中心"是与"以教师为中心"相对应的，是对传统教育教学改革的反思与修正，是现代人本主义的理性回归，其更加注重新时期大学生学习方式变化需求的满足，更加强调学生在学习过程中的积极作用和主体参与，更加强调注重学生创造性、自主性的激发，更加强调服务于学生的能力提高和全面发展。本科教学改革的核心是学习者，以"学习者"为中心是本科教学改革的逻辑起点与终点。教育部相关负责人在 2017 年全国教育工作会议上提出，要完善"以学习者为中心"的个性化、多样化学习模式。2017 年，教育部印发了《普通高等学校师范类专业认证实施办法（暂行）》，明确指出，要突出"学生中心，强调遵循学生成长成才规律，以学生为中心配置教育资源、组织课程和实施教学"。2018 年，教育部发布的《普通高等学校本科专业类教学质量国家标准》，将"突出学生中心"列为研制过程中需要把握的三大基本原则之首。[7] 2018 年"新时代高教 40 条"也明确提出，要坚持学生中心，全面发展的基本原则，以促进学生全面发展为中心，既注重"教得好"，更注重"学得好"，激发学生学习兴趣和潜能。可见，以学习者为中心的理念已经成为未来本科教学改革的核心。以学习者为中心主要包括以学生发展为中心、以学生学习为中心、以学习效果为中心。[8] 教学有法，教无定法，以学习者为中心的本科教学改革就是要实现从注重"教"的改革向注重"学"的改革的转变，更加关注学生的个体差异和多样化学习发展需要，推进启发式、合作式、探究式教学方法的改革，推进任务驱动式、问题导向式等教学模式的创新，推进基于大数据技术、现代信息技术和产业技术标准的教学手段的革新，推进集道德养成、人格塑造和能力提升于一体的课程体系的优化，推进基于过程考核、综合评价、产出导向的教学评价体系的完善，推进独立思考、自主探究、相互合作的教学环境的创设。

2. 推进基于深度融合的课程教材教法数字一体化建设

进入 21 世纪以来，以信息技术发展为牵引的新科技革命给社会发展和人民生活带来了重大影响和深刻变革，同样给高等教育的发展带来了前所未有的机遇和挑战。课程是教学核心竞争力的表现形式，[9] 本文通过回顾我国的课程信息化建设历程发现，从 2000 年的网络课程到 2003 年的精品课程，从 2011 年的开放课程到 2015 年的在线开放课程，我国本科教学课程的信息化建设深入开展并建成了数以万计的各类国家级课程，对推进课程教学方式方法的革新，满足学生的个性化、多样化学习需求等起到了非常重要的作用。但是，从课程的建设完成到真正能够在教育教学和人才培养过程中发挥实效，这当中还存在一段距离，只有实现课程与教学、课程与教材、课程与教法的深度融合，才能最大程度地发挥信息技术的现代效益。《教育部办公厅关于开展 2018 年国家精品在线开放课程认定工作的通知》提出，要"注重以学生为中心建立教与学新型关系，构建体现信息技术与教育教学深度融合的课程结构和教学组织模式"。2018 年"新时代高教40 条"再次强调指出："推进现代信息技术与教育教学深度融合，推动形成'互联网+高等教育'新形态，以现代信息技术推动高等教育质量提升的'变轨超车'。"未来的本科教学改革在以下几个方面着重发力：要转变观念，不断提升广大教师将信息技术与人才培养深度融合的意识、水平和能力；要完善在线开放课程管理、激励和评价机制，在教师的职务考评、教学工作量计算等方面出台相关政策，激发教师利用现代信息技术更新教学内容、改革教学方法的自觉性；要加快推进课程教材教法数字一体化建设，加强对各类在线课程应用效果的评定与推广，改变传统重"立项建设"轻"应用管理"的弊端，将最终实际效果作为评定课程建设水平的关键依据；要建设高质量多样化课程以及符合现代信息技术和学习者学习特性的新形态教材，积极发展电子教材、多媒体教材等；要逐渐模糊课程与教材之间的界限，促使"课程型"教材更好地服务学生"学"的过程；[10] 要进一步丰富课程学习载体，充分利用各种移动终端，打破时空限制，实现随时随地的课程学习与互动，有效激发学生科学思维、学习潜能。

3. 推进基于大数据技术的教学质量评价与监控体系建设

新一轮信息技术革命与人类的经济社会生活的交织融合，引发了数据爆炸式的增长，大数据的概念随之产生。[11] 2012年7月，联合国在纽约发布了一份关于大数据政务的白皮书（*Big Date for Development：Challenges and Opportunities*），将技术创新和数字设备的普及所带来的变革称为"数据的产业革命"。全球大数据技术和产业日趋活跃和快速发展，各国政府也逐渐认识到大数据在促进经济社会发展、改善民生服务等方面的积极意义。2015年，我国发布了《促进大数据发展行动纲要》，推动大数据发展和应用。2016年5月，国务院印发了《国家创新驱动发展战略纲要》，将"发展新一代信息网络技术，增强经济社会发展的信息化基础"作为重要战略任务。对于高等教育而言，借助大数据的支持构建本科教学质量评价与监控体系既是未来本科教学改革的必然趋势，也是提升人才培养质量的当务之急。运用大数据理念及其技术，使教学质量评价与监控环节从封闭走向开放，从静态走向动态，形成数字化管理与监控模式，充分利用和挖掘数据价值，有助于更加准确地把握教学质量现状、预测教学质量走势，实现对教学全过程和多层级的评价与监控的目标，以期对教学质量进行精准"画像"。2016年，我国建立了高等教育质量监测国家数据平台。2018年"新时代高教40条"提出，要"建设好高等教育质量监测国家数据平台，利用互联网和大数据技术，形成覆盖高等教育全流程、全领域的质量监测网络体系"。"以学生为中心"和"以数据为依托"是构建基于大数据的高校教学质量评价体系的价值引领和技术支持。[12] 构建基于大数据的高校教学质量评价与监控体系必须做好数据的收集、管理与使用，实现数据收集的可靠与常态、数据管理的制度与科学、数据使用的多样与规范。随着课程教学与信息技术的逐步融合，师生基于线上的学习与教学活动产生了众多与教学相关的数据，这些数据为教学内容的调整、学习方法的改进、教学效果的评价以及确保学习者获得更加精准的教学资源提供了充分的数据支持与决策参考。同时，也要通过丰富分析维度、挖掘有效信息、明确使用边界等措施，避免数据分散、异构、滥用和侵权等风险，[13] 有效发挥大数据在教学质量提升中的正效应。

4. 推进基于新时代新思想新成果的教材体系建设

教材是本科专业人才培养的直接依靠和教师课堂教授的主要凭据，[14] 也是学习者自主学习的重要参考，所以教材的品质将直接影响高校的人才培养质量。可以说，没有一流的教材，就不可能有一流的人才培养。新中国成立70年来我国本科教学教材体系的建设，可以说是"喜忧参半"。从2007年教育部"质量工程"中的"万种新教材建设项目"到2012年"高教30条"中的"做好'马工程'重点教材编写和使用工作"，再到"十一五""十二五"时期，教育部先后遴选并确立了一批国家规划教材，尤其是 2012 年和 2014 年教育部分两批确立了 2790 种"十二五"普通高等教育本科国家级规划教材，教材的数量、质量、管理等方面都取得了明显成效，逐步形成了反映时代特点、与时俱进的教材体系，为提高高等教育本科教学质量和人才培养质量提供了有力保障。但是，教材编写激励机制不完善、学科专业教材建设不均衡、教材质量评价与监管制度不健全等现象仍然存在。近年来，虽然很多关于提升本科教学质量的相关政策文件中都提及了教材体系建设，但多为"蜻蜓点水"，相比其他本科教学改革的内容，专门针对教材体系出台的指导文件是最少的，能够查阅到的主要是 2011 年 4 月出台的《教育部关于"十二五"普通高等教育本科教材建设的若干意见》。在 2016 年 5 月召开的哲学社会科学工作座谈会上，习近平总书记在讲话中强调："培养出好的哲学社会科学有用之才，就要有好的教材。要抓好教材体系建设，形成适应中国特色社会主义发展要求、立足国际学术前沿、门类齐全的哲学社会科学教材体系。" 2018 年"新时代高教 40 条"提出，要"加强教材研究，创新教材呈现方式和话语体系、实现理论体系向教材体系转化、教材体系向教学体系转化、知识体系向学生的价值体系转化"。未来的本科教学改革要着力从教材编写、推广、使用、评价等主要环节入手，建立科学有效的教材体系，继续打造高质量"马克思主义理论研究和建设工程"教材，建立严格的教材选用准入机制，建立多层级的制度管理机制，丰富教材内容的呈现方式，应用信息技术建立"数据库+工具"的评价系统，[15] 将本科教材体系建设纳入"双一流"建设规划中，提升教材体系建设的力度。

参考文献

[1] 肖念. 对中国大学教学改革逻辑的思考 [J]. 中国大学教学，2012（7）：7-9.

[2] 刘振天. 为何要提"高等教育质量文化"[N]. 光明日报，2016-06-7（13）.

[3] 马廷奇. 关于大学本科教学改革的理性思考 [J]. 中国高教研究，2016（1）：55-56.

[4] 邬大光. 建国以来高校教学改革过程的理论分析 [J]. 高等教育研究，1991（1）：57-63.

[5] 汤俊雅. 我国一流大学本科教学改革与建设实践动向 [J]. 中国高教研究，2016（7）：1-6.

[6] 陈新忠. 以学生为中心 深化本科教学改革 [J]. 中国高等教育，

2013（22）：50-52.

　　［7］于剑.树立学生中心理念是提高人才培养能力的关键［J］.中国高等教育，2018（21）：42-44.

　　［8］赵炬明，高筱卉.关于实施"以学生为中心"的本科教学改革的思考［J］.中国高教研究，2017（8）：36-40.

　　［9］朱长江，胡中波，曹阳.实施"四个转变"推进本科教学改革［J］.中国高等教育，2013（20）：43-44.

　　［10］张大良.提高人才培养能力要在课程、教材、师资建设上下功夫［J］.中国大学教学，2018（5）：13-18.

　　［11］［13］王鹏，王为正.大数据驱动高校创业教育：应用可能与风险规避［J］.思想理论教育，2018（2）：81-85.

　　［12］马星，王楠.基于大数据的高校教学质量评价体系构建［J］.清华大学教育研究，2018，39（2）：38-43.

　　［14］吴锋.地方高校新形势下加强教材建设的新思路［J］.中国大学教学，2017（12）：83+90.

　　［15］邵进.必须旗帜鲜明坚持以马克思主义为指导——"高校学习贯彻习近平总书记在哲学社会科学工作座谈会上重要讲话精神加快建设中国特色哲学社会科学教材体系座谈会"发言摘登［N］.中国教育报，2016-05-31（10）.

省域建设高水平本科教育的政策驱动：审思与调适[*]

【内容摘要】 "以本为本，以本立人"，高水平本科教育是国家"双一流"建设的应有之义。本文对已出台的 19 个省份建设高水平本科教育实施意见（方案）进行了比对与分析，发现了这些政策的共同性与差异性，并且发现现有政策可能存在政策溢出效应，路径依赖单一，监控评价无据，建设重心偏移等风险，提出应通过政策协同、特色发展、优化治理、标准评价等策略提升政策驱动高水平本科教育建设的有效性。

【关键词】 省域；高水平本科教育；政策分析

纵观我国高等教育改革发展历程，政府通常扮演着不可替代的"核心角色"，教育政策一直是推动教育改革的直接手段。近年来，随着国家"双一流"建设项目的全面推进，国家及各省层面相继出台了一系列政策统筹推进"一流大学"和"一流学科"建设。在"双一流"建设过程中，高校人才培养的中心地位和本科教学的基础地位也得到进一步凸显。2018 年 10 月，教育部发布了《教育部关于加快建设高水平本科教育全面提高人才培养能力的意见》（以下简称《教育部意见》）。为了落实文件要求，教育部先后于 2019 年 4 月和 11 月分别启动了一流本科专业建设的"双万计划"和一流本科课程建设的"双万计划"。此后，各省份先后出台了省域建设高水平本科教育的实施意见，成为区域内推进一流本科教育的指导性文件，本文在对 19 个省份政策文本（以下简称《省域意见》）的异同点进行梳理的基础上，基于对已有政策的理性审视提出了改进建议，以期为我国建设高水平本科教育提供一定的参考。

---

* 本文原刊于《黑龙江高教研究》2020 年第 12 期，有修改。

一、研究对象

《教育部意见》对建设高水平本科教育的重要意义、指导思想、目标原则、建设内容和组织实施等做出了明确部署。鉴于《教育部意见》的总体要求，地方政府的具体落实成为关键，因此对地方政策文本进行梳理与分析具有重要价值。2018 年 10 月至 2019 年 12 月，各地区相继出台了《省域意见》。本文通过各省级人民政府及省级教育行政主管部门的官方网站共查阅到 19 个省份出台的《省域意见》（因为部分省份在已出台的"双一流"建设方案中已经提及"一流专业建设"或一流人才培养，所以没有专门制定高水平本科教育的建设方案），其中上海的政策发布时间先于《教育部意见》，其余 18 个省份的政策发布时间主要集中在 2019 年。

二、省域建设"高水平本科教育"政策的异同点

（一）政策的共同性

1. 政策主体的一致性

教育政策的主体包括教育政策的决策主体、执行主体和对象主体。决策主体是教育政策中最首要、最基本的主体，具有法定教育决策权。[1] 从 19 个《省域意见》的发布部门来看，政策的决策主体全部为省级教育行政主管部门。教育政策的执行主体是将政策内容贯彻于政策对象主体的组织者、施行者和责任者。各地方的《省域意见》都明确提出："高校是教育政策的执行主体，要落实高校的主体责任。"教育政策的对象主体是教育政策所发生作用的对象。建设高水平本科教育的出发点和归宿是高质量的人才培养，所以提升学生的学习成效和教师的育人能力成为各地主《省域意见》的共同目标。

2. 政策目标的趋同性

19 个《省域意见》的建设周期和建设目标都与《教育部意见》紧密对应，对标规划，趋同性非常强。广西、上海、浙江、河北 4 省份的政策没有明确提出时间规划节点，福建将"一流本科专业和课程"建设规划确定在 2021 年，山西、贵州将"一流本科专业"建设规划确定在 2023 年，其余 12 个省份都将"建设高

水平人才培养体系"作为到 2022 年要实现的目标。对应《教育部文件》的"中国特色和世界一流"的长期目标,海南、黑龙江、江西、辽宁、青海、吉林 6 省份提出了"到 2035 年,形成国内一流,具有本省特色的高水平本科教育体系"的建设目标。

3. 政策结构的相似性

从《省域意见》的名称来看,广西、青海、辽宁、河北和河南 5 省份的政策名称与《教育部意见》完全一致,重庆、宁夏等 7 省份对《教育部意见》的文件名称进行了缩简,只保留了"建设高水平本科教育"。可见,虽然各地方《省域意见》的名称略有差异,但总体是对《教育部意见》的沿袭。从结构来看,安徽、海南等 9 省区的政策文本结构与《教育部意见》基本相同,按照指导思想、总体目标、基本原则、重点任务和组织实施的顺序进行布局。其余省份虽然与《教育部意见》的体例结构略有差异,但主体内容基本全部对应,涵盖思政教育、一流专业、一流课程、教学改革、教师能力、协同育人和质量文化等方面。

4. 政策保障的基础性

无论是《教育部意见》还是各地方《省域意见》,最后一部分都对攻策实施的保障提出了要求,且主体内容基本一致:在组织领导方面,都提出要"强化高校主体责任,要求各高校结合本校实际,制定具体实施方案,强化本科教学'一把手工程'意识";在决策评估方面,广西、海南、内蒙古和青海 4 省份提出要"健全督导追责机制,将建设任务纳入教育督导的重要内容";在经费支持方面,各地方《省域意见》均提出,"高校要统筹财政等各种资金加大对本科教育的投入,逐步提高教学支出占总支出比例,优化教学支出结构,确保本科教育经费投入逐年上升"。

(二) 政策的差异性

1. 政策项目驱动的方式不同

政策文本作为政策制定者意图的集中彰显,能够反映一定时间内政府的价值导向与思维特征。[2] 从《教育部意见》可以看出,高水平本科教育建设的"项目化"特征比较明显,尤其是一流专业和一流课程"双万计划"的实施,教育主管部门希望通过这样的"项目化"运作方式,达到建设指标的具体化和建设成效的显性化。本文通过对各地方《省域意见》进行分析发现,各省份政策中的项目驱动方式各不相同。例如:安徽的"工程驱动型",实施高水平人才培养体系建设工程等"十大工程",全面提高人才培养能力;黑龙江的"行动驱动型",实施专业结构优化行动等"十大行动",建设高水平本科教育;内蒙古的

"分类驱动型"，按照卓越人才培养计划 2.0 方案，分为卓越工程师等六大类别的具体建设方案；重庆的"专项驱动型"，通过"统一思想，促进本科教育观念更新"等"八个专项"，构建本科教育体系；宁夏和吉林的"计划驱动型"，分别实施思想政治教育提升计划等"十大计划"和"八大计划"，提升人才培养质量；上海和天津的"单项驱动型"，以一流本科专业建设为抓手，提升本科教学质量；其余省份可以归类为"整体驱动型"，即综合运用多种方式，体现整体推进趋向。

2. 政策创新实施的程度不同

教育政策实施是政策主体将教育政策的思想、内容和目标等转化为改进教育现状的行动、现实和效果，提升教育质量和教育服务的执行过程。《教育部意见》提出，"各地区应结合实际，勇于创新，创造性地开展高水平本科教育建设工作"。本文通过对各地方《省域意见》具体实施策略进行分析，发现各地区对高水平本科教育建设的思考与创新表现不一。在发展策略上，部分地区根据各高校人才培养类型及发展程度的差异性，积极推进高校分层管理，如黑龙江重点推进学术研究型、应用研究型、应用技术型、应用技能型四类高校建设，吉林省引导高校定位于研究型、应用研究型、应用型和职业型建设，安徽、山西、海南支持高校分类"错位发展"；在实施方式上，贵州直接将一流本科建设任务具体落实到省教育厅各职能处室，将实施意见与落实方案合二为一，以确保各项任务的明确分解与责任到人；在实施内容上，《省域意见》在对接《教育部意见》建设内容的基础上，重庆创新性地提出建设"国际化人文特色建设高校"和"普通本科高校新型二级学院"，山西实施"撤一增一"的本科专业动态调整机制，海南根据自身气候优势在高校实施"冬季小学期"制，安徽分类建立拔尖创新型、应用型、复合型人才培养的质量标准。

3. 政策服务区域发展的力度不同

区域教育政策是教育行政主管部门在上级教育政策的指导和要求下，制定的符合本地区实际的、指导区域内教育改革的全局性或专项性文件，目标是促进区域内教育事业的发展，服务地区经济社会发展。《教育部意见》提出，"要坚持服务需求原则，主动对接经济社会发展需要"。各地方《省域意见》的指导思想和建设原则部分均提出要"立足本省，服务区域"，如青海提出"明确高校'姓青名海'的办学定位和服务目标"，黑龙江提出"主动对接现代化新龙江经济社会发展需求"，海南提出"全面提升本科教育服务海南自由贸易试验区（港）能力"等。但是，虽然政策的起点都强调提升面向区域发展服务的能力，但在项目的具体执行中体现的程度各有差异，大部分地区的《省域意见》对结合地区实际、服务区域经济社会发展的功能体现不明显。例如，山西在文件中将"突出本科教育地方特色，建设服务地方产业发展特色专业群"作为独立指标，贵州提出要"紧密结合自身大扶贫、大数据、大生态三大战略，优化专业布局"，安徽围绕"三重一创"建设项目调整专业结构，青海围绕"盐湖化工综合利用、特色农牧业"等重点领域建设一流专业。

4. 与已有"双一流"政策的契合度不同

政策支持的要领首先在于"上下衔接"，即在纵向上教育改革和发展的各级政策要上下一体而确保教育改革和发展政策法力的"一统"。[3]《教育部意见》提出，"各地区要做好与教育规划和改革任务的有效衔接"。"十三五"以来，从中央到地方各级教育政策密集出台，主要包括各地区"十三五"教育发展规划、"双一流"方案、高水平本科教育实施意见等。各地区的"双一流"方案基本与省级"十三五"教育发展规划同步推进，注重教育政策的前后衔接。因为"双一流"方案涉及"本科教育"和"人才培养"的内容并不多，本文通过比对发现，大部分地区《省域意见》与本地区"双一流"方案存在一定的衔接关系，但是契合度存在差异。例如：安徽的"双一流"方案鼓励"建设人才培养和职工培训融为一体的特色学院"，但在其《省域意见》中只提到建设"特色高水平大学"；海南的"双一流"方案提出实施"十二大重点产业人才培养五年度行动计划"，但其《省域意见》却没有提及；江西在"双一流"方案中提出要实施"留学江西""出海计划"行动，但其《省域意见》却没有延续。

三、省域建设"高水平本科教育"政策的局限性

1. 政策叠加，存在政策溢出效应风险

政策叠加源于政策工具和目标之间的冲突，在由一组政策工具所构成的政策组合中，如果多种工具同时针对一个变量进行调整，那么在同一个方向上的政策累加既可以产生执行主体的积极响应，也可能由于政策过多及政策内容的偏移导致政策执行出现偏差。近年来，随着各界对高等教育人才培养质量的"质疑"与"期待"，建设"一流大学""一流学科""一流本科""一流专业""一流课程"，实施"卓越人才培养2.0计划"，加强高校"思想政治教育""课堂教学建设"等一系列涉及提升高校综合实力的政策密集发布，让人目不暇接。从中央到地方高密度的发文旨在同一个方向上形成合力，以期产生政策叠加的正效应。但是，作为政策执行主体的高校，短时间内面对如此多的上级主管部门下发的"指导性意见"，可能更多地停留在本校"落实文件"的"制定—出台—再制定"的

无限循环中，导致很多文件只是"游走"于"起草者—职能部门—分管领导—校长办公会—学校办公系统—教育主管部门"之间，而广大师生却知之甚少。短时间内大量政策文件的"政出多门"、简单叠加会使政策执行主体产生疲于应对、消极执行的风险，进而降低了教育政策的执行效力，甚至背离了政策制定的预期目标。

2. 政府主导，存在路径依赖单一风险

长期以来，由于我国高等教育公共性和非营利性等特征，政府在高等教育的改革发展中一直扮演着重要角色，而政府驱动高等教育的直接手段是教育政策的出台与执行。由于政策的周期性较短，教育的周期性较长，所以为了即时的效果，政府往往更热衷于短期的、"立竿见影"的教育变革，而深层次的周期性改革会被无限推迟。[4] 通过审视我国的高等教育政策我们可以发现，大部分教育政策的出台往往是对教育中存在的某个或某些问题的回应，并且是已经受到广泛关注，甚至产生强烈质疑的教育问题。《教育部意见》《省域意见》正是教育主管部门对一段时间内高校本科教学基础地位受到动摇的状态的纠正与"回归"，并且这种"回归"已经到了"刻不容缓"的地步。尤其是"双万计划"的实施，将会产生明显的短期效应。但是，这些教育政策文件对于高等教育现代治理体系和治理环境等深层次变革几乎没有提及。现有的教育政策由政府起草、出台、监控与评价，鉴于"第三方评价"的独立性与权威性不足，教育政策执行效果的终极裁判仍然是政府，而在整个过程中，作为办学主体和执行主体的高校几乎没有机会"发表意见"，而只能"具体落实"，导致高校参与的积极性和能动性不高，很少对政策本身的科学性进行研判。

3. 标准模糊，存在监控评价无据风险

可比性和竞争性是教育政策建设项目遴选的基本前提，往往是官方先设置一个入围标准，在基础标准之上通过综合评价确立具体的建设项目，以往的"高水平大学"和"一流学科"等基本都是按照这样的程序确立的。以高水平本科教育的项目抓手"双万计划"为例，项目确定是以专业类按比例分配指标，同时按照"中央赛道"和"地方赛道"分类遴选，无论是可比性还是竞争性都比以往的建设项目要弱。但是，在各地方《省域意见》中对于一流本科教育建设项目的遴选和评价标准却非常模糊，都是以定性描述的建设内容替代了竞争遴选的评价标准，造成了专业之间、课程之间的可比性不足，在遴选中更多依据主观判断。对于建设期满的最后验收，一流本科专业"双万计划"中提出，专业必须通过认证后才能去掉"建设点"实现"转正"。如果按照这样的验收标准及建设进度，对照教育部高等教育教学评估中心2020年工作要点中提出的，"计划全年受理各类专业认证数量500个左右"，那么，三年内要实现1万个"一流专业"

的"转正"几乎不可能，即使能够完成，只是以通过"专业认证"就被认定为"一流专业"，评价标准不免过于单一。高水平本科教育建设标准的模糊势必造成高校专业、课程等方面的建设及质量监控与评价的依据不足。

4. 选优激励，存在建设重心偏移风险

莱斯特·M.萨拉蒙认为，"公共行动的失败不是源于政府管理人员的无能或渎职，而更多是由于他们使用的工具和行动方式"。[5] 常用的政策工具主要有强制性工具、自愿性工具和混合性工具等。其中，强制性工具主要包括法律、直接行政、命令等；自愿性工具主要通过激励、诱导目标群体采取行动；混合性工具即体现为两者兼有。在我国的高等教育改革中上述三种工具都被普遍使用。从形式上看，直接行政主要表现为行政命令，用一个标准的措辞来描述就是"计划"。[6] 当然，另一个主要工具就是"诱导"，即通过激励的方式，以资金、政策等作为"诱饵"以吸引执行主体的"自觉行动"。长期以来，我国教育政策选择更加偏好于"重点建设"，激励方式多为"奖优"而非"扶弱"。高水平本科教育建设作为直接行政，从各地方《省域意见》中可以看出，基本都是以优势项目的遴选和建设为依托，更侧重"优中选优""锦上添花"，如各地区对接《教育部意见》所实施的省级"一流专业"和"一流课程"建设项目，安徽的"名师名课"工程，吉林的"学科育人示范课程"项目等，都是在打造区域教育的精品。在"奖优"策略的指挥下，高校必然会集中力量，通过各种方式争取"名额"，但是更多的所谓"非一流"也许在大浪淘沙中越沉越深。

四、提升省域建设"高水平本科教育" 政策的有效性

1. 强化政策协同，统筹建设"双一流"与高水平本科教育

近年来，"政策协同"作为政府科学决策的基本思维范式受到多方关注，作为一个较新的概念，学界对其内涵的认知与解读各有不同，但普遍认为，因为政策实施环境的复杂性和多变性，各类政策在实施过程中不免出现政策目标和政策措施的偏移与失衡，这就需要政策决策者必须考虑多种政策的协调使用，统筹推进，以利于不同政策目标的有效实现。[7] 政策协同的对象既包括政策之间的协同关系，也包括同一政策内部的协同关系。短时间内高等教育领域数个指导性政策的密集出台，不免让执行主体感到"心有余而力不足"，这就需要政府、教育主管部门及高校树立政策协同理念，建立政策协同机制。虽然不同政策的建设目标

及实施策略各有侧重，但其中很多建设项目是共同的，高水平本科教育本身就是"双一流"建设的重要内容。无论是政策决策主体还是执行主体在政策的出台与实施中应充分协商、共同分析、达成共识，注重政策的前后衔接及配套政策的完善，对系列政策进行集中管理、统筹实施、全面推进，消除"政策壁垒"，避免政策执行的"各行其是"，并充分发挥各类政策的互补互充功能，实现优势共享、弱势共建，避免重复建设，提升政策的产出效益。

2. 兼顾效率与公平，实现区域本科教育特色发展

教育公平与效率是人类教育事业发展中的两个基本目标和价值追求，也是教育领域的"两难"问题，是一对矛盾的统一体。每当社会发生重大变革时，公平与效率总是人们关注的焦点。[8] 高等教育改革作为一项系统工程，政府在进行政策设计和资源配置时必须统筹考虑效率与公平的辩证关系，并解决好两者共同发展的问题。高水平本科教育建设除了要"打造高峰"外，"填补低洼"也不容忽视。教育主管部门应充分发挥"高峰"专业或课程的引领示范和辐射影响功能，优化现有专业和课程结构，在"奖优"的同时也要"去劣"，通过专业、课程及其他建设项目的改革撬动本科教育的整体变革。同时，各地区应充分调研，广泛研讨，充分吸纳各利益相关方意见和建议，强化对本地经济社会结构和产业发展需求以及高校专业布局和结构的分析，找准竞争"制高点"，因省制策，因省施策，形成适合本地区实际的特色工作方案及配套措施，减少政策的"同质化"。

3. 优化高校内部治理，完善基于教学学术的本科教学管理架构

现有《省域意见》的实施更多体现了政策决策主体的计划管理和行政主导，但是无论是专业还是课程质量的提升其关键都在于执行主体的高校，只有使政策的主观意愿转化为高校的具体行动，政策的预期目标才能实现。目前，高校与政府之间的关系更多体现为依附关系，即政府对高校实行"严格管理"，高校在自身的改革与突破过程中缺乏独立行使的权力。虽然各级教育政策中都提出"强化高校主体责任"，但对于如何理顺政府与高校的关系，激活高校的执行动力等深层次问题却没有提及。建设高水平本科教育要通过政府的"放管服"职能转变，为高校的自我改革提供更为宽松的外部环境；同时，高校应通过治理体系的优化和治理能力的提升激活内部发展动力。当教学被"挤压到高等教育的边缘化位置，沦为大学教师不想做但又不得不做的一项'负担性工作'"[9] 时，强化高校教学学术理念，建立健全基于教学学术的高校教学管理架构，改革现有学术评价体系，创新教学学术激励机制，激发教师的教学投入，以教学学术支持高质量的本科教学就成为建设高水平本科教育的必然选择。

4. 基于个性化标准与动态调整，构建目标达成及政策本身的评价机制

高水平本科教育建设的重心在于"建设"，但是"建成什么样"才是"一流本科""一流专业"或"一流课程"，成为实现政策目标的关键。以"一流专业"为例，虽然，随着我国"五位一体"教学质量监控与评估体系的完善，专业认证的标准与程序更加规范，但是由于各地区、各院校、各专业基础条件的不同，办学定位的差异和综合实力的悬殊，如果以相同的"认证标准"来"一视同仁"，必然缺乏科学性，因为"认证标准"是绝对不等同于建设标准的。因此，在政策的后续执行中，各地区应构建"基于多元考评和动态调整"的考核评价机制；[10] 同时，应建立对"政策本身"的评价机制，对教育政策的科学性、必要性、可行性和达成性等进行评价与修正。在评价标准上，各项目在实施中应努力做到以下几点：既要有关键的条件性指标，也应考虑地区、高校及专业差异的个性化指标；既要关注高校本科教学的已有"家底"，更要测量本科教学的"建设增量"；既要有便于量化的数据指标，又要有综合评判的定性分析。在评价主体上，要培育多元评价主体的协作机制，充分引入企业、行业等"第三方"评价主体，提高其专业性和公信度。在评价方式上，既要注重最终的"目标达成"评价，也要形成"过程筛淘"机制，因为真正的"高水平本科教育"建设永远在路上。

参考文献

[1] 涂端午.教育政策文本分析及其应用 [J].复旦教育论坛，2009，7(5)：22-27.

[2] 范国睿，杜成宪.教育政策的理论与实践 [M].上海：上海教育出版社，2011.

[3] 程天君.衔接·配套·协调——教育改革和发展的政策支持之要领 [J].教育学报，2014，10 (4)：65-74.

[4] 王建华.政策驱动改革及其局限——兼议"双一流"建设 [J].江苏高教，2018 (6)：6-11.

[5] 莱斯特·M.萨拉蒙.公共服务中的伙伴——现代福利国家中政府与非营利组织的关系 [M].田凯译.北京：商务印书馆，2008.

[6] 吴合文.改革开放以来我国高等教育政策工具的演变分析 [J].高等教育研究，2011，32 (2)：8-14.

[7] 周英男，柳晓露，宫宁.政策协同内涵、决策演进机理及应用现状分析 [J].管理现代化，2017，37 (6)：122-125.

［8］眭依凡.公平与效率：教育政策研究的价值统领［J］.中国高等教育，2014（18）：11-15.

［9］欧内斯特·L.博耶.关于美国教育改革的演讲［M］.涂艳国，方彤译.北京：教育科学出版社，2002.

［10］张伟，张茂聪.我国"双一流"建设的省际政策比较——基于 26 省"双一流"实施意见的文本分析［J］.高校教育管理，2018，12（4）：19-26.

技能型社会背景下省域推进职业教育高质量发展的政策审思[*]

——基于实施方案文本的分析

【内容摘要】 建设技能型社会是实现经济实力、科技实力、综合国力全面提升的国家战略，职业教育是国民教育体系和人力资源开发的重要组成部分，同经济社会发展密切相关，推动职业教育高质量发展与建设技能型社会具有天然的耦合性。本文通过对 23 个省份推进职业教育高质量发展的实施意见（方案）的文本进行分析，提出了如下几方面的对策：承创兼存，注重政策设计的统筹与协同；释放活力，注重目标任务的分解与落实；对标对表，注重政策执行的效果与评价；理念先行，注重理论研究的指导与应用。这些对策可以为实现职业教育高质量发展与技能型社会建设的共生互促提供必要的理论支持。

【关键词】 技能型社会；省域；职业教育；政策分析

2021 年 4 月，全国职业教育大会创造性地提出了建设技能型社会的理念和战略，描绘了"国家重视技能，社会崇尚技能，人人学习技能，人人拥有技能"的技能型社会特征。同年 10 月，中共中央、国务院印发了《关于推动现代职业教育高质量发展的意见》（以下简称《国家方案》），再次强调要"加快构建现代职业教育体系，建设技能型社会"。2022 年 4 月，新修订的《中华人民共和国职业教育法》总则中将"推动职业教育高质量发展，建设教育强国、人力资源强国和技能型社会"作为本法修订的目的。同年 10 月，党的二十大报告指出，要"推进职普融通、产教融合、科教融汇，优化职业教育类型定位"。建设技能型社会是全面实现社会主义现代化的战略任务，也是驱动经济社会高质量发展的关键动力。随着《国家方案》的出台，各省份相继出台了推动现代职业教育高质量发展的实施意见（以下简称《省域方案》）。政策文本作为政策制定者意图的集中彰显，能够反映一定时间内政府的价值导向与思维特征。[1] 本文选取

---

* 本文原刊于《教育与职业》2023 年第 22 期，有修改。

23 个省份的《省域方案》进行政策分析，审思如何更好地实现职业教育高质量发展与技能型社会建设的共生互促。

一、职业教育高质量发展与技能型
社会建设内在契合

（一）职业教育人力开发的社会功能与"国家重视技能"的总体要求相契合

"国家重视技能"是技能型社会建设的重要制度保障。《国家方案》中提出："到 2035 年，职业教育整体水平进入世界前列，技能型社会基本建成。"建设技能型社会，培养符合产业发展需求的高素质技能型人才已经成为新时期国家发展的战略部署。技能型社会建设是一个循序渐进的过程，同时也是一个由"外力牵引"到"内力自律"的过程。[2] 一方面，需要国家"重视"，以政策或制度为牵引，规划建设蓝图，统筹建设主体，为技能型社会建设提供资源与保障；另一方面，需要充分发挥职业教育的人力开发功能，构建技能型社会教育体系。人力资本是指劳动者受到教育、培训、时间等方面的投资而获得的知识和技能。技能资本作为生产要素，由教育和培训等投资而形成，表现为人力资本中的知识经验与技术技能的总和。在个体技能的形成过程中，教育起到了至关重要的作用，而在各类教育支持中，职业教育服务经济社会发展、推进产业结构升级、促进民生就业等方面的优势与特征最为明显。职业教育所构建的以技能形成、技能传播、技能创新为特征的社会教育体系与"国家重视技能"的总体要求相契合。

（二）职业教育工匠精神的价值向度与"社会崇尚技能"的氛围营造相契合

"社会崇尚技能"是技能型社会建设的重要外部环境。社会的变革与发展离不开环境的沃土，技能型社会建设需要良好的社会氛围。"社会崇尚技能"是指社会应形成弘扬劳模精神、劳动精神、工匠精神和创业精神的时代风尚，营造学习技能、发展技能和创新技能的社会环境，形成崇尚技能、尊重技能、成就技能的社会氛围。技能型社会建设首先要转变传统的"劳心者治人、劳力者治于人"的思想偏见，促进全社会形成"劳动光荣、技能宝贵、创造伟大"的价值观念。职业教育作为弘扬职业价值理念与培育职业技能的主阵地，以培养新时代中国特色社会主义的高技能人才为使命，这与技能型社会建设的使命相契合。[3] 职业教育有利于帮助学生树立正确的劳动观、就业观和职业观，摒弃"重学历、轻技能"的价值偏见，形成崇尚技能并积极参与技能型社会建设的内驱力。同时，职业教育传承了中华民族的优秀工匠文化，"工匠精神"于 2021 年 9 月被党中央纳入首批中国共产党人精神谱系的伟大精神，其基本内涵包括敬业、精益、专注、创新等方面。职业教育对工匠精神的培育有利于全社会形成"敬业、乐业、爱业"的社会风尚。

（三）职业教育技能承创的目标取向与"人人学习技能"的实践路径相契合

"人人学习技能"是技能型社会建设的根本路径。每位公民既是技能型社会的建设者，也是技能型社会建设的受益者和享用者，技能型社会建设的原动力来自人们对美好生活的向往与追求。在建设技能型社会的过程中，需要充分发挥公民的"主人翁"精神，"人人学习技能"体现了个体技能学习的主动性与积极性，这意味着个体的技能学习已经从原先的"迫于生计"的外力牵引转变为自我价值提升的内在驱动，个体主动学习和发展技能顺应了技能型社会对技能人才的要求。一方面，"人人学习技能"需要社会成员自我认识的更新，使其意识到技能在自我生存与发展中的重要作用；另一方面，需要社会提供足够的技能学习资源。[4] 职业教育以传承和创新技术技能为目标，在传统技艺传播及新工艺创新等方面发挥着重要作用。职业教育蕴含着丰富的技能学习资源，既包括传统的课程资源、实践资源及教师资源等，也包括现代的职教数字化资源、信息化资源和开放化资源，可以为学生提供充足而便捷的学习资源。职业教育通过多样化技能学习资源的供给在满足社会成员技能学习需求的同时也能促进其发展技能自觉认知的形成与强化。

（四）职业教育学习生涯的终身追求与"人人拥有技能"的服务面向相契合

"人人拥有技能"是技能型社会建设的根本目标。技能型社会的本质是一种新型的学习型社会，"人人拥有技能"是从职业分工的角度，强调职业劳动者都应该掌握一定的专业技能，以胜任所从事的生产性或服务性职业活动，并按照技能的演进方向不断提升技能的结构层次。"人人拥有技能"意味着国家技能人才在数量和质量上的充分满足，为技能型社会建设提供了必要的人力支持和智力支持。个体的技能习得既是其社会化的重要表现，也是个体终身学习的要求。技能是集体所组成的社会成员关系中的重要因素，是人类可以共享及进行交流的工具。[5] 面对产业的不断升级与技术的日新月异，这就要求技能的学习者必须与时俱进、终身学习，以适应新的劳动分工与岗位变动。职业教育学习生涯的终身追求为社会成员提供了多样的学习形式与学习安排，融合了学历教育与非学历教育、职前教育与职后教育、中等职业教育和高等职业教育、线下教育与线上教育、职业教育与普通教育等多种形式，可以保障学习者的权利，满足学习者终身学习的需求，为实现"人人拥有技能"的建设目标提供有力支持。

二、职业教育高质量发展：目标与任务

2020 年 1 月至 2023 年 5 月，全国 31 个省份（不含港澳台地区）相继出台了推进职业教育高质量发展的《省域方案》，从出台时间来看，山东、宁夏、江西、四川、福建、吉林和湖南等省份出台的《省域方案》早于 2021 年 10 月出台的《国家方案》。从文件的名称来看，职业教育、现代化、高质量发展、实施意见（方案）等成为关键词，早于《国家方案》出台时间的各地方《省域方案》的名称差异较大，但是晚于《国家方案》出台时间的各地方《省域方案》的名称基本一致，山东、江西、贵州、湖南和甘肃 5 个省份的《省域方案》是与教育部联合出台的，所以其名称中体现"整省推进"字样。本文通过政府官网查找到 23 个省份的《省域方案》，通过对方案进行系统整理和文本分析，旨在为政策更好地实施提供必要的参考建议。

（一）总体目标

为全面贯彻落实全国职业教育大会精神，推动职业教育高质量发展，《国家方案》中明确提出了"两步走"的战略部署：2025 年基本建成现代职业技术教育体系，技能型社会建设全面推进；2035 年职业教育整体水平进入世界前列，技能型社会基本建成。各地方《省域方案》中的主要目标基本对接《国家方案》的总体部署，聚焦各省实际实施"两步走"战略部署，时间节点仍然为 2025 年和 2035 年，方向更加明确，定位更加清晰，目标更加具体，更具有区域特色。第一，将"技能型社会"建设省域化。安徽的"技能安徽"，甘肃的"技能甘肃"，贵州的"技能贵州"，河南的"技能河南"，青海的"技能青海"，云南的"技能云南"等，都将提高职业教育的吸引力，推进现代职业教育体系与技能型社会建设作为本地区职业教育高质量发展的具体目标。第二，各省份职业教育的未来发展目标定位更加明确。对比各地方《省域方案》，安徽力争将"职业教育整体水平进入全国第一方阵"，甘肃力争将建成"国家向西开放的职教高地"，湖北力争"将职业教育整体水平居全国前列"，江苏力争"使职业教育整体水平进入世界前列，主要发展指标达到世界先进水平"，云南力争"将职业教育整体水平达到全国中等以上水平"。第三，建设目标服务区域特色更加明显。各省份在推进职业教育高质量发展中充分适应区域经济发展需要找准发力点，安徽重点服务"三地一区"产业转型升级，甘肃依托"一带一路"建设打造"五个制高点"，海南使职业教育成为支撑海南自贸港建设的重要力量，黑龙江重点打造"农业职业教育"，湖南职业教育重点围绕"三高四新"战略要求，山东将职业教育作为推进"两区建设"的重大行动，使得职业教育服务区域经济社会发展的功能更加彰显。

（二）主要任务

本文通过对比各地方《省域方案》的体例结构，发现各地区基本没有统一样式，除安徽和辽宁两地的《省域方案》与《国家方案》的框架基本一致外，其他省份都在《国家方案》的指导下结合自身特色对框架进行了调整、充实与细化，其中福建、吉林、重庆、海南和内蒙古的《省域方案》直接以"若干措施"命名，更注重文件的具体执行。在主要任务方面，各地方《省域方案》基本对接但不局限在《国家方案》中的五个方面，且多以数字的呈现方式使具体任务目标更加明确，甘肃提出"集中力量建设 10 所高水平高职院校和 30 个高水平专业群"，贵州提出"培育 50 个以上产教融合型试点企业"等。从发布机构来看，除福建和海南的具体工作措施发布机构为省教育厅外，其他地区的意见（方案）均由省委或省（市）人民政府发布或与教育部联合发布，体现了各地区对推进职业教育高质量发展的高度重视。

1. 强化职业教育类型特色

《国家方案》中把强化职业教育类型特色作为首要任务，主要包括巩固职业教育的类型定位，统筹推进职业教育与普通教育协调发展，提高职业教育的吸引力：纵向上，推进不同层次职业教育的贯通，依托"双高计划"建设一批优秀的中等和高等职业学校和专业，开展职业本科教；横向上，推进不同类型教育的融通，加强各学段普通教育与职业教育的渗透融合。此外，《国家方案》还鼓励职业学校开展补贴性培训和市场化培训。各地方《省域方案》的主要任务基本也突出了以上三个方面。各省份全面实施了"双高计划"，推进了高等职业教育提质培优。安徽、黑龙江、海南、重庆、青海、内蒙古等省份在中等职业教育领域开展了"双优计划"或"强基计划"，尤其是海南专门出台了《海南省优秀中等职业学校和优质专业建设计划》。湖南、河南等省份将建立职业教育本科与专业学位研究生教育互通学习的"立交桥"。为了适应技能型社会建设的需要，各省份出台了积极的推进策略，贵州构建了面向社会的技能教育网络，湖北实施了"职业教育赋能提质专项行动计划"，山东将"试点建立职业院校开展培训的征信系统"，云南实施了"职业教育兴边富民计划"等，各地方《省域方案》大部分都拟开展"1+X"证书制度试点工作，强化职业教育的社会培训功能，并对培训对象和年培训人次进行了明确规划，尤其是安徽、贵州、宁夏、山东等省份对职业教育承担社会培训所得收入的绩效工资分配额度进行了规定，有效地激发和提升了职业学校的办学自主性和办学活力。

2. 完善产教融合办学机制

深化产教融合是国家职业教育改革的应有之义，是对接产业推进专业群建设的需要。《国家方案》提出：优化职业教育供给机构，对接国家重大战略，深化职业教育专业供给侧改革；健全多元办学格局，鼓励多方主体深度参与；协同推进产教深度融合，积极培育一批产教融合城市和企业。各地方《省域方案》对此项任务都提出了多样化实施策略。第一，服务区域产业群发展，优化职业教育供给结构。例如，湖北服务本省"51020"现代产业集群，贵州打造"立体化产教融合示范性工程"，甘肃绘制产教谱系图，分别打造"拢中、河西走廊和拢东南"三大职业教育集群，安徽服务"三地一区"产业升级，吉林聚焦"一主六双"，辽宁重点服务"一圈一带两区"区域发展格局。第二，完善现代职业教育制度，形成多元办学格局。例如，甘肃通过购买服务的方式，支持社会力量建办一批职业院校，试点开展混合所有制学院建设，安徽、黑龙江、内蒙古等地区制定了《关于推进职业院校混合所有制办学的指导意见（试行）》，鼓励企业利用资本、技术、设施、设备和管理等要素参与举办职业教育，完善多元主体参与的治理结构。第三，统筹推进职业教育与区域经济社会发展深度融合。《国家方案》提出，要"以城市为节点、行业为支点、企业为重点"。各地方《省域方案》都提出，要健全产教融合激励机制，开展产教融合建设试点。例如，福建全面实施"融合型城市、融合型行业和融合型企业"试点行动计划，通过"政行企校"联动，实现多方资源要素的聚集融合。

3. 创新校企合作办学机制

校企合作是职业教育的基本办学模式，是办好职业教育的关键所在。早在2018年，教育部等六部委就联合出台了《职业学校校企合作促进办法》。《国家方案》对校企合作的办学形态、合作形式及政策环境等方面提出了新内容和新要求，各地方《省域方案》基本也是围绕这三方面将产教融合和校企合作放在一起融合推进。第一，以校企共建产业学院、企业学院为依托，丰富职业学校办学形态。为了培养适应和引领现代产业发展的高素质应用型人才，从2020年7月教育部、工信部联合发布的《现代产业学院建设指南（试行）》，到本次《国家方案》和各地方《省域方案》，这些文件都将产业学院建设的覆盖面从应用型本科扩展到职业学校，延伸了职业学校的办学空间。第二，探索中国特色的学徒制，校企合作的形式内容更加丰富。例如，贵州"构建体现中国特色的学徒制内容体系、教学模式、教师专业发展模式、学位授予制度等"。河南"探索现场工程师培养模式",江苏"全面推行现代学徒制和企业新型学徒制",辽宁"抱团"组建跨企业培训中心,山东打造"校企命运共同体"。第三,组合式激励,校企合作政策环境更加优化。例如,宁夏、安徽规定"职业院校通过校企合作等所得扣除必要成本外的净收入,可按照不低于50%的比例作为绩效工资来源",内蒙古"引导金融机构开发适合校企合作企业特点的金融产品",辽宁"允许职业学校专业教师按规定在校企合作企业兼职取酬",江西"出台校企合作负面清单制度,充分释放校企合作活力"。

4. 深化教育教学改革

2019年出台的《国家职业教育改革实施方案》就提出了"三教"改革任务。当前,以职业教育教师、教材、教法为主的"三教"改革进入落实攻坚阶段,成为推进职业教育高质量发展的重要抓手。本次《国家方案》和《省域方案》除了对"三教"提出改革措施,进一步明确了对地方政府履行职业教育职责的督导,提出要通过对职业学校办学能力评估和适应社会需求能力评估等,完善教学质量保证体系。第一,加强"双师型"教师队伍建设,全面提升教师素养。2019年的《全国职业院校教师教学创新团队建设方案》要求"双师型"教师占比不低于50%,2020年的《国家方案》提出要制定双师型教师标准,2022年10月,教育部出台了《职业教育"双师型"教师基本标准(试行)》,开始推行"双师型"教师的年度认定工作。辽宁、云南、河南等地"十四五"时期职业教育"双师型"教师比例均达到60%以上。第二,更新教学标准,改进教学内容及教材。各地方《省域方案》严格落实立德树人根本任务,坚持德智体美劳"五育"并举,将职业素养和工匠精神养成教育融入职业学校人才培养全过程。各地不断规范教材管理,如湖北和辽宁"支持校企联合开发一批活页式、工作手册式优质教材"。第三,推进教育教学数字化升级,创新教学模式与教学方法。各地积极推动现代信息技术与职业教育教学深度融合,以数字化转型推动教学模式变革,推广项目教学、情境教学、模块化教学、线上线下混合式教学,开发一批数字化教学资源。

5. 打造特色职业教育品牌

国际化是教育强国目标的重要体现,推进职业教育国际化是全球一体化背景下增强职业教育适应性的必然要求。目前,我国职业教育国际化总体水平还不高,职业教育国际交流合作的内容、模式及规模等都有待发展,推进职业教育国际化进程,培养更多的国际化技能人才,需要各级各类职业教育组织以更加开放合作的态度提升职业教育现代化水平。《国家方案》提出,要在"留学中国"项目中设置职业教育类别,打造一批职业教育国际交流的品牌,探索"中文+职业技能"的国际化发展模式，职业教育正以"一带一路"倡议为契机，为构建全球职业命运共同体贡献着中国智慧和方案。各地方《省域方案》积极围绕"一带一路"建设需要，拓展中外合作交流平台，加快国际化技能人才培养。例如：贵州创建"中国—东盟"职业教育合作品牌；河南支持职业学校联合企业在海外建设"鲁班工坊""大禹学院""詹天佑学院"等；黑龙江打造中俄职业教育合作高地，助推"一带一路"中蒙俄经济走廊建设和东北亚区域合作；吉林加强中韩（长春）国际合作示范区、珲春海洋经济发展示范区职业教育建设，江苏实施职业教育"郑和计划"，促进高职院校外国留学生教育提质增效；辽宁推动组建东北三省一区"一带一路"职业教育联盟；山东打造国际职业教育品牌，推广建立中国特色"双元制"模式；云南实施职业教育"国际交流"计划，打造职业教育对外合作引领区，积极开展与南亚东南亚、环印度洋国家和地区的国际交流与合作，共建职业教育联盟。

三、职业教育高质量发展：反思与推进

（一）承创兼存：注重政策设计的统筹与协同

因为政策实施环境的复杂性和多变性，各类政策在实施过程中不免出现政策目标和政策措施的偏移与失衡，这就需要政策决策者必须考虑多种政策的协调使用，统筹推进，以利于不同政策目标的有效实现。[6] 近年来，国家对职业教育高度重视，推出了一系列职业教育改革发展的重大举措，从 2019 年的《国家职业教育改革实施方案》，到 2020 年的《职业教育提质培优行动计划（2020—2023 年）》，再到 2021 年全国职业教育大会出台的《关于推动现代职业教育高质量发展的意见》，三个文件从深化改革到提质培优，再到高质量发展，既相互衔接，又逐级递进。尤其是 2022 年 5 月《中华人民共和国职业教育法》的实施，这是职业教育法制定 26 年来的首次修订，成为推动职业教育高质量发展的法律保障。2022 年 12 月，中央办公厅、国务院办公厅印发了《关于深化现代职业教育体系建设改革的意见》，同年，教育部还发布了与职业教育相关的其他四个政策文件。2023 年 6 月，教育部等八部门联合印发了《职业教育产教融合赋能提升行动实施方案（2023—2025 年）》。国家连续密集发布的一系列政策文件在有力推进职业教育高质量发展的同时，也让各个部门、各地区和各学校应接不暇。面对如此密集的政策发布，各地区在具体实施过程中会存在政策叠加和疲于应付，甚至出现"以文件落实文件"的倾向。因此，国家层面在出台政策时应"充分统筹"，避免因"政出多门"导致政策的"溢出效应"，应注重政策设计的延续性和稳定性，各地区在《省域方案》的设计中应注重建设目标的一致性，实施内容的统筹性和推进措施的连贯性。

（二）释放活力：注重目标任务的分解与落实

"为政贵在行，以实则治，以文则不治"，政策的制定固然重要，但政策的关键在于执行。"一分部署，九分落实"，无论是《国家方案》还是各地方《省域方案》都提出了促进职业教育高水平发展的明确目标和建设任务，但是作为顶层设计方案更多是对工作的整体部署与统筹规划，而具体的执行更需要配套措施的跟进及具体分工的落实，否则政策文件的制定会只停留在"文本形式"，甚至很快会被新的政策文件所取代或覆盖，自然也会导致很多任务的落实虎头蛇尾、不了了之。从各级方案中可以看出，推进职业教育的改革与发展涉及的内容多、主体多、领域多，需要众多部门的协同推进。综观各地方《省域方案》，只有湖北、宁夏、内蒙古和四川在方案中对各项任务的责任单位进行了明确规定，其中四川还明确规定了具体工作的牵头单位和配合单位，使各项任务的落实责任到岗。但是很多任务的推进与完成，很多政策的执行与落地并非一蹴而就，需要各部门长期努力才能实现，因此，各地方《省域方案》应进一步明确任务分工和部门责任，制定路线图和时间表，完善职业教育多主体协同推进的配套方案及实施细则。同时，长期以来，政府在我国各级各类教育改革中一直扮演着重要角色，其往往更热衷于短期的、"立竿见影"的教育变革，因此，教育政策的出台与执行成为政府驱动教育改革的直接手段。但是，各级职业学校才是落实职业教育高质量发展各项改革任务的实施主体，所以，在各地方《省域方案》实施过程中应给予各职业学校充分的"发言权"和"自主权"，给职业学校留有足够的改革空间，应更多通过政策的红利来激发职业学校人才培养的主动性和积极性，释放其办学活力。

（三）对标对表：注重政策执行的效果与评价

教育政策执行效果的评估是教育政策活动乃至教育系统有序运行的基本保障。教育政策执行效果是依据一定的标准，运用一定的方式方法对特定政策目标的实现程度以及前后对比的差异分析，旨在对政策执行过程本身进行反馈与改进。[7] 囿于教育活动和政策执行周期长且影响因素多等特点，教育政策执行效果的评估是一个极其复杂的问题。第一，评价标准需要健全。国家相继出台了职业教育"国家教学标准体系""双高计划"建设标准及"双师型"教师认定标准等，但除湖北、江苏、宁夏、云南和山东等地区明确提出"系统研制实施各层次职业教育的省级核心课程、技能教学、岗位实习和实训条件建设标准"外，其他地区基本都是参照国家标准执行。各地区应创新标准开发机制，实行职业院校、行业企业、科研院所联动开发，建立标准审核机制，健全标准公开制度。第二，评价过程需要多样。政策执行的主体涉及复杂的利益相关者，目前，我国的教育政策多由政府起草、出台、监控与评价，鉴于"第三方评价"的独立性与权威性不足，而在整个过程中，作为办学主体和执行主体的职业学校几乎没有机会"发表意见"。在政策执行的效果评估中应选取利益相关者模式，打破"圈内评估"的片面化，运用多样化、多证据和多学科的评估技术与方法。第三，评价结果需要多用。评估的最终应落脚到现实政策逻辑的改良与政策路径的修正上，除了各级方案普遍提到的"将职业教育工作纳入对各级政府履行教育职责督导评价和对各地区经济社会发展考核"，政府应积极采用第三方评估机构来创新管理方式，畅通反馈机制，拓宽反馈路径，既有对政策执行效果的评估，也有对政策本身的评估，推进评估结果在具体实践中的应用。

（四）理念先行：注重理论研究的指导与应用

在技能型社会建设背景下，在推进职业教育高质量发展的过程中，研究"中国特色职业教育理论体系"是揭示我国职业教育发展规律，解决经济社会转型期职业教育问题，构建现代职业教育体系，促进职业教育健康发展的基本要求。职业教育理论是由相关的概念、判断、推理等要素构成的，是对职业教育知识、现象、问题和规律等方面的概念系统和认知总和，具有间接性、普遍性和抽象性的特征，其虽然与职业教育实践和职业教育经验相对，但却是职业教育实践的智慧结晶，对职业教育实践有着重要的指导、引领、规范和批判等功能。《国家方案》明确提出，要"加强职业教育理论研究，及时总结中国特色职业教育办学规律和制度模式"。各地方《省域方案》中，只有山东将"提升职业教育研究水平"作为单独的一项建设任务，甘肃支持和指导筹建"一带一路"职业教育与产业发展研究院，江西"部省共同组建中部地区和革命老区职业教育与产业发展研究院"，河南、湖北和吉林在方案中对职业教育理论研究略有提及。总体看来，与其他职业教育改革与发展的任务目标相比，各地区对职业教育理论研究的重视与关注程度有待提升。近年来，虽然我国的职业教育研究取得了长足的发展，但本土化的职业教育理论体系尚未形成，职业教育实践的理论依据尚不充分。未来的职业教育研究要深刻把握我国社会转型和技能型社会建设的背景，摆脱长久以来的"拿来主义"束缚，加强对全球结构下中国本土问题的研究，促进职业教育理论的本土生长。[8] 同时，要坚持理论研究的实践导向和问题导向，完善现代职业教育体系框架，增强理论成果的转化与应用，提升理论研究的社会价值。

参考文献

［1］范国睿，杜成宪.教育政策的理论与实践［M］.上海：上海教育出版社，2011.

［2］张元宝.技能型社会建设的教育支持研究［J］.职业技术教育，2021，42（25）：54-60.

［3］石洋，黄勇辉.我国职业教育的未来走向——基于技能社会建设［J］.社会科学家，2022（12）：140-146.

［4］王屹，黄凤萍.职业教育赋能技能型社会建设的逻辑、困境与路径［J］.中国职业技术教育，2023（1）：54-61+75.

［5］联合国教科文组织.反思教育：向"全球共同利益"的理念转变？［M］.北京：教育科学出版社，2017.

［6］周英男，柳晓露，宫宁.政策协同内涵、决策演进机理及应用现状分析［J］.管理现代化，2017，37（16）：122-125.

［7］祁占勇，杜越.什么是好的教育政策执行效果的评估［J］.华东师范大学学报（教育科学版），2022，40（2）：29-42.

［8］唐林伟.中国现代职业教育理论体系：样态与超越［J］.河北师范大学学报（教育科学版），2017，19（2）：61-66.

课程教学改革与提升

高校哲学社会科学专业课程思政于
"无声"处润泽时代新人[*]

　　2020 年 4 月，教育部等八部门联合发布了《关于加快构建高校思想政治工作体系的意见》，提出要扎实推进哲学社会科学专业课程思政建设。课程思政与思政课程共同构建了高校的全课程育人格局。课程思政是一项系统工程，其中专业课程思政建设是其中最复杂、最关键和最难解决的部分。高校哲学社会科学课程的内在属性决定了它与思想政治教育的密切关系，这为专业课程思政的建设提供了必要条件，因此，在加强大学生思想政治教育的过程中，应充分发挥高校"哲社课"的思政功能，高校"哲社课"的内在属性为课程思政提供了充分可能。

　　首先，高校"哲社课"的知识学术性为课程思政提供了学科支持。哲学社会科学作为研究人的思想活动和各类社会现象及发展规律的学科，本身具有明显的知识性和学术性。"哲社课"作为哲学社会科学教育的主要载体，每门课程都有自己的研究对象、知识体系、内容架构和发展规律，正是这种学术性的特征使其能够作为一门学科而存在。我国高校现有的很多"哲社课"，如政治学、经济学、宗教学、教育学、伦理学等，其知识内容都包含马克思主义基本观点，本身就是马克思主义理论体系的重要组成部分，所以，具有庞大理论体系的"哲社课"为课程思政的实施提供了必要的学术资源和学科支持。

　　其次，高校"哲社课"的意识形态性决定了课程思政的政治立场。习近平总书记曾指出，"坚持以马克思主义为指导，是当代中国哲学社会科学区别于其他哲学社会科学的根本标志"。高校的"哲社课"不仅蕴含思政教育的知识资源，同时，绝大部分课程都具有鲜明的意识形态属性，这种意识形态既反映了一定社会集团的行为规范和价值标准，同时也是对特定阶级的历史使命、政治思想和政治倾向的自觉意识和集中体现。高校"哲社课"的中国特色不仅是一种意识形态的教育，也是一种政治要求和政治教育，它要求学习者必须接受并认同马

---

　　* 本文原刊于《中国教育报（理论周刊）》2021 年 3 月 11 日第 8 版，有修改。

克思主义所倡导的意识形态和政治主张，坚定无产阶级的政治立场。

再次，高校"哲社课"的价值引导性指明了课程思政的育人方向。哲学社会科学的研究对象既包括人的情感、价值和主观精神等，也包括人类社会规律、人与社会的实践活动等，成为人类认识世界和改造世界的主要思想依据和有力的认识工具。因此，哲学社会科学是知识体系与价值体系的统一，其与人的价值观念和思想体系有着直接而紧密的联系，能够为人们提供科学的世界观、正确的价值观和多元的人生观。高校的"哲社课"通过独特的研究对象和丰富的思想内容，在传递社会科学知识的同时，也是帮助大学生形成价值观念、提升思想素质、养成思维方式、塑造健全人格的主要阵地。

最后，高校"哲社课"的现实关怀性提升了课程思政的思想认同。哲学社会科学的育人功能不仅包括对学生的人文关怀与人文素养的培育，还包括通过对外在的具体的个人及其主观世界加强社会关怀来塑造人的社会历史观。哲学社会科学不是一门纯学术的"书斋学问"，也不是抽象的理论推理，它源于现实社会并在不断解决社会问题的实践过程中获得发展。高校的"哲社课"以问题为导向，具有现实的关照情节，它以学生生活的特定时代和社会环境为背景，通过对社会现实问题的审思与研究，增强对大学生的心理关怀，帮助大学生解疑释惑，进而有利于他们对社会价值和思想意识的主观认同。

高校应多措并举，提升高校哲学社会科学课程思政的育人实效。

一是准确定位，明确职责，形成共生效应。高校的"哲社课"虽然与思想政治教育在育人方向上高度一致，但是两者各有特定的研究对象、理论体系和学科范畴，具有相对独立性，不存在彼此的替代或消解。课程思政是一种整体性的课程观，它突破了传统思想政治教育中思政课程的"孤军奋战"，拓展了思政教育的内涵和外延，实现了育人过程的全课程参与。但是，必须明确在高校思想政治教育体系中思政课程的"主渠道"地位，课程思政起到必要的补充作用。基于共同的育人目标，高校的"哲社课"必须将马克思主义的立场、观点和方法等贯穿到学科教学与研究中去，与思想政治教育同向同行，彼此助力，相得益彰。

二是真信真用，提升素养，形成自觉效应。教师的育人意识决定了其育人行为。习近平总书记曾指出："传道者自己首先要明道、信道。"高校的"哲社课"教师只有自己先明道、信道，才能在教育教学过程中"传道"，这里的"道"首先是马克思主义之道。高校的"哲社课"是知识学术性与意识形态性的统一，教师进行的思想政治教育是隐形的、渗透式的，是建立在自身对教育内容中的思想政治教育元素与资源的充分发掘和敏锐洞察的基础上的。所以，教师不仅需要有精深的专业知识，同时要以"真懂、真信、真用"为目标，提升自身的马克思主义理论素养，摒弃"去意识形态化"等错误倾向，在自觉自愿中提升课程思政效能。

三是全面渗透，广泛迁移，形成融合效应。哲学家康德曾指出："任何政治伦理的思想，只有融会到性格中才可能成为个体的内在品质，而全面渗透和广泛迁移则是臻于这一目标的两个最必要的条件。"课程思政讲的是在专业教学中融入思政教育，在工具理性的张扬中融入人文精神，但并不等同于课程与思政之和，它强调两者的彼此渗透与深度融合。在高校"哲社课"的教学中，教师要在彰显教学内容真理魅力的同时，善于抓住贴近学生现实生活，富有浓厚时代色彩的典型素材融入思政教育。同时，教师应创新叙事法、启发法、访谈法、实践法等教学方法，增强课程思政的亲和力和感染力，实现育人的"润物无声"。

四是完善机制，激发动力，形成协同效应。提升高校"哲社课"的思政功能需要有稳定的激励机制、联动机制和评价机制。高校可以通过项目资助的方式，建设一批学科育人示范课程，通过选树标兵、优质课堂展示等方式激发教师的改革热情。高校应建立课程思政与思政课程的联动机制，以课程思政为架构建设协同育人平台，搭建"哲社课"教师与思政课教师教学、科研和社会实践的对话平台，强化共同使命，凝聚协同主力。高校应将课程思政的成效纳入教师课堂教学质量评估体系、学校思想政治工作考核体系和人才培养质量评价体系，明确党委职责、部门任务及教师责任，以评促建，激发协同育人的内在动力。

教学服务型大学：独立学院转型发展的战略选择[*]

【内容摘要】 独立学院作为高等教育体制改革的重要组成部分，面临着高等教育市场结构的转型，教学服务型大学的定位成为独立学院增强核心竞争力、实现可持续发展的战略选择。厘定教学服务型大学的内涵，建立科学高效的教学服务体系成为当前研究的首要课题。

【关键词】 教学服务型；独立学院；转型；选择

独立学院是我国高等教育体制改革发展过程中的成果之一，其取得的社会效益和经济效益令人瞩目。2008年6月12日，教育部公布了《独立学院设置与管理办法》，计划用五年的"过渡"期，引导独立学院向"撤""并""转"三个方向发展。现在五年的过渡期已经结束，随着高等教育生源结构的变化和市场需求的调整，独立学院进入了选择和转型的"后独立学院"时代，"路在何方"成为当前独立学院未来转型发展的首要课题，《国家中长期教育改革和发展规划纲要（2010—2020年）》提出，"高校要牢固树立主动为社会服务的意识，全方位开展服务"。教学服务型定位成为符合独立学院办学实际、提高其人才培养质量和社会影响力的战略选择。

一、教学服务型大学的解读："顾客及其需求"的视角

全面提高高等教育质量，必须大力推进文化传承创新。大学应勇敢承担起这一重要责任和使命。这表明文化传承成为高校肩负的继人才培养、科学研究和服

---

* 本文原刊于《河北师范大学学报（教育科学版）》2012年第6期，有修改。

务社会之外的第四个主要职能。四个职能既相互联系又相互独立，成为高校办学职能定位的方向，各高校应将这四大职能贯穿于其发展的全部过程之中。近年来，随着高校发展定位侧重点的不同变化，不同的学校类型开始出现，如教学型、教学研究型、研究教学型和研究型等。但是，不难看出，学校定位发展的侧重点似乎只游离于"教学"和"科研"两大职能之间，而对于"服务"和"文化"功能的侧重倾向却很少看到。教学服务型大学的提出充分体现了高校社会服务的功能侧重，对于当前处在转型选择中的独立学院而言，可以为其未来发展的战略定位指明方向。

近年来，学界对教学服务型大学的理论研究与实践探索不断深入，形成了部分高水平的研究成果，以华中科技大学刘献君发表于《教育研究》的《建设教学服务型大学——兼论高等学校分类》一文为起点，一些民办高校，如浙江树人大学、黑龙江科技学院等也将教学服务型高校的办学定位写入其未来的发展规划中，开始了理论与实践的进一步探索。但总体看来，教学服务型大学办学定位的提出在我国尚处于起步阶段，相关研究还不够充分，对实践操作的指导性还有待于明确和规范。笔者试图从"教学全面质量管理"模型中的"顾客及其需求"视角出发，厘定教学服务型大学的内涵。

从"顾客及其需求"视角出发，确立高等学校教学服务型大学的办学定位，是高校适应当前高等教育发展现状，提高人才培养质量的必然要求。顾客需求的满足是实现高校与服务对象双赢的前提和基础，高等教育办学质量的高低需要接受其服务对象满意标准的衡量和评价。高校服务的顾客包括外部顾客和内部顾客两个方面，本文主要从外部顾客的视角进行论述。这里的外部顾客主要指政府、企业、用人单位、教学合作单位及其他需要服务的非正式组织。教学服务型高校就是要将服务的理念贯穿于学校的教学、科研、人才培养的全部事务中，做到"服务无处不在，服务无时不在"。高校要让顾客满意，就必须满足不同顾客的不同需求，如政府的决策咨询需求，企业的产品研发需求，用人单位的用工人才需求，教学合作单位的技术发展需求，以及其他需要服务的非正式组织的多样化需求。对于企业而言，顾客满意是其生存发展的根本。同样地，对于当前由"卖方市场"向"买方市场"转变的高等教育来说，教育服务质量的好坏和顾客满意度的高低将直接影响高校的生存与发展，尤其是对于社会认可度还不是很高的独立学院而言，这将直接影响其生源份额和未来走向。独立学院作为国家高等教育改革的"试水区"，它的设置初衷就是要满足广大学生"购买服务"、接受高等教育的需求，其创办之初就带有浓重的"服务"意蕴。近年来，随着部分企业、财团的加入，独立学院已经成为高等教育的重要投资和消费领域。既然高等教育属于服务行业，那么顾客的满意度将成为评价高等教育所提供的服务质量高低的重要标准。独立学院作为提供教育服务的机构和主体，由于其市场化的运行机制，追求办学效益成为教育投资者的诉求，但只有强化服务理念，增强服务意识，承担服务义务，提升服务质量，满足教育消费者的多样化需求，独立学院才能在激烈的市场竞争中找到属于自己的空间。综上所述，教学服务型大学就是学校的一切事务均以顾客的需求为依据，以让顾客满意为宗旨，以增强服务能力为核心，以提高服务质量为目标的办学定位。

二、教学服务型大学：独立学院的现实选择

1. 生源危机：定位应用型人才培养

近年来，随着高等教育市场结构的转型，高校的生源竞争日益激烈，明确办学定位和人才培养定位成为独立学院可持续发展的必要保证。独立学院自办学之初就依托于母体院校的办学资源和品牌优势，很多独立学院都套用甚至照搬了母体高校的人才培养理念和人才培养方案，而缺乏对自身办学定位和人才培养定位的理性思考，使自身迷茫于"知识本位"与"服务本位"的诉求之间，导致培养出的毕业生在就业市场上遇到很多尴尬，从而影响独立学院的社会认可度。教学服务型大学的办学定位，明确了独立学院人才培养的规格属性，即"以市场需求为基础，以服务市场为宗旨，以学生就业为目标，以实践能力培养为核心"，能利用其办学体制差异和"船小好调头"的优势，紧密贴近市场需求，灵活调整专业设置，科学设计本科人才培养方案。因此，独立学院既要充分利用母体高校人才培养的资源和优势，也要鲜明彰显独立学院人才培养的本位与特色。

2. 科研薄弱：注重开展应用性研究

从独立学院的科研状况来看，独立学院由于受到办学起步晚、对母体院校依附强、自身教师工作量大、科研队伍学历低、投资方的办学理念及办学经费等因素的制约，普遍存在项目申报难、研究队伍弱、前期成果少、研究经费薄、成果水平低等问题。近年来，独立学院教师队伍学历层次不断提高，科研成果逐步成型，很多学院也注意到科研对教师专业成长及教学质量提升的重要推动作用，因此，不断健全科研经费、科研考核、科研奖励等方面的制度。但是，目前独立学院的科研定位仍比较模糊，存在学术性、基础性研究薄弱，应用性研究缺乏等问题。教学服务型大学的科研定位为应用性研究，这也正符合独立学院的科研转型，独立学院应整合现有研究力量，深入了解地方产业，服务广大中小型企业，充分发挥自身体制机制优势，将有限的科研经费投入无限的社会服务中。

3. 经费单一：追求社会资金注入

近年来，随着独立学院在校生人数的不断增加、教学科研水平的日益提升、基础设施的逐渐完善，其所需要的办学经费和各项投入也不断增加。多年来，我国高等教育对独立学院的投入严重不足，使其一直处于自负盈亏的运行状态。面对当前独立学院投资主体单一化的现状，在没有得到国家财政投入的前提下，广泛吸引社会资金的注入、多渠道筹集办学经费、降低人才培养成本成为独立学院可持续发展的重要保障。教学服务型大学的战略选择就是要充分发挥独立学院灵活的办学机制和办学自主性，主动建立与社会各方面的服务合作关系，本着"共同参与、成本分担、资源共享、利益双赢"的原则，通过校企合作、工学结合、产教融合等多样化的人才培养模式，吸引广大企业参与到学院的人才培养和科学研究过程中。这样既能拓宽独立学院办学经费的来源，又能在某种程度上降低校内人才培养的成本，同时，也能有效促进独立学院服务能力和服务质量的提升。

4. 地方办学：强调服务区域发展

独立学院大多具有地方性的办学特征，即生源来源于本地区，学生就业于本地区，科研服务于本地区，成果转化于本地区，文化创新于本地区。很多独立学院成为当地唯一的本科院校，其本身就肩负着推动地方经济发展、为地方培养应用型技术人才、繁荣地方文化，为政府决策和发展规划提供重要精神动力和智力支持的重任。但在实际办学过程中，独立学院多拘囿于自身教学、科研的限制领域内，对社会服务的责任义务缺乏足够的认识，导致社会对独立学院服务性价值认可的模糊。教学服务型大学的转型定位就是要强调独立学院服务区域经济发展的功能和作用，使其自觉担当起区域人才培养、科学研究、文化传承等责任，真正做到"立足地方做贡献，突出贡献求发展"，使独立学院成为地方经济发展的引擎，提高其社会服务价值的顾客满意度。

三、教学服务体系的构建：独立学院转型的实践路径

1. 树立服务意识，转变办学理念

教学服务型大学作为一种全新的大学办学定位的尝试和探索，强调要将服务作为学习一切事务的出发点和落脚点，将服务的理念和意识贯穿于人才培养、科学研究、文化传承等工作的全过程中，以满足地方区域经济发展为宗旨，满足广大学校顾客的需求为目标，最终实现学校与社会的边界融通，互利双赢。独立学

院要顺利实现自身办学定位的科学转型，需要牢固树立服务理念，转变办学指导思想。根据教学服务型大学的内涵和要求，独立学院应"面向社会办学，遵循市场调整，满足区域需求，强化服务功能"，力图实现自身办学的"四个转变"：学校发展的定位，实现从注重"闭门造车"向注重开放融合的转变；管理理念的定位，实现从注重刚性管理向注重服务需求的转变；人才培养的定位，实现从注重知识型人才培养向注重高级应用型人才培养的转变；科学研究的定位，实现从注重基础性、学术性研究向注重应用性研究的转变。独立学院要实现上述定位的转变，需要在广大教职员工中开展学校办学定位大讨论，使教学服务型大学的理念和要求为大家所知、让大家所思、为大家所行，增强员工的服务主动性和自觉性，在全校范围内培育"以服务求发展"的校园文化。此外，还需要学校在组织领导、制度支持、经费保障和后勤服务等方面出台相应的规划目标、行动方案、政策指导和评价考核等文件，真正使转变落到实处，使服务引领方向。

2. 明确服务方向，扩展服务空间

教学服务型大学强调学校办学的服务属性，所以，学校应了解和掌握自身服务的顾客及其需求，以增强服务工作的针对性和实效性。独立学院的地方性办学特征，使其成为地方经济发展的重要智力支持。独立学院应立足地方社会发展需求，在政府决策参考、社会文化推进、中小企业发展等方面发挥自身的服务功能，尤其应注重与区域内中小企业的合作办学。中小企业成为独立学院学生实习实践的重要基地，也是学生未来求职就业的主要方向，与中小企业建立良好的合作关系成为独立学院提高人才培养质量、降低人才培养成本、增强学生就业、扩大办学经费、培养"双师型"教师的有效途径。面对当前中小企业的快速发展，各类应用型人才需求的日益增加，产品研发升级换代的加速，中小企业对地方高校人才培养和科学研究的依赖性和合作意愿逐渐增强。独立学院应抓住机遇，分析市场，建立与地方经济发展相适应、与产业发展相衔接，结构合理、类型多样、机制灵活、充满活力的服务型区域高等教育体系，[1] 要努力将独立学院办成为中小企业培养专业技术人员和中层管理人员等应用型人才，为中小企业产品研发升级提供技术支持和研究保障，为中小企业文化创造核心元素的教学服务型本科院校。

3. 厘定服务内容，优化服务途径

独立学院服务地方经济的功能主要通过应用型人才培养和应用型科学研究两个途径来实现。对于教学服务型大学，教学无疑是学校的中心工作，人才培养是学校的根本任务。区别于一般的转型模式，教学服务型大学要求高校培养的是大批应用型人才，使培养的人才能迅速融入社会经济发展，为经济社会发展做出贡献。[2] 独立学院应在服务理念的指导下，合理优化专业设置，科学修订人才培养方案，精炼提升课程内涵，强化实习实践教学环节。首先，应明确人才培养目标定位：培养适应地方经济建设、文化建设、社会发展与改革需要的复合型应用人才；培养具有较强创业意识、创新精神和动手实践能力的高素质人才；培养特色较鲜明、个性较突出、适应能力较强和可持续发展能力较强的高级专门人才；培养道德品质过硬、综合能力较强、核心能力较突出和可雇用性较强的高素质应用型人才。其次，要确定人才培养理念：坚持德育为先；坚持能力为重；重视推进自主学习；坚持成人教育与成才教育相辅相成；坚持人文教育与科技教育相融相通；坚持学识与技能相促相生；坚持课内与课外相连相助；坚持养育与教育相结合；坚持培养与培训相结合；坚持理论与实践相结合。再次，要合理布局专业，即按照"贴近市场、对接职场"的原则调整专业布局，充分发挥独立学院办学体制机制灵活的优势，有效提高自身专业的社会需求性和适应性。最后，要优化课程设计，本着"精理论、强实践、显职业、重能力"的方案设计思路，坚持以提高学生的综合素养与核心能力为主旨，以加强实习、实验和实训为重点，注重品格、知识和能力"三位一体"基础上的综合协调发展，科学合理地设置由生涯规划、就业指导、职场面面观等课程组成的课程链，以增强学生的就业意识、职业适应性与可雇用性。

4. 提升服务能力，体现服务特色

"强教必先强师"，要提升教学服务型定位下独立学院的社会服务能力并体现其服务特色，教师队伍建设和管理服务效率的提高成为关键环节。威斯康星大学的范海斯校长认为："鞋子上沾满牛粪的教授是最好的教授。"独立学院在教师引进和培养中，应努力做到以下几点：要重视教师的价值认同；教师要热爱地方、融入地方、甘于清贫、乐于奉献；既要重"学"，又要重"术"。其中，"学"指"求真"，指基础理论研究学术型人才；"术"指"求用"，指应用研究、实用型人才。[3] 独立学院应注重"双师型"教师队伍建设，培养一批既掌握扎实理论基础知识，又具备丰富实践经验的教师，要建立教师社会实践能力培养长效机制，有计划、有步骤地安排教师进行培训和进修，要求相关专业教师三年内至少有不少于一学期的企业实践经历，有针对性地进行系统的提高性培训；此外，还要建立"双师型"教师评价考核体系，提高"双师型"教师的地位、待遇。同时，教学服务型大学定位的转型必须建立与此相适应的管理体制和机制。针对当前部分教学服务型高校内部管理和制度设计与外部经济和社会需求相隔离的现状，独立学院应按照顾客需求重新配置管理资源、优化管理流程，改善组织结构，提高管理效能，改变考核方式，从制度上营造教学服务型大学建设的氛围，[4] 经过全校教职员工的共同努力，经过多年办学转型探索的沉淀和凝练，形成富有独立学院特色的教学服务体系。

参考文献

［1］孙惠敏.面向区域中小企业 建设教学服务型本科院校［J］.中国高等教育，2011（17）：26-28.

［2］陈新民，王一涛.教学服务型大学：新建本科院校的重要发展趋势［J］.教育发展研究，2011，31（17）：29-33.

［3］刘献君.建设教学服务型大学——兼论高等学校分类［J］.教育研究，2007（7）：31-35.

［4］徐绪卿，周朝成.教学服务型大学：民办高等学校的新定位［J］.中国高教研究，2011（10）：59-62.

自媒体语境下高校思想政治教育
话语重构与风险规避[*]

【内容摘要】 自媒体语境下的高校思想政治教育话语体系面临着多重矛盾与挑战。思想政治教育的话语重构是掌握思想政治教育话语权的必然要求，是提升思想政治教育价值认同的应然选择，是应对自媒体复杂语境的现实需要。因此，本文提出了如下对策：从"政治文本"到"现实生活"，重构思想政治教育的话语内容；从"主客二元"到"主体间性"，转换思想政治教育的话语方式；从"整体呈现"到"精准传播"，创新思想政治教育的话语形式；从"情境创设"到"信息过滤"，优化思想政治教育的话语环境。与此同时，本文还提出，应避免"泛娱乐化""技术至上""低级迎合"等风险。

【关键词】 自媒体；思想政治教育；话语重构；风险规避

近年来，移动互联、大数据、人工智能等技术的快速发展和更新迭代，对人类的生活产生了颠覆性变革。依托信息技术诞生的自媒体，如微言、抖音、秒拍等传播方式，以其主体的多元化、平台的开放化、信息的海量化、传播的即时性和反馈的交互性等特征受到大学生的广泛欢迎。自媒体时代的话语传播语境，突破了传统高校思想政治教育话语的场域藩篱，为思想政治教育话语模式的发展带来了前所未有的机遇，同时因其复杂的话语传播环境和叠加的话语传播内容及方式也给传统的思想政治教育话语体系带来了冲击与挑战。教育部等八部门联合发布的《关于加快构建高校思想政治工作体系的意见》指出，"应充分发挥新媒体平台对高校思政工作的促进作用"。思想政治教育话语作为思想政治教育实施的重要中介，高校作为大学生思想政治教育话语传播的主阵地，面对各种思想的交锋混杂，如何充分发挥"自媒体"的正能量，将思想政治教育的话语转型压力转换为动力，推进思想政治教育话语的时代重塑成为提升高校思想政治教育实效的必然要求，同时也是高校教育工作者要面对和解决的时代课题。

---

* 本文原刊于《教育评论》2023 年第 5 期，有修改。

一、自媒体语境下高校思想政治教育话语重构的价值维度

（一）掌握思想政治教育话语权的必然要求

高校的思想政治教育话语是高校思想政治教育工作者在对受教育者进行思想教育和人才培养的过程中所使用的传播与表达的内容及工具的呈现方式。高校是各种精神思潮交汇的重要场域，思想政治教育话语不仅要体现国家意志和政治诉求，更要掌握话语权利、履行话语传播责任。话语权是话语所具有的潜在影响力，即通过话语来控制舆论方向的权利。法国思想家福柯认为："话语是一种权力关系，它意味着谁有发言权谁无发言权。"[1] 高校思想政治教育作为意识形态工作的主渠道，思想政治教育话语权是思想政治教育的核心范畴和关键媒介。思想政治教育话语权是思想政治教育统领话语的一种主导权利，能够实现对思想政治教育话语的管控与定向，坚持社会主义方向和促进人的全面发展的根本立场，确保社会主流意识形态和社会舆论的有效实践。当前，随着思想政治教育话语传播生态格局的变化，传统思想政治教育话语传播的时空范畴和内容方式正受到多元文化的冲击与挑战。因此，在自媒体时代，高校思想政治教育工作者必须紧跟时代变迁，转换传统思政话语的表达方式。自媒体时代的"人人发声""话语释放""快速辐射"，打破了传统思想政治教育话语体系中的政治原则和绝对权威，使得思想政治教育话语权日益式微。重构思想政治教育话语体系与自媒体发展之间并不相悖，而是要借助自媒体优势扩展思想政治教育的信息资源，突破时空限制，掌握自媒体舆论的主导权。

（二）提升思想政治教育价值认同的应然选择

弗洛伊德认为，"认同是个体对他人或团体的价值、规范、要求等内化为自己的行为方式的过程"。大学生思想政治教育的价值认同就是大学生在处理自我与思想政治教育要求的关系时，能够基于自身需要和价值认知，主观接受思想政治教育的价值规范，并通过调整自己的思想与行为使之与思想政治教育提出的规范要求相一致。思想政治教育的价值认同包括价值主体、价值内容和价值载体等方面的认同，而其中价值内容的认同是核心关键。自媒体时代的话语表达更加大众化、自由化、娱乐化和碎片化，很大程度上造成了话语的"失

范性"，自媒体语境下教育主体身份的"虚拟化"和"多元化"，教育内容的"纷繁多变"和"良莠混杂"，教育传播方式的"非线性"和"扁平式"，使思想政治教育的认同度有所下降。自媒体话语的夸张表达带来了网络话语聚集和全民热议等，引发舆论危机，造成大学生对高校思想政治教育话语价值认同的危机。同时，鉴于自媒体话语传播的碎片化特征，这容易造成话语内容的"断章取义""价值分解""价值质疑"，经过自媒体的广泛传播将使高校思想政治教育话语的价值陷入认同危机，甚至滋生社会谣言和产生错误导向。重构思想政治教育话语体系就是对话语的传播内容、表达方式、呈现形式和话语环境等进行转换与重塑，增强思想政治教育话语的说服力、亲和力、感染力和引导力，在更大程度上满足大学生的利益诉求与价值偏好，强化大学生对思想政治教育的认同。

（三）应对自媒体复杂语境的现实需要

语境是言语的使用环境，是话语生成、交往与应用的土壤。话语是否有效力取决于其话语的适应力。话语的适应力是指话语在不同的语言环境中所发挥的效力和适应能力，话语只有符合和适应特定的语境才能具有话语力量和话语意义。作为与时代发展紧密关联的高校思想政治教育，必须植根于现实社会的时代土壤中才能发挥其最大效用。一直以来，我国高校思想政治教育话语的政治色彩和权力色彩浓厚，在特定的时代背景下对加强大学生思想政治教育和巩固主流意识形态发挥了积极作用。随着自媒体传播时代的到来，思想政治教育话语的语境正悄然发生着变化。波兰人类学家 B. Malinowski 将语境分为"情景语境"和"文化语境"两类，认为只有当话语与所处的现实语境相符时，其内涵才能更加丰富，作用才能得到有效发挥。从"情景语境"的视角，自媒体语境下的师生思想政治教育话语交往已经发生了本质变化，随着教育者的"话语垄断"被打破以及受教育者话语的独立性与主体性增强，师生之间需要构建更为和谐的话语交往关系，这就要求高校的思想政治教育话语改变原有固化、教条式话语体系和表达方式；从"文化语境"的视角，自媒体平台中渗透着多元思潮，传递着复杂文化，不同话语体系与舆论场的形成对高校主流意识形态教育形成了剧烈冲击甚至严重障碍，这就要求思想政治教育话语必须紧跟时代的变迁，改变原有的表达内容与表达方式，增强其在自媒体语境下的话语传播优势。

二、自媒体语境下高校思想政治教育
话语面临的矛盾挑战

（一）自媒体"生活化"的传播内容挑战思想政治教育话语的"学理表达"

思想政治教育的话语内容是教育工作者依据思想政治教育目标、任务及受教育者实际情况，选择传递给教育对象的符合社会主流意识形态的政治观点、道德规范及思想观念等话语范围。由于历史和现实的多重原因，思想政治教育更注重话语内容的"学理表达"，疏离了对现实生活的关照与解释，忽视了人们现实生活中的丰富多彩和生机盎然，造成了思想政治教育话语内容枯燥和不接"地气"。生活世界中蕴含着丰富的思想道德教育资源，高校的思想政治教育要取得实效，必须使自身的教育目标、教育内容、教育方法等契合大学生的现实生活，以学生的生活世界为教育的起点与终点。自媒体语境下的话语传播内容更加海量，具有显著的个性色彩，大学生更乐于接受生活化和网络化的媒体语言，更喜欢根据自己的发展需要选择教育内容，更加关注发生在身边的人和事，更愿意对自己及身边的"微生活"发表感悟，这就与传统思想政治教育的晦涩、固化、远离生活的话语内容形成矛盾与冲突，进而在内心深处产生对思想政治教育话语的厌恶与排斥。

（二）自媒体"多元化"的传播主体挑战思想政治教育话语的"一元体系"

话语作为社会交往的基本工具，话语交往的前提应是双方存在正当的、平等的主体间性关系。话语具有建构功能，能在话语的建构中体现主体的价值意图和价值导向。长期以来，我国的思想政治教育话语形成了在权力话语主导下的一元体系，具体表现为在思想政治教育活动中教育者处于绝对支配地位，学生的话语权被剥夺，鲜有表达自己观点的话语空间，这种话语关系忽视了学生的思想认知和内心感受，缺少与学生的对话与交流，这样的主体间话语关系显得苍白又陌生。自媒体打破了传统思想政治教育中教育主体的话语垄断，其参与性和平等性得到明显提升，赋予受教育者更为充分的表达空间与话语机会。自媒体的平等性、草根性、自主性和"去中心化"的传播特征，使原有的传播受众转变为传播主体，人人都可以成为媒体信息的参与者和建构者。同时，自媒体变革了原有单向的话语交往方式，每个主体的话语都可以被自由表达与主动赋权，受教育者的主体地位明显提升，他们更渴望平等、民主的师生交往、情感表达与话语共享，这与传统思想政治教育话语体系形成矛盾，撼动了传统的思想政治教育话语的权威性。

（三）自媒体"碎片化"的传播方式挑战思想政治教育话语的"宏大叙事"

碎片化是指完整的东西破解成诸多零块。随着互联网时代的到来，数字技术、网络技术、传输技术的大量应用，大大强化了受众作为传播个体处理信息的能力，碎片化不仅让受众群体细分呈现为碎片化现象，也引发了受众个性化的信息需求，使整个网络传播呈现为碎片化语境。在这样碎片化的环境中，每个人就都可以连接到一部分人，从而成为一个小群体，这就是自媒体成功的关键。对碎片化的研究最早见于20世纪80年代"后现代主义"研究文献中，碎片化总是与重构结合在一起，是一个打破一元、关注局部、推进创新的过程。自媒体受众的碎片化、内容的碎片化、传播方式的碎片化等特征，提出了细分受众、精准传播的新要求。[2] 传统思想政治教育的"宏大叙事"和刻板老套造成思想政治教育话语缺乏生动性和吸引力，而自媒体碎片化、片段化、零散化和拼凑式的叙事结构打破了传统思想政治教育话语的线性叙事结构，将原先完整和无限的教育内容剪辑为网状、立体式的片段结构，这样的呈现更符合当代青年的信息接收方式，更受到当代大学生的欢迎，这与传统思想政治教育话语的"宏大叙事"与"长篇大论"的刻板表达相矛盾，进而造成了受众对思想政治教育话语的疏远。

（四）自媒体"开放化"的传播场域挑战思想政治教育话语的"生态格局"

场域是社会世界分化后产生的多个相互关联和相互影响的"小世界"及其在相互关系中形成的关联系统。传统的高校思想政治教育场域是高校在思想政治教育活动中所形成的能够达到育人目标的各类社会空间的综合，包括学校、社区、家庭、社会等多个场域，思想政治教育总是在一定的社会环境中开展并受到环境的制约。信息技术的发展扩展了人类生存与生活的空间，使人们同时存在于"现实世界"和"虚拟世界"两个场域中，人们在社会交往中的身份变得虚拟，"媒介化生存"正在成为当前人们生活的新常态。虚拟的自媒体空间成为思想政治教育话语重构的有效平台和场域延伸，与现实教育场域相比，虚拟教育场域打破了传统思想政治教育的时空边界，其开放性、平等性和共享性等特征更加明显。自媒体构建了一个由虚拟符号构建起来的虚拟话语空间，大大延拓了思想政治教育的空间场域。[3] 现实世界与虚拟世界的界限逐渐模糊，两者相互补充，彼此渗透融合，自媒体通过虚拟交往与现实交流相结合的方式，使思想政治教育的空间从封闭单一的实体场域走向综合开放的生态网络圈层，自媒体所营造的虚拟学习和生活环境打破了传统高校思想政治教育话语的"生态格局"。

三、自媒体语境下高校思想政治教育话语重构的实践路径

（一）从"政治文本"到"现实生活"：重构思想政治教育的话语内容

生活是人的存在方式最生动、最质朴、最生动的表达。[4] 思想政治教育面对的是生活世界中的大学生，其话语内容应摆脱学术化的文本束缚，走进生活、回归生活。自媒体碎片化的信息中呈现了大量真实生活内容，为思想政治教育提供了丰富的话语素材，将现实生活和当代特征融入思想政治教育话语是自媒体语境下高校思想政治教育话语重构的基本要求。首先，立足生活，从现实生活中丰富话语内容。大学生的日常生活丰富多彩，思想政治教育者应走进学生的生活，充分尊重学生的个性差异，并善于从他们的身边寻找教育契机和话语资源，将这些素材进行整理归纳，将原先枯燥乏味的教育理论转化为学生的日常生活话语。尤其是面对自媒体话语的时代符号，思想政治教育者应增强思想政治教育话的开放性和包容性，让思想政治教育话语更"接地气"，更有"生活味"。其次，关照生活，充分反映学生现实诉求。话语作为一种语言符号，其产生源于主体的现实生活需求，自媒体时代的传播方式之所以受到学生的喜欢，主要源于其贴近学生生活并满足了学生个体的多样化诉求，因此，思想政治教育者应调查或洞察新时代大学生的个性需求，找准思想政治教育话语与大学生发展需求的契合点，通过生活化的教育语言帮助学生解疑释惑。最后，回归生活，实现理论话语生活化。在新媒体复杂的语境下，传统的思想政治教育话语显得空洞而乏力，疏远了师生之间的情感距离。相比晦涩难懂、空洞抽象的思想政治理论话语，自媒体的多样化表达更容易被大学生所接受，思想政治教育者应将"宏大叙事"的政治文本内容与学生喜闻乐见的生活化语言相融合，在解释生活现象和解决生活问题的过程中增强思想政治教育话语的亲和力、引导力、说服力和感染力。

（二）从"主客二元"到"主体间性"：转换思想政治教育的话语方式

主体间性是研究或规范一个主体怎样与完整的作为主体运作的另一个主体互相作用的。海德格尔认为，生存不是在主客二分的基础上进行的主体构造和客体

征服，而是自我主体与对象主体之间以文化、语言、社会关系为中介的交往、对话。传统的思想政治教育话语交往剥夺了学生的话语权利，使本应师生之间的深度交流变成教育者的"独白"，也造成了思想政治教育的"单向灌输"。随着自媒体话语情境的转换，需要对传统思想政治教育的"独白式"话语方式进行及时调整，需要打破原有的话语交往方式中的"主客二分"，构建和谐平等的对话方式。首先，转换角色，构建主体间性的对话关系。话语交往首先应该是一种建立在主体之间的平等的交流过程。在理想沟通情境中，每个进入话语论证的人必须具有同等参与话语的权利和表达话语的权利。[5] 自媒体作为开放的交往空间，要求思想政治教育者的角色从权威者转变为对话者，从控制者转变为沟通者，在双方的交往中充分尊重受教育者的话语权和主体人格，给予学生足够的话语表达权利与表达空间。其次，心灵融合，构建轻松愉悦的对话环境。平等和谐的对话环境将迅速拉近对话双方的心理距离，思想政治教育者应主动剖析学生心理需求，准确把握自媒体语境下当代大学生的心理特点和现实诉求，倾听学生心声，以贴近生活、贴近时代的话语，以聊天式、谈话式等方式加强对学生的人文关怀和心理疏导，营造亲和、温暖的对话环境。最后，虚拟角色，创新思想交往的对话模式。自媒体改变了人们传统的话语表达方式，思想政治教育者应充分利用自媒体平台时空无限的传播优势及学生乐于接受的话语形式，通过"线上聊天""虚拟角色""匿名网友""点赞评论"等创新对话模式，提升话语交往的有效性。

（三）从"整体呈现"到"精准传播"：创新思想政治教育的话语形式

话语形式是思想政治教育话语内容的外在表现，网络时代的话语形式必须灵活多样。[6] 自媒体碎片化的传播方式在顺应了受众个性化的信息需求的同时，也将受众按其不同的信息接收方式和信息理解程度等分为了不同的信息主体，[2] 那些"志同道合"的主体将逐渐形成无形的"网络社群"，进而实现群体内的信息共享和身份认同。自媒体语境下的思想政治教育工作者应打破"闭环场域"，将自己融入不同的社群之中，实现思想政治教育话语的精准传播。首先，拓展渠道，丰富思想政治教育话语载体。依托新媒体建构思想政治教育传播平台是时代发展的现实要求，这既是时代发展的新需求，也是思想政治教育话语权发展的规律要求。高校应主动建立思想政治教育的权威官方媒体，充分发挥其意见领袖、信息引导、组织凝聚和人文关怀的功能，同时不断拓展渠道，实现话语载体的多元化。其次，创新形式，增强思想政治教育话语活力。要充分发挥自媒体"短、频、快"的传播优势，可以利用微信公众号、抖音、微博、秒拍、朋友圈、App等工具，通过及时与受众的互动，以及制作现实性强、趣味性足、传播性高的

"短视频""小故事""微新闻"等网络作品紧扣时代脉搏，紧抓时代情怀，宣传国家政治民生、讲好中国故事、传播身边的先进典型、解惑学生的成长疑问，增强话语的生动力和感染力。最后，转化吸收，充实思想政治教育话语资源。大学生是网络语言的积极接受与使用者，这些"热词"体现了学生关注的热点与生活状态，也表达了他们的心理需求与情感诉求。面对自媒体语境下丰富的网络话语资源，思想政治教育工作者应精准研判网络热词，充分吸收网络流行语中的正能量，并与思想政治教育话语相融合，增强网络语言的育人价值。[7]

（四）从"情境创设"到"信息过滤"：优化思想政治教育的话语环境

优化高校思想政治教育话语环境，构建安全稳定的网络话语空间是自媒体语境下思想政治教育话语重构的重要保障。自媒体网络环境的优劣直接影响到受教育者的思想与行为导向。自媒体场域的开放性、虚拟性等特征，使得当前思想政治教育的话语环境更加复杂，自媒体作为开放的信息平台融合了不同民族、不同地区、不同国家和不同文化的信息元素，[8] 这就对高校及思想政治教育工作者如何在错综复杂的环境中加强学生的意识形态教育提出了更高要求。首先，完善体系，加强高校网络舆情监督。面对自媒体的"管理真空"及其带来的负面效应，高校应组建专业的网络舆情监控团队，通过健全相关预警制度，完善预警职能体系，提高对舆情导向的敏感性、自觉性和警觉性，充分利用大数据、物联网等信息技术，对大学生的自媒体使用量、活跃度和重点关注领域等进行"精准画像"，掌握舆情动态，及时止损，处理舆情危机，第一时间掌握舆情导向的主动权。其次，多措并举，提升教育者媒介素养。思想政治教育工作者应与时俱进，在面对自媒体等多种新兴传播平台时应不断加强自身媒介素养，既要坚定自身的政治立场和价值导向，又要掌握自媒体的运行特征和操作技巧，熟悉自媒体的话语体系和交往方式，掌握大学生自我发展的新要求和新特点，积极探索新形势下大学生思想政治教育的新方法和新途径。最后，协同保障，营建和谐校园文化。自媒体时代的校园文化其原有的简单纯朴的特征正在被网络文化所重新塑造。高校应从思政课程和课程思政的双重视角来探索自媒体时代的思想政治教育如何与学校校园文化建设相统一。高校应统整各相关职能部门协同育人的联动效应，将思想政治教育融入专业建设、课程建设、课堂教学和课外活动等育人环节，充分利用自媒体传播优势牢牢掌握校园文化建设的主动权，打造校园和谐生态。

四、自媒体语境下高校思想政治教育
话语重构的风险规避

（一）坚持思想政治教育话语的意识形态属性，避免"泛娱乐化"风险

意识形态性是思想政治教育的根本属性，思想政治教育话语作为思想政治教育活动的基本媒介，要服从和服务于社会主义的意识形态和价值观要求，要为马克思主义意识形态的主导权进行合理性和合法性的论证和辩护。然而，在追逐时尚、竞争激烈的当代社会，娱乐成为人们的一种精神寄托，其对人的驾驭与控制超出以往任何时代。所谓"泛娱乐化"就是以"找乐主义""消费至上""疯狂解构""演绎加工"等价值取向为核心，以现代媒体尤其是新媒体和自媒体为主要载体，以内容浅薄空洞的方式，试图放松人们的紧张神经，从而达到快感的一种文化现象。"泛娱乐化"背后，其实是对真相的"遮蔽"，是对历史的一种"去价值化"，最终导致整个社会缺乏必要的责任感。"泛娱乐化"所包含的价值追求冲击着思想政治教育的话语权威。虽然我们主张在自媒体语境中对传统思想政治教育话语进行转型重构，但并不是要构建一种"泛娱乐化"的"伪语境"。思想政治教育话语要改变原来的严肃、枯燥，但并不是脱离主题的哗众取宠，不是"唯乐主义"的快乐膜拜，思想政治教育工作者应始终坚守主流意识形态，坚持教育的科学性与艺术性，在娱乐性和教育性之间找到最佳契合点。

（二）坚持思想政治教育话语的立德树人任务，避免"技术至上"风险

立德树人是新时期教育的根本任务，是办好人民满意教育的必然选择，更是高校思想政治教育的中心环节，立德树人的关键首先在于以人为本。习近平总书记指出，思想政治工作从根本上说是做人的工作，必须围绕学生、关照学生、服务学生，让学生成为德才兼备、全面发展的人才。随着自媒体时代的到来，传播方式和途径更加现代化、多样化，我们虽然主张高校应不断完善主流媒体平台，充分利用各类信息传播工具，但平台或工具只是思想政治教育的载体而并非其全部。今天的"技术"成为与"现代"挂钩的直接标准，不免出现思想政治教育过程中的"技术至上"倾向，往往在追求效率快速呈现的过程中忽视了教育的生成与创造。思想政治教育的过程是师生双方认知与情感的互动过程，多样化的传播平台无法替代教育者的主体角色，现代化的传播制作技术无法实现人机之间

的情感交流。一旦将信息技术在思想政治教育中的作用夸大化，就会违背教育的本质与规律。技术本身并没有错，错在了使用的方式方法。在重构思想政治教育话语过程中应始终坚守"做人的工作"，既要利用各种现代化技术丰富传播载体，创新信息传播方式，也要加强与受众的心灵互动与情感互融，实现基于信息技术的充分交往。

（三）坚持思想政治教育话语的受众本位原则，避免"低级迎合"风险

随着西方传播理论发展，受众由被漠视至被重视的脉络已十分清晰，传播模式也逐渐由"传播者本位"和"教育者权威"转变为"接受者本位"和"受众为中心"。在自媒体"去中心化"的场域中，自媒体的反控制、反垄断和反权威特性更为明显，体现了对话语主体的权利尊重。"受众本位"是指大众传播媒介在信息的传播活动中，应以最大限度地维护受众的根本利益为出发点，以满足受众获取多方面信息的需要。因此，自媒体语境下的思想政治教育的话语重构应坚持"受众本位"是毫无疑问的，只有从受众的接受过程进行思考和行动才能确保实施效果。当然，"受众本位"不等于"低级迎合"，一旦受众的中心地位被过度放大，将会背离思想政治教育的基本规律，进而造成"受众本位"的无节制发展。当代大学生的人生观、价值观尚不健全，正处于价值判断的"动荡期"，时常会出现非理性的选择与判断、言论与行为，这就需要思想政治教育工作者要充分利用自媒体的传播优势和话语资源，尊重受众的主体地位，满足学生的个性化需要。同时，通俗不等于低俗，思想政治教育者也应成为自媒体话语传播内容的"把关人"，取之精华，去其糟粕，加强对学生真、善、美的引导。

参考文献

［1］欧阳光明，刘秉鑫. 新媒体时代思想政治教育话语权及其建构维度［J］. 思想理论教育，2016（6）：49-53.

［2］杨柳青，王建新. 解构与重构：基于自媒体信息碎片化传播的思想政治教育话语研究［J］. 学习论坛，2020（2）：10-16.

［3］王天琪. 新媒体语境下高校思想政治教育话语权论析［J］. 思想教育研究，2016（12）：61-65.

［4］毕红梅，付林溪. 新媒体语境下高校思想政治教育话语转换探析［J］. 思想教育研究，2015（5）：12-15.

［5］谷佳媚. 话语伦理学与思想政治教育沟通［J］. 教育学术月刊，2009（4）：37-40.

［6］陈伟，胡德平.新媒体语境下大学生思想政治教育话语体系的转变［J］.思想理论教育，2015（1）：88-91.

［7］崔海英.大学生网络思想政治教育话语创新研究［J］.思想理论教育，2016（8）：85-88.

［8］徐璐.自媒体场域下思想政治教育话语重构刍议［J］.理论导刊，2017（11）：98-102.

提升教师理论自觉　助力高质量
教育体系建设[*]

【内容摘要】 加快建设高质量教育体系需要培养高素质的教师队伍。教师的理论自觉有助于教师突破专业发展困境，摆脱经验主导，成为教育理论的"生产者"和"实践者"。目前，教师理论研究主体认同缺失、环境支持缺位、理论供给不足等成为教师理论自觉养成的主要困境，应通过优化培养体系、提升教师理论研究素养，强化主体意识、树立教师理论研究自信，强化制度保障、激发教师理论研究动能，丰富供给路径、创设研究型教师文化等路径提升教师理论自觉，助力高质量教育体系建设。

【关键词】 高质量教育体系；教师；理论自觉

2020 年 10 月，党的十九届五中全会首次明确提出"建设高质量教育体系"，标志着教育进入高质量发展的新时期。[1] 2021 年 3 月发布的《中华人民共和国国民经济和社会发展第十四个五年规划和 2035 年远景目标纲要》进一步明确了高质量教育体系的内容，为新时代教育改革发展指明了方向。[2] 党的二十大报告要求坚持以人民为中心发展教育，加快建设高质量教育体系。在建设高质量教育体系的过程中，培养高素质专业化的教师队伍是第一要义。习近平总书记提出，"有高质量的教师，才有高质量的教育"[3]。2022 年 4 月，教育部等八部门联合印发的《新时代基础教育强师计划》提出：努力造就新时代高素质专业化创新型中小学教师队伍，为加快实现基础教育现代化提供强有力的师资保障，要开展区域教师队伍建设改革试点，包括教师专业发展、教育教学研究与改革等工作。[4] 这就要求教师应不断提升自身理论自觉，对教育实践进行理性审视，突破经验主导，重构自身教育教学理论与经验。

---

　* 本文原刊于《吉林师范大学学报（人文社会科学版）》2023 年第 6 期，有修改。

一、建设高质量教育体系背景下教师理论自觉的时代价值

教师理论自觉是指教师在复杂的教育教学生活中对那些习以为常的教育教学事件有意识地进行"是否如此"和"为何如此"的追问与反思，主要包括对自身主体性角色的理性认知，对教育教学实践的自觉反思，对教育理论的批判与重构三个构成要素。[5] 鲁洁教授曾提出："人只有通过他的自觉反思与批判才有可能发现生活中的困境和问题，达到对现实生活较为全面的理解。"[6] 对于教师而言也是如此，教师只有基于对理论价值的认可，对其日常的教育实践、教学方法以及背后的理论基础等予以自觉的反思与理性的批判，并对自身理论建构者的角色产生明确的价值认同，才能以专业主体的身份投入教育教学实践中，在不断批判与反思的过程中解决问题、提升自身理论应用能力，并不断更新理论。

一方面，理论自觉有助于教师适应教育改革发展需要，突破专业发展困境。基础教育改革的深化发展，对教师素养提出了更高的要求，如何培养高素质专业化创新型教师成为目前所关注的新课题。《教师教育振兴行动计划（2018—2022 年）》提出，要创新教师教育模式，培养未来卓越教师。[7]《新时代基础教育强师计划》立足"十四五"规划，面向 2035 年远景目标，进一步提出要加强教师教育体系建设，提升教师队伍整体素养。不断深化的教育改革过程对教师自身专业发展同样带来了挑战。教师作为教育变革主体，往往会陷入理论学习与实践工作"两张皮"的困境中，认为理论"无用"，无法指导解决实际教育问题。然而这种僵化的思维会进一步抑制教师的创造性发展。值得注意的是，教育理论的对象化与现实化是一个较为复杂的转化过程，需创设多方面条件。[8] 但这并不意味着理论无用，在教育实践过程中，理论就像一座"灯塔"，能帮助教师理解问题的本质以及背后的条理，为实践提供方向。因此，理论自觉能够使教师突破传统的思想束缚，对教育理论的适应性进行反思，从而形成对教育理论的认同感，使其在具体的问题情境中，以理论化的视角、理性的思维重新审视自身教育经验，找到问题的症结所在并寻求更为适当的解决方法，实现对自身经验的超越。

另一方面，理论自觉有助于教师摆脱经验的束缚，成为理论的生产者。叶澜指出，一旦某理论演化为操作或模式，这种操作或模式就成了窒息教育实践勃勃生机的杀手。[9] 经验是教师在长期教育实践中积累的实践智慧。但不容忽视的

是，任何教育经验都是个体在特定的教育环境中通过教育实践活动产生的，具有鲜明的个体烙印和区域特点。[10] 此外，教师个体的经验也只是在不断的总结中所形成的一种熟练的意识。若教师不进行反思，那么这种意识会支配教师的教育行动，束缚教师的发展，使教师成为只是简单传授知识的"教书匠"。因此，教师若仅依赖自身的教育经验或是套用他者的优秀经验，将无法解决所有的实践问题。同样，教育理论也需要得到实践的检验，若是缺乏实践检验，多么严谨、宏大的教育理论最终不能立足于实际。理论自觉倡导的是一种独立意识与批判思维，拥有理论自觉意识的教师，始终保持着一种变革的状态，能够基于教育理论，立足于教育实践，以更广阔的教育视野，批判性地反思所遇到的教育问题并分析其背后深层次的理论关系，实现对理论的更新与重构，进而指导教育实践。同时，教师构建个人理论的过程，也是实现自我更新与自我发展的过程。在这个过程中，教师生成对于教育理论与教育实践的新认识，明确自身"实践工作者"和"教学研究者"的双重角色，从而摆脱"经验主导"，走向"理论自觉"，不断培养自身的理论素养与理性思维，创生出独属于自身的个人理论，成为理论的生产者，推动教师实现高层次的专业发展。

二、建设高质量教育体系背景下教师理论自觉的养成困境

（一）主体困境：教师理论研究素养淡薄与主体性认同缺失

1. 教师理论素养淡薄

教师理论素养的核心是运用教育理论解决教师教学实际问题的能力。教师理论素养的提升是从理论到实践，在实践中形成经验，再从经验到理论的螺旋上升过程。在这个过程中，教师需要不断进行理论知识的更新并进行反思性实践。目前，很多教师在效率取向的教学环境中，往往偏重于用经验来解决问题，对问题的探究浅尝辄止，仅停留在表面。学者在对教师群体进行研究的过程中发现，仅有43.5%的教师能够敏锐地捕捉到教育问题并积极寻求解决方法，且在后续仍对该问题保持探究意愿。其他教师虽能发现问题，但却不愿继续深入探究，或是寻求不到合理的解决办法。[11] 不难看出，教师缺乏对于问题的探索意识。从整体上看，教师拥有发现问题的敏感性，但很少进行主动性的反思，也很少会进一步

对理论进行归纳、演绎以及溯因，部分教师存在弱化理论或泛化理论的现象，导致教育理论越发脱离实践，因此难以更新自身经验并构建个人理论。

2. 教师研究主体性意识缺失

教师作为自觉能动的变革者，要明确教育理论之于自身专业发展以及教育实践的重要价值并拥有理论研究自信。但是实际上，教师往往会迷失于"我是谁""我要做什么""我该怎么做"等问题中。教师理论研究自信不足，容易陷入"理论无用"沼泽。不可否认的是，教师作为实践工作者，在理论研究中则处于被动地位。现实中，存在大部分教师由于外部因素而被动接受理论学习的现象，缺乏学习理论的内在动机，致使自身在理论研究的过程中逐渐"失语"，成为"沉默的大多数"。教师对于教育理论的态度往往是盲目支持以及平移照搬，且对于理论适切性的困惑无法得到疏解，从而导致教师对自身理论的主体角色产生疑惑。长此以往，教师无法养成理论自觉，进而桎梏自身专业发展。

（二）制度困境：教师理论自觉发展的环境支持缺位

1. 制度化分工剥夺教师理论学习空间

教育领域中存在着理论研究者（学科基本理论研究及应用理论研究）和教育实践者（教育行政人员及教师）两方主体。[12] 二者本应相互促进、合作共赢，但是由于制度化分工的产生，二者被人为地设置了生存屏障和边界。理论工作者主动构建并产出理论，而教育实践人员往往更注重效率，被动地接受理论。此外，教师理论自觉地养成，不仅需要主体具有学习主动性，更需要时间、空间、资源等外部环境支持。"闲暇出思想，闲暇出智慧，闲暇出理论"。教师在"效率取向"的工作环境中，往往缺乏闲暇时间主动进行理论学习与理性反思。有调查显示，中小学教师平均每周工作时间为 52.54 小时，但仅有 1/5 的时间用于教学工作，其余时间均被检查、评比等事务剥夺，且 4/5 以上的教师每日反思时间不足 1 小时。[13] 可以看出，由制度化分工所带来的工作压力在一定程度上制约着教师教育理论自觉的发展。

2. 教师研究激励与评价制度缺失

当前我国教师科研激励机制明显不足。运用合理激励手段，能够有效调动教师理论研究积极性与创造性。激励方式包括外部激励（物质激励）和内部激励（精神激励）两种方式。目前，学校通常采用外部激励的手段，通过升薪、升职、评优评先等方式调动教师理论研究的积极性，而忽视了内部激励方式所带给教师的自我价值感。这些外部激励，无法使教师获得持续性的研究动力，而只是停留在工具性的"为了研究而研究"。此外，我国教师研究评价制度单一。学校在对教师理论研究成果进行评价的过程中，更注重结果性评价的使用，采取"量化"的评价方式，以"数量"作为评定教师科研成果与理论学习情况的指标。但这种评价方式忽视了对教师理论研究成果适切性的检验及其自身发展主动性的建构，势必会消减教师理论学习的积极性。

（三）资源困境：缺乏优质的教育理论供给与知识共享渠道

1. 教育理论供给质量参差不齐

高质量的理论供给能够在一定程度上激发教师理论研究热情并推动其创造性思维的形成。但实际上，我国教育理论供给质量参差不齐且缺乏序列性。一方面，在职培训是教师更新理论知识、提高教师能力的重要途径，但现实中，教师培训通常是以短期的集中授课形式进行，且往往是机械式地将知识灌输给教师，知识内容较为单一，缺乏一定的应用深度，忽视了教师在理论建构过程中的主动性；另一方面，教师主动进行理论学习可以通过书籍、期刊、网络资源等方式，但是面对浩如烟海的知识，加之理论本身的多样性以及实践选择过程中的不确定性，教师通常难以在第一时间获取自己所需要的资源，且学校也很少去了解教师的内在需求并提供实质性帮助，使教师容易迷失其中。

2. 缺乏高效知识共享机制

优秀教师通过长期教学研究活动所形成的优秀个人经验及理论感悟对广大教师理论自觉的发展具有一定的激励和指导作用。知识共享要求教师保持自愿、互惠的态度，与他人进行交流学习。知识共享的过程，也是教师对自身经验提炼总结的过程，能使缄默知识显性化，教师在知识共享的过程中不仅能够吸纳到新观点新想法，也能够实现自身专业性的发展。然而，在教师群体中，由于工作压力、竞争关系等原因致使教师知识共享意愿薄弱，同时，缺乏教师知识共享渠道，导致教师间难以形成亲密的合作关系，无法传播和吸纳新知识。

三、建设高质量教育体系背景下教师
理论自觉的提升路径

（一）优化培养体系，提升教师理论研究素养

教育进入高质量发展阶段，对教师提出了新的要求。因此，建设高质量教育体系，首要任务是强化教师队伍建设，创新教师培养理念、途径以及方法，提升教师培养培训的质量。叶澜教授提出，教师专业成长要经历非关注、虚拟关注、

生存关注、任务关注、自我更新关注五个发展阶段。[14] 这五个阶段对应着教师"未成为教师阶段—师范教育阶段—新手教师阶段—稳定发展阶段—对未来的理性规划阶段"。要想培养教师形成理论自觉意识，需要抓好职前与职后两个阶段，打破理论学习与实践应用的壁垒，使教师理解理论的同时进行深入反思，实现对理论的重构。在职前教育阶段，学校在课程设置上，往往更注重专业知识的传授与专业技能的培养，忽视了教师科研能力与理论素养的提升。学生虽学习到了丰富的理论知识，但缺乏实操能力与科研思维。因此，职前培养应提高教育理论与教师研究方法等课程的占比，同时在内容设置上注重实践性体验，如通过提供现实教学问题，让学生进入具体情境，主动进行思考、探究，结合学习的理论寻求合理的解决路径，生成个人理论，将教育理论内化于心并外化于行。在职后教育阶段，要关注教师自身的需求，要以促进教师理论研究自觉作为主要目标定位，提高职后教师培训的针对性与时效性。处于不同发展阶段的教师理论素养存在着差异，学校要改变形式化的培训方式，不局限于纯讲授式的讲座或培训，而应根据教师的不同需求有的放矢地提供差异化的培训方式，发挥实践的引领作用，使教师学会研究、乐于研究，唤醒教师的理论自觉，帮助教师走出实践困境。

（二）增强主体意识，树立教师理论研究自信

高质量教育体系的特征之一是要有活力，教育主体的主体性要得到充分尊重，使教师荣誉感、获得感、安全感、幸福感不断增强，促进教师牢固树立理想信念、终身学习理念和改革创新意识，从而唤醒教师理论自觉，使教师明确自身的双重角色，成为教育变革的行动者，推动教育实现高质量发展。首先，转变教师的理论认知与理论态度。教师应转变自身观念，理性看待教育理论与实践，将理论研究看作改善教育实践与实现自身专业发展的重要途径。教师应学会主动学习，在学习中更新理论知识与研究方法。教师应把握每一次正式学习与非正式学习的机会，既在教师培训中主动建构与内化理论知识，又要在日常教育实践与生活中主动思考，主动阅读，丰富自身理论结构。不断寻求教育创新，是高质量教育体系建设的题中之义。教师在遵循教育规律的同时也不能循规蹈矩，要敢于创新，培养自身对于理论的敏感性。同时，要鼓励教师转化学习，强化研究主体意识。转化学习理论的三个重要因素分别是经验、批判性反思与理性对话。杰克·麦兹罗（Jack Mezirow）提出的转化学习过程分为十个步骤，其中核心步骤为四步：发现困惑—批判性反思—理性对话—实践检验。[15] 该种学习方式，能够激发教师专业自主，主动进行批判性反思，不断重构自我世界，走向"理论中心"，实现理性发展。其次，鼓励教师开展教育行动研究，在具体实践过程中提升理论研究水平。教育行动研究是以解决某一具体教育问题或提升教师素质、改

进教育实践为目的的研究方法。教师长期处于"行动—反思—修正"的动态循环过程中，在研究过程中进行系统的思考以及严密的论证，不断检验、重构、创生教育理论，并迁移到自身后续的教育实践过程中。相较于其他研究方法，行动研究的优点在于能够帮助教师摆脱经验主导，深化对理论与实践的理解与重构，使其对理论"游离"的感知得以整合，并迁移到后续的教育实践中。这一研究方式能够有效推动教师进行批判性思考，在解决实践问题的同时对自身知识结构进行建构，进而提升自身理论素养与理论自信。

（三）强化制度保障，激发教师理论研究动能

建设高质量教育体系要以高素质、专业化、创新型为要求，在素质要求、激励约束、考核评价等方面做出体系性安排，为实现高质量教育提供制度保障。制度环境作为教师开展理论研究的重要条件，能够帮助教师走出教师理论自觉养成的条件困境。因此，要强化教师理论学习研究的制度保障，为教师理论自觉养成创造支持性条件。首先，破除教师理论研究壁垒，加强教师与理论研究者间的深度合作。杜威曾说，"理论与实际，只有程度上、适应上的界限，而不能绝对地分割开来"。[16] 理论研究者与教育实践者之间的所谓边界通常是由双方的心理隔阂所形成的，并不难以消除。不断进行理论层面的对话，能够有效帮助双方拉近距离，直至打破边界。因此，要尊重教师专业自主权，赋予教师更多的自主学习时间与精力，并让教学工作者能够参与到理论研究与开发的过程中，从"旁观者"变成"参与者"，与理论工作者同行。同时，教师的研究成果要得到教育理论的认可，要明确其研究主体的角色。教育理论与教育实践不断地交互、融合的过程不仅能推动教师自身理论得到发展，逐渐提升理论自觉意识，同时也能使理论的实践性得到验证，从而共同推进教育理论发展。其次，构建持续性的教师理论研究动力机制。"激励"，就是持续激发人的动机，诱导人的行为，使其发挥内在潜力，为实现所追求的目标而努力的过程。[17] 外部激励能够将教师带入理论研究场域，激发教师理论研究行为，且使其保持短期关注。但要想使教师保持长期的关注度，需要构建合理的激励制度，激发其理论研究热情及研究自主性。要以内在激励为主，外在激励为辅，在物质奖励的基础上让教师感受到自身理论研究的价值，如将教师的理论研究成果在具体实践中加以实施，既能帮助教师进一步进行反思，同时能保证教师理论学习与研究的主动性与长效性。最后，引用多元教师评价方式，能够有效发挥其导向、诊断、调节、激励的作用。相较于结果性评价，要提高过程性评价和诊断性评价的占比，要在教师理论研究开始前进行预设，根据教师间的差异性制定不同的评价标准。同时，在教师研究过程中要实行指导与评价，并将其作为教师理论自觉发展的重要评价指标。此外，要从多

方面、多角度评价教师理论研究成果，同时结合多方教育主体的评价内容，如理论工作者的评价、同事间互评、教师自我评价等，全方位真实展现教师理论研究成果。

（四）丰富供给路径，创设研究型教师文化

对标服务全民的终身学习体系建设高质量教育体系，教师需要形成终身学习意识，因此要构建方式更加灵活、资源更加丰富、学习更加便捷的终身学习体系。此外，需要积极营造有助于教师教育发展的环境，使教师勇于探索、敢于创新。理论供给水平是教师理论自觉养成的外援性条件，高质量的理论供给在一定程度上能够激发教师理论学习的主动性，同时丰富教师理论研究的视野。首先，构建高质量理论学习平台。教师为提升自身专业素养，实现自身专业发展，需要依赖优质的经验与丰富的学习渠道。网络学习平台能够打破时间与空间的限制。搭建优秀网络学习平台，能够使优质的理论资源以及教师的实践智慧通过平台传播，丰富广大教师的理论视野。在此过程中，要充分考虑到教师理论素养的差异性以及资源供给的精准性，对资源进行整理归纳，打造类目广泛、内容精准的高质量理论学习平台，为教师进行理论学习与研究提供实质性帮助。学校要合理运用资源，为教师提供高质量的理论供给，要以教师的理论需求为导向，丰富学校图书馆的书籍资源，并为教师购置专业的学术资源库，为教师随时随地获取理论知识提供条件性支持。其次，营造有利于教师理论自觉发展的氛围，实现经验到理论的转变。要重构学校管理文化，使教师充分发挥自身能动性。学校管理应转变效率取向，针对理论自觉养成对教师提出明确的发展目标，并构建有利于理论发展与理论创新的氛围，将教师理论自觉作为教师专业发展的重要任务；同时，尊重教师的主体地位，做到"以教师为本"，加大赋权，为教师理论研究提供针对性的理论指导，形成理论学习与理论创新的发展风气。要丰富教师知识共享渠道，实现优质理论资源的共享。教师可以通过与学者或其他一线教师构建"学习共同体"等方式进行深层次交流学习。学习共同体要以改进教育实践，实现自身专业发展为共同愿景，遵循开放、互助的原则，以问题为导向进行深入的探讨、交流与合作。教师在合作交流的过程中可以实现思维的碰撞，在发表自身观点的同时吸纳他人的优秀经验，进而产生共鸣，使共同体的合作更具时效性。教师通过持续性的对话、思考与自省，可以拓宽教师理论自觉发展空间，使教师理论研究走向"自组织"。

参考文献

[1] 葛道凯. 高质量教育体系的使命、动力及建设思路 [J]. 教育研究，2022，43（3）：26-30.

[2] 新华社. 中华人民共和国国民经济和社会发展第十四个五年规划和2035年远景目标纲要 [EB/OL]. [2021-03-13]. https://www.gov.cn/xinwen/2021-03/13/content_5592681.htm.

[3] 任国平，程路. 以高质量教师队伍支撑高质量教育体系建设——访教育部教师工作司司长任友群 [J]. 人民教育，2022（5）：29-32.

[4] 教育部等八部门关于印发《新时代基础教育强师计划》的通知 [EB/OL]. [2022-04-14]. https://www.gov.cn/zhengce/zhengceku/2022-04/14/content_5685205.htm.

[5] 程良宏. 教师的理论自觉：意涵与价值 [J]. 教育发展研究，2011，31（4）：54-58.

[6] 鲁洁. 超越性的存在——兼析病态适应的教育 [J]. 华东师范大学学报（教育科学版），2007（4）：6-11+29.

[7] 教育部等五部门关于印发《教师教育振兴行动计划（2018—2022年）》的通知 [EB/OL]. [2018-03-23]. www.moe.gov.cn/srcsite/A10/s7034/201803/t20180323_331063.html.

[8] 蔺红春，徐继存，苏敏. 教师专业发展：从经验主导走向理论自觉 [J]. 当代教育科学，2019（7）：43-47+77.

[9] 叶澜. 大中小学合作研究中绕不过的真问题——理论与实践多重关系的体验与再认识 [J]. 教育发展研究，2014，33（20）：1-5.

[10] 陈建华. 教师要超越经验层次上的教育常识 [J]. 教育研究，2012，33（10）：130-135.

[11] 郭文星. 教师成为"研究者"的条件困境及其纾解策略研究 [D]. 兰州：西北师范大学，2021.

[12] 叶澜. 思维在断裂处穿行——教育理论与教育实践关系的再寻找 [J]. 中国教育学刊，2001（4）：3-8.

[13] 李新翠. 中小学教师工作量的超负荷与有效调适 [J]. 中国教育学刊，2016（2）：56-60.

[14] 叶澜，白益民，王枬，等. 教师角色与教师发展新探 [M]. 北京：教育科学出版社，2001.

[15] 殷蕾. 转化学习理论视角下教师培训的困境与出路 [J]. 中国教育学

刊，2018（10）：87-91.

　　［16］约翰·杜威.我们怎样思维·经验与教育［M］.姜文闵，译.北京：人民教育出版社，1991.

　　［17］杜友坚.教师激励机制的构建［J］.教育评论，2003（4）：29-30.

打造健康课堂生态的"生"与"态"*

【内容摘要】 课堂是具有生命特质的微生态系统，随着教学改革的深入，传统的"机械论"范式下课堂教学研究的变革势在必行，要以生态的思维、态度和方法来思考和分析课堂，通过激发生机、尊重生命、贴近生活、讲求生动、动态生成等途径，遵循教育生态学基本定律和规则，打造课堂的高能态、共生态、开放态、整体态和平衡态，构建健康的课堂生态。

【关键词】 打造；健康；生态课堂

课堂教学作为教学改革的"最后一公里"，重构课堂范式成为深化改革的重要任务。传统机械论哲学范式下，人们认为自然完全类似于一台机器，坚持人与自然的二分观点，将社会、自然和人之间的有机性无情地"肢解"了。[1] 虽然在某种意义上，机械论鼓励人们把世界看作一个有内在联系的整体，但却不适用于具有生命的有机体及其关系。受行为主义"输入—输出"影响，西方的课堂教学研究在很长时期是基于还原论的研究范式，课堂研究的传统是关注与有效性联系在一起的孤立的教学实践。[2] 20 世纪 80 年代以来，课堂教学研究转向的一个重要方法论基础是生态学，从生态学的思维范式，将课堂教学视为一个微生态系统，关注影响课堂教学的生态因子及其相互关系。美国学者纳卡墨拉（Naka-mura）提出，健康课堂以平等、信任、尊重为出发点，师生关系融洽，课堂气氛向上，学生愉快成长。[3] 我国学者范国睿教授提出了健康课堂的三个内涵：充满生命力、充满人文关怀、促进学生发展。打造健康的课堂生态，是未来课堂教学改革的应然趋向。

---

* 本文原刊于《南昌师范学院学报（社会科学版）》2017 年第 5 期，有修改。

一、激发"生机"，转化"限制因子"，打造课堂的"高能态"

生机即生命的活力，健康的课堂生态首先是具有生命活力的课堂。课堂的生命活力来源于对事实的感受与体验，来源于对问题的好奇与敏感，来源于不同观点的争辩与碰撞，来源于柳暗花明的惊险和苦尽甘来的喜悦。生态意味着"环保健康，低耗高效"，所以健康的课堂生态要让课堂"活"起来，"动"起来，"学"起来，使师生在课堂教学过程中彼此幸福、充满愉悦，并以低能耗的负担在质量与效益完美结合的基础上完成教育教学任务。然而，用生态学的思维审视课堂各参与因子不难发现，许多因子都可以成为"高能态"课堂的制约因素。按照生态学中的"限制因子"定律，奥登（Odum）认为限制因子即达到或超过生物耐受限度的因子。在教育的生态环境中，几乎所有的生态因子都可能成为限制因子。因此，要提高课堂教学的"高能态"，必须找准并排除或转化限制因子。

在宽泛的意义上，课堂参与的诸多生态因子，如生态主体的教师和学生，生态环体的教学环境和学习氛围，生态介体的教学内容和教学方式等在某种程度上都影响着教学过程，当然，其中最重要的应该是"人"的因素，即机械论范式下的生态主体中教师的"一元论"，学生的"物化论"。教育生态中的个体不仅具有自然属性，还具有社会属性，主观的意识可以部分地转化为能量和物质，通过积极的反馈调节，变限制因子为非限制因子。教师要激发课堂"活力"，调动学生的"激情"，提高学生参与的"热情"，让学生在体验中建构知识体系，不仅要解放学生的感官并充分将各种感官体验融入课堂，同时要给学生充分的"时空"，使学生将自己的体验和兴趣、思维和活动、价值和观点与知识的理解和建构、学习和掌握、获取和管理相融合，还原和唤醒学生的主体地位和自我意识，变"接受指令"为"自主选择"，变"独白灌输"为"平等对话"，变"物化缺位"为"生命在场"。

二、尊重"生命"，遵循"社会性群聚"原则，打造课堂的"共生态"

生态意味着生命的多样性、整体性和发展性，生物体都拥有自己的生命，都拥有生存意志和维系生命延续的渴望。叶澜认为，课堂教学对于参与者具有个体生命价值。[4] 在传统机械论范式下的课堂中，学生被认为是"僵死的机器"和"接受的容器"，课堂成为教师的"独角戏"，忽视了学生生命发展的自主性和能动性。健康的课堂生态是生命自主性发展的课堂，是教师与学生、学生与学生之间在互相尊重、彼此信赖的基础上，通过认识性实践、交往性实践、自我的内在性实践三种对话性实践而完成的。在课堂教学中，教师通过知识"唤醒"生命，通过生命"唤醒"知识，让知识与学生的生命发展相融合，贯穿着生命的召唤。追求"共生态"的课堂，这就意味着教师和学生之间的关系不再是二元对立的，而是彼此互利共生的；课堂教学不再是单向的知识传输，而是双向的合作艺术；人才培养不再是标准的规格统一，而是多样生命的尽情绽放。

生态系统中的任何生物都具有"自主—依存"的双重属性。[1] 所以，在课堂教学中，一方面，教师要充分尊重学生在自我发展中的主体地位，改变传统意义上标准规格的强求一律，要创造条件促进学生生命的整体发展和自主发展，丰富和完善学生的生命世界，满足生命成长的需要。另一方面，教师要促进合作，因为课堂是一个有机的整体，师生之间、学生之间存在互利共生的生态关系。生命体的发展离不开系统其他要素的共同参与，合作成为形成生命共同体的必要路径。按照教育生态学中的"社会性群聚"原则，教师要充分发挥班级正式群体的规范功能，完善程序，提高团队的凝聚力；要明确目标，组织得当，提高半正式群体的吸引力；要有效引导，趋利避害，发挥非正式群体的积极功能；要典型树立，榜样示范，发挥参照群体的激励功能。

三、贴近"生活"，突破"花盆效应"，打造课堂的"开放态"

生态意味着开放，作为生态系统的课堂本身应该是一个开放的系统。贝塔朗菲认为，生命机体从原则上被定义为开放形态，生态系统只有在开放的环境中，在与外界环境不断进行物质、信息、能量的交换过程中，才能保持持久的生命力。英国著名哲学家怀特海指出，"根本不可能有独立自主的生命，事实上一切都具有依赖性"。健康的课堂生态表现在课堂时空开放，也体现在教师理念和自我精神世界的开放。课堂的时空开放就是要面向社会生活开放，"教育回归生活世界"的哲学理念自胡塞尔提出以来给教育理论研究带来了新的视角与活力，虽然学界在教育应该回归怎样的生活上存在争议，但是在以下几方面基本形成了共识；在实施过程中要关照学生的生活实际、原有经验和成长经历；在课程内容上要注重和学生的生活相联系，解决生活中的问题；在教学时空上，要突破现有场域，回归学生的周遭生活世界，解决课堂教学与现实生活的脱离。

"花盆效应"在生态学上称为局部生境效应，因为花盆是具有半人工半自然性质的微环境，植物可以在人工营造的环境中有序生长，但是它们对生态因子的适应阈值在下降，生态幅变窄。[5] "花盆效应"，即传统的封闭人工环境中的课堂教学与现实生活的严重脱节，脱离了社会大系统，削弱了教育生态个体的生存能力。突破"花盆效应"，打造健康课堂的"开放态"，首先，要打破课堂生态系统的封闭性，树立回归生活世界的理念意识，突出对学生的人文关怀，使学生的生活世界与知识世界有机融合，让学生的生命在社会大系统中找到自己的位置；其次，要提升教师的开放意识，开放课堂背后蕴含着开放的教育理念和精神世界，教师要改变单一的课程设计、陈旧的教学内容、落后的教学方法，更新教育理念，丰富专业知识，打破原有创设的固化生态空间，形成"活水效应"。

四、讲求"生动"，克服"边缘效应"，打造课堂的"整体态"

整体性是课堂生态最突出、最基本的特征，是由相互联系、相互制约的各部分组成的一种客观存在的秩序。在课堂的生态系统中，所有的生命都具有内在价值，都应该得到应有的发展和尊重，且所有生命通过到处弥漫着的亲密关系而联结在一起。[6] 课堂生态的整体性可以理解为：参与课堂教学的各生态因子都是整体不可分割的一部分，并且通过有机的组合以实现系统更高的效率；课堂教学要关照每一位学生的生命成长，形成完整的生命共同体；课堂教学要促进学生生命的完整成长，使学生在知、行、意、行等方面获得全面的发展。本文在这里主要就第二种理解略加分析。所有的生命都是平等的存在，有平等的价值，有自身的利益，但是在实际的课堂教学中"不平等"似乎司空见惯，总有部分生命被排斥或忽略在外，变成被遗忘的"边缘人"和被视而不见的"隐形人"。这些同学被压抑、被放纵、被孤立，进而成为课堂教学显性成绩背后的"牺牲品"。

生态学中的边缘效应是指在两个或多个不同性质的生态系统交互作用处，由于某些生态因子或系统属性的差异和协作作用而引起的系统某些组分及行为的较大变化的一种生态现象。[7] 边缘效应广泛存在于自然生态系统及人类生态系统中。教育生态学中的边缘效应有两种理解：一种是按照生态学中边缘效应的含义来分析；另一种理解是教育当中的薄弱环节和交会区，课堂教学中的"边缘人"现象也正是其中很直接的体现。打造健康课堂的"整体态"要求教师要讲求"生动"，即教师要科学领导课堂，根据不同生命个体的心理、性格、成绩、文化等方面的差异精心设计教学方案，让每一位同学能够找到自己在班级中的"位置"，合理利用多种"群聚"，加强学生之间的合作与竞争，充分发挥"群体动力"，调动每一位同学参与课堂的积极性和主动性，针对已经出现"边缘化"迹象的学生更要鼓励开导他们，吸纳他们融入班级整体，增强其班级归属感和自我认同感。

五、动态"生成"，应用"生态位"原理，打造课堂的"平衡态"

生态的平衡性体现在生态系统的结构功能上，即系统的平衡是一种动态生成过程中的平衡，包括关系的平衡和状态的平衡两种含义，是系统与内外部各要素进行物质、能量和信息的输入与输出的平衡，当系统中某些要素发生改变时，原有的平衡就会被打破，经过生态系统的自我调节后进入一个新的平衡阶段。动态平衡是生态系统的根本属性，在课堂生态系统中，课堂主体之间，主体与介体、环体之间存在着多维互动关系，诸要素共同构成了课堂生态的基本结构和动态平衡。课堂生态主体的能动性和课堂环境的复杂性，使课堂呈现出一种高度集中的动态生成特点。[8] 当课堂生态系统发展到一定阶段时，参与课堂教学的诸要素能够较长时间保持一种动态平衡。当诸要素合理发展且目标一致，彼此之间的物质、能量、信息的交换、循环和流动保持在平衡状态时，就可以实现课堂教学和学习过程的最优化，提高课堂教学的整体效能。

生态位是每个个体或种群在种群或群落中的时空位置及功能关系。在生态系统中，每一种生物因为其本身的特殊结合、生理特征和行为习惯，故具有自己独特的生态位。同一生态位产生的直接关联是竞争与排斥，在教育教学过程中，比较常见的是处于同一生态位的生命个体之间，在共同面对一些关键问题的时刻，竞争要多于合作，这种竞争具有一定的积极意义，同时也会产生部分消极效应。教师要充分利用教育生态位分化原理，根据不同生态位学生的特点树立生成性的课堂教学理念，确立差异性的学习目标，设置针对性的教学内容，引入个性化的学习方法，创设普适性的学习环境，构建过程性的学习反馈，实现课堂中人际关系、学习目标、学习内容、学习方法、学习环境、学习反馈的平衡，充分发挥处于不同生态位的学生个体及群体之间的相辅相成、互相促进作用，以保持系统的丰富多样和动态平衡。

参考文献

［1］岳伟，对贵华.走向生态课堂——论课堂的整体性变革［J］.教育研究，2014，35（8）：99-106+134.

［2］范国睿.共生与和谐：生态学视野下的学校发展［M］.北京：教育科学出版社，2011.

［3］纳卡墨拉.健康课堂管理：激发、交流和纪律［M］.王建平，等译.北京：中国轻工业出版社，2002.

［4］叶澜.让课堂焕发出生命活力——论中小学教学改革的深化［J］.教育研究，1997（9）：3-8.

［5］吴鼎福，诸文蔚.教育生态学［M］.南京：江苏教育出版社，1998.

［6］汪霞.我们的课堂生态了吗［J］.全球教育展望，2005，34（5）：17-22.

［7］陈中，郭丽君.论教育科学发展的"边缘效应"［J］.教育理论与实践，2016，36（12）：6-8.

［8］刘贵华，岳伟.论教师的课堂生态意识及其提升［J］.教育理论与实践，2015，35（16）：30-34.

泛娱乐化语境下课堂教学
应何"去"何"存"[*]

【内容摘要】 课堂教学是保证教学质量的关键环节。在当下的媒体时代，娱乐超越本身作为休闲方式的一种，已经渗透到经济、文化、教育等领域，进而弥漫到当前的课堂教学中。人们对"寓教于乐"的误读、对快乐的曲解，崇尚消费至上、疯狂解构和过度表演，导致对传统教学矫枉过正，使其陷入庸俗与乱象。在泛娱乐化语境下，应该坚持课堂教学特性的教育性、教学活动的严肃性、教学主体的独立性、教学内容的规范性和教学思维的深刻性。

【关键词】 泛娱乐化；课堂教学；摒弃；坚持

在物欲积压、追逐时尚、竞争激烈、命运不定的今天，娱乐已经成为人们的一种精神寄托，博得公众一笑成为娱乐文化的共同追求。随着娱乐的泛化与异化，大众视域中的"快乐"多建立在放弃意义追问和理性思考的基础上，娱乐的审美性随着物欲的膨胀而逐渐淡化。娱乐对人的驾驭与控制已经超越任何时代，深刻影响着人们的生活习惯和行为方式。美国批评家尼尔·波兹曼在《娱乐至死》一书中惊呼："如果文化生活被重新定义为娱乐的周而复始，人民蜕化为被动的受众，而一切公共事务形同杂耍，那么这个民族就会发现自己危在旦夕，文化灭亡的命运就在劫难逃。"他把当下的娱乐场面称为"伪语境"，它带给我们的信息大部分是毫无关联的，其娱乐功能远远大于帮助我们解决问题的功能，沉浸在"伪语境"中，就会忽略娱乐的危险性，即便是堕落、迷茫，也不觉得。当"泛娱乐化"语境侵入教育领域，侵入传统教学的时候，突如其来的变革给陈旧压抑的课堂带来一缕清风，但是在这种变革中我们还需要定心坚守。

---

* 本文原刊于《教育评论》2017 年第 1 期，有修改。

一、去"喻教娱乐"的虚假繁荣，坚持教学特性的教育性

从孩子们的顺口溜——"学习苦，学习累，学习还要交学费"，到老师和家长的励志口头禅——"吃得苦中苦，方成人上人"，从小"学习是个苦差事"的定式就已经成立。近年来，改变传统课堂教学的呼声日益高涨，各级各类学校的教师都纷纷开展教学方法和教学模式的改革，而娱乐化教学因其注重课堂教学气氛和学生的广泛参与，倡导快乐学习和轻松掌握，似乎成为"寓教于乐"的典范。其实"寓教于乐"不是简单的课堂气氛的活跃与快乐，也不是通过某种手段使学生获得一时的欢愉，更不是牵强地将娱乐元素植入课堂，它是将一种教学理念和教学思想贯穿整个教学过程，以学生的全面发展为目的，使学生在接受和掌握各学科知识的同时，养成正确的价值观、世界观、审美观，让学生最大程度地感受到学习过程的乐趣，使师生获得教与学的愉快体验。这种把教学隐喻成娱乐的"喻教娱乐"正是对"寓教于乐"本真的误解误读，课堂教学的真谛被课堂表象的"虚假繁荣"所掩盖，使教学效果最终背离初衷。

波兹曼提出的"教学与娱乐不可分"的观点得到了广泛的认同，激发学生的兴趣和情感是促进学习的土壤，轻松学习、快乐学习在一定程度上体现了教学需要娱乐性，但绝不能将教学演变为一种纯粹的娱乐。[1] 衡量教学有效性的首要标准是教育性，教学的教育性是师生重构课堂生命性的智力支持，娱乐始终也只能作为实现教学效果的一种手段，而不能成为主宰整个教学的运作机制。教学的教育性表现在教学活动和学习活动两个方面：教学活动不仅能传授人类的知识、技能和方法，同时还能培养学生的道德见识及正确的社会观、价值观和世界观；学习活动从主动、自觉地追求真善美开始，能够帮助学生培养健全的人格，实现真善美的态度和意志。教学的教育性是起点的善和过程的善的统一，是起点的美和过程的美的延续，不仅教学的目的是"真"的，实现教学目的的方法、过程、手段、内容也应该是"真"的，要打造有灵魂和生命的课堂，警惕教学的教育性在"欢声笑语"的娱乐化中沉沦，教师要在"娱乐性"和"教育性"之间找到一个完美的契合点。

二、去"快乐曲解"的找乐主义，
坚持教学活动的严肃性

快乐主义哲学的开创者古希腊哲人伊壁鸠鲁说："快乐是幸福生活的始点和终点，是最高的和天生的善。"在追求快乐的大潮中，基于"找乐哲学"的"找乐主义"也悄然侵入课堂教学，特别是现代信息技术网络构筑的近似于"无责任主体"的自由文化空间，这为"找乐"文化的传播提供了无限广阔的平台。[2]它把学习的快乐简单曲解为单纯的感官享受，在"唯乐主义"的口号下，扭曲了审美的价值标准，使各种文化垃圾充斥于课堂教学中。学习的快乐来源于付出后的回报，思考后的愉悦，探究后的成功体验，而不是娱乐的短暂快感，视听的感官享受，课堂的情境体验。诚然，学习本身是一种累并充实着、痛并快乐着的经历与体验，快乐也只是学习的一部分而已。泛娱乐化语境下的课堂教学推崇快乐文化，对快乐顶礼膜拜，使学习等同于轻松与快乐，教师也妄图改变学习的本意而将娱乐的元素生搬硬套加入传统教学中，用笑声代替了自主，用闹声代替了合作，用欢呼声代替了探究。

课堂教学承载着学校教书育人的重要使命，其严肃性是由教学目的和要求决定的，是课堂教学效能的重要保障。因为科学知识的严肃性，课堂作为传播知识、塑造学生心灵的场所也不例外；因为教学秩序的严肃性，作为对课堂本身的尊重和对求知活动的崇敬，课堂也理应如此。当然，教学的严肃性不是表面的教师不苟言笑、气氛深沉压抑、师生关系的紧张对立，它既表现在知识的准确性、内容的科学性、语言的逻辑性、进度的计划性等，还表现在教师严谨的教风、睿智的语言、大方的教态和人格的魅力。强调教学的严肃性并不意味着排斥课堂应有的娱乐性，准确来说应该用趣味性更合理。在愉快、活跃的气氛中激发学生的学习兴趣，调动学生的学习积极性是教学改革和教学效果提升的关键。但趣味性不是故弄玄虚的哄堂大笑、远离主题的信口雌黄、虚情假意的庸俗表演，课堂的趣味性是为严肃性服务的，是需要与严肃性有机结合起来的，其目的是共同完成制订的教学计划，提高教学效果。

三、去"消费至上"的中心膨胀，坚持教学主体的独立性

消费主义的意识形态带来了人的"物化"危机，人自身状态的"物化"直接导致人与人之间关系的"物化"，即人与人的社会关系消失于物质之中，以一种商品的形式而存在，导致彼此关系的疏远、冷漠及真善美的缺失。消费至上的意识形态进入教学，泛娱乐化课堂里的师生关系发生了异化和扭曲。尤其是随着后现代主义主张消解教师话语霸权，反叛权威服从，对教师权威的解构和教师中心的质疑不断增强，传统教师在教学过程中的中心地位已经逐渐向学生中心地位翻转，甚至出现了某种程度的"学生中心膨胀"，即刻意提高学生的地位而贬低教师的主体地位，学生被推到前所未有的极端中心地位。在教育的市场化背景下，教师和学生的关系演变成了"服务者"的卖方售货员和"消费者"的买方顾客之间赤裸裸的经济关系，课堂成为隐性的市场，卖方一味地迎合买方的口味，将知识商品以物美价廉的方式使学生能够轻松接受，力图构建"乌托邦式"的课堂，结果必将导致学习主体的迷茫、教学主体的角色冲突和混乱、课堂教学方向的错误。

教学世界是以理解为中心建构的借助外显的行为表现的从感情、认知与行为方面筹划并实现师生生命可能性的内在场域。[3] 马克思说，"在生产中，人客体化，在消费中，物主体化"，课堂教学中的生产就是教师运用教学手段改造学生的对象性活动，即教学主体的客体化；课堂教学中的消费就是学生享用和消化教师创造的精神产品，即客体的主体化。教学活动中的教师和学生的互为主客体关系是一对对立统一的关系，同一切对立的二元级一样，虽然主体与客体相互对立而存在，两者相互规定、互为前提，且各自从对方得到规定，各自以对方作为自己存在的前提，但是教学场域中教师和学生也有其自身的独立地位。泛娱乐化的课堂在某种程度上带给我们有益启示，有助于改变传统的教师中心，但其对权威的解构与质疑导致教师主体独立性的丧失。捍卫教学主体的独立性不是回归教师教学的"一言堂"，而是要在主体间性师生关系的基础上建立学习共同体，保证教学主体间的平等合作和广泛参与。

四、去"疯狂解构"的演绎加工，坚持教学内容的规范性

后现代理论的代表人物——当代法国哲学家利奥塔在《后现代状况——关于知识的报告》中将后现代界定为对元叙事的怀疑和深度解构，对其进行反思和批评。后现代主义的知识观主张彻底地批判并对现代一切文本运用"解构"策略。关于上文中谈到的对教师权威的消解，后现代主义学者认为每个人因其不同的经验经历，看待世界的视角是不同的，所以教师不能成为知识传授的唯一权威解释者。虽然课堂鼓励学生的各抒己见和创意想象，也鼓励师生对经典文本的现代解读，但是泛娱乐化课堂受激进后现代主义对传统话语模式解构的影响，出现了对教学文本解读的无中生有和脱离本位，对教学内容的过度加工和臆想演绎，致使人们对原本传统与经典教学内容的理解出现错误与扭曲，戏说野史、恶搞名人、调侃经典，庸俗媚俗的语言充斥课堂。近年来，信息技术与网络语言在丰富教学手段的同时，也为泛娱乐化课堂中后现代主义流派的疯狂解构提供了强有力的媒介支撑，[4] 网络语言对传统课堂话语模式和教学文字的规范提出了挑战，信息技术为后现代话语模式的传播提供了平台。

教学内容的规范性是课堂教学规范性的重要组成部分，无论教学理念多么先进、教学改革多么深入，都不能脱离教学的基本规范。泛娱乐化语境下的教学内容应在话语模式、文本解读和教学设计上坚持规范性。网络语言的趣味性、生活性和可接受性，使其在学生群体中快速传播与应用，直接冲击了传统语言文字的话语模式，教师在理性借鉴网络语言的成功经验，合理变革传统严肃性、学术性语言方式的同时，应坚守规范语言文字的底线。虽然泛娱乐化的课堂鼓励对现代文本的个性解读，但是不当的创造性、想象力的激发可能转变为学生长期课堂压抑后的无边界畅想与发泄，所以教师在解放教学文本解读指向性的同时，仍然要尊重文本原意，回归文本本身，还原文本创作的历史文化与社会背景，欣赏其原生态的美。[5] 教学设计的规范性不是要追求教学的四平八稳、规规矩矩，而是教师在追求个性，具有自己风格，形成自己特色基础上的规范。追求个性不是娱乐化的形式，而是在坚持教学内容的思想性和科学性基础上的探索创新。

五、去"表演艺术"的感官享受，坚持教学思维的深刻性

教学是一门科学，也是一门艺术，但教学绝不是"表演艺术"。表演作为一种教学方法引入课堂教学可以在某种程度上激发学生的学习兴趣，提高教学有效性。"表演"原指戏剧、影视演员运用语言、动作等表现角色形象，课堂教学"表演"则是指课堂上师生对各自角色的表现。[6] 课堂教学中的表演是在以教学内容为核心的教育世界中，个体或者群体通过承担或扮演某种角色，向他人或自己传递或感知某种理念和信息，有意识地改变他人或自己的理解或行为，受不同教育观念的影响，师生的课堂角色呈现出不同形态。但是，表演的目的和动机一定是为了提高课堂教学的有效性。泛娱乐化课堂教学中的表演艺术发生了变异，过度表演充斥，形同作秀，课堂变成了师生共同完成的"教案剧"，以所谓的情境体验取代教学的理性思考，以个别"主角"的优秀表演取代广大"群众演员"的简单迎合，以虚假娱乐取代教学的质疑与批判，以所谓的课堂"乌托邦"取代教学思维的理性与深刻以及教学智慧的生成。

现代教学理论将培养学生积极思维、发展学生的创造性思维能力作为课堂教学的核心和主要任务。一定的行为方式总是与特定的思维方式相关联的，坚持教学思维的深刻性是培养创造性学习者的需要，也是促进教师专业发展、成就智慧教师的需要。林崇德在《学习与发展》一书中指出："思维的深刻性，即逻辑性，是一切思维品质的基蠹。"教学思维的深刻性主要集中在思维的抽象程度、逻辑水平和思维活动的广度、深度和难度，课堂是学生获得知识、培养思维的重要场域。在泛娱乐化的课堂中，教师要坚守教学思维的深刻性，引领教学回归理性，培养学生理性看待人与物的态度与方法，将直接感性的生活世界上升为理性的教学世界，将课堂中的庸俗搞笑升华为幽默睿智，让原先的短期快感享受延长至发人深思的感悟回味，将表演过程中的浅尝辄止转变为发现学习中的深刻体验。娱乐化语境下的课堂教学应坚持教学的艺术性，实现感性认识到理性认识的转变与超越，用深刻的思维、理性的方式和视角进入课堂。

参考文献

[1] 尼尔·波兹曼.娱乐至死 [M].章艳，译.桂林：广西师范大学出版

社，2011.

　　［2］孙慕天.论快乐主义［J］.民主与科学，2011（5）：42-46.

　　［3］熊川武，江玲.论教学世界与生活世界的基本差异［J］.湖南师范大学教育科学学报，2004（5）：19-22+45.

　　［4］季晓华.泛娱乐化语境下课堂教学危机的缓解［J］.教育评论，2014（1）：42-44.

　　［5］金振邦.文章解读论［M］.长春：东北师范大学出版社，2005.

　　［6］蒋艳.语文课堂教学"表演"现象探因［J］.中国教育学刊，2009（11）：68-70.